가상현실 시대를 위한 새로운 성경해석

정중호 지음

계명대학교출판부

"본 연구는 2004년도 계명대학교 비사연구기금으로 이루어졌음"

머리말

가상현실 기술은 이미 실용화 단계에 접어들고 있으며, 이제는 단순한 기술이상으로 확대되고 있다. 연극, 소설, 영화, TV보다 더 충격적인 문화적 사건으로 등장하고 있다. 가상현실이 하나의 문화를 규정할 수 있을 정도의 영향력을 발휘할 조짐을 보이고 있는 것이다. 문화의 핵심인 종교가 이러한 흐름을 도외시할 수 없으며 오히려 가상현실 기법을 효과적으로 활용해야 할 시점에 와 있다.

가상현실 기법을 활용하면 수 천 년의 시대적 간격과 지역 및 문화적 간격을 뛰어넘어 성경시대의 사회 속에서 거닐 수 있으며, 그들이 상상했던 세계까지 진입하여 직접 체험할 수 있다.

문제는, 가상현실 기법을 활용하여 어떻게 성경을 소위 가상성경으로 개발할 수 있겠는가 하는 것이다. 물론 과학과 기술의 발달로 가능하리라 본다. 그러나 성경을 가상성경으로 개발할 때는 또 다른 문제가 있다. 즉 책이라는 형태로 우리에게 다가 온 성경을 가상현실로 재현하려고 할 때는 해석이라는 과정을 거쳐야 한다. 독자가 책을 읽을 때는 모든 감각적인 부분을 상상하면서 읽게 되지만 가상현실에서는 이러한 감각을 실제로 경험할 수 있게 된다. 따라서 오감(五感) 즉 시각, 청각, 촉각, 후각, 미각 등을 주목하면서 성경을 다시 해석하는 과정이 필요하다.

머리말

이제는 성경을 온 몸과 온 영혼으로 체험하는 성경이 되어야 한다. 가상현실이라는 과학기술이 있다면 적극적으로 활용하여 새로운 세대에게 그리고 성경에 다가오는 모든 사람들에게 피부에 와 닿는 체험하는 성경이 되도록 해야 한다.

본 저서는 이러한 여정에 해석학적 문제를 해결하는 열쇠를 제공할 것이며 동시에 감성적으로 성경을 체험하는 길을 열어 줄 것이다.

본 저서를 위한 연구는 계명대학교의 비사연구기금 지원으로 진행되었다. 계명대학교에 감사를 드리며, 본 저서의 출판을 위해 성심을 기울여 주신 계명대학교 출판부 여러분께 감사의 마음을 전한다.

본 저서는 감성적 성경해석방법에 대한 학문적인 시도이지만 본 저서가 소개하는 방법은 성경을 감성적인 측면에서 살펴보는 방법이기에 쉽고 흥미있게 성경을 소개하고 해석할 수 있는 길을 열어줄 수 있을 것이다. 본 저서가 성경에 관심이 있는 많은 사람들에게 기쁜 소식이 되기를 바라는 마음 간절하다.

2007년 3월

계명대학교 연구실에서 정 중 호

차 례

머리말 / 3

서 론 ▪ 7

제1부 가상현실 시대의 도전 ▪ 19

제1장 가상현실 시대의 도래 …… 21
제2장 가상현실 시대와 성경해석 …… 27

제2부 가상현실과 감성적 성경해석 ▪ 57

제1장 시각언어 중심의 성경해석 …… 59
제1절 예언자와 이미지 / 59
제2절 색채이미지 중심 해석 / 87
제2장 청각언어 중심의 성경해석 …… 111
제3장 후각언어 중심의 성경해석 …… 141
제4장 촉각언어 중심의 성경해석 …… 161
제5장 미각언어 중심의 성경해석 …… 187
제6장 감각군(sensory cluster)과 성경해석 …… 215

결론 ▪ 239

참고문헌 / 249

서 론

건축가가 설계를 할 때, 그리고 디자이너가 다양한 디자인을 설계할 때 가상현실 기술이 이미 활용되고 있으며 조종사를 훈련할 때도 시뮬레이션을 통해 가상 운행 환경을 경험할 수 있게 한다. 이뿐 아니라 오락 분야와 영화 분야, 그리고 실제 대기업의 기업운영에 있어서도 가상현실 기법은 적극 사용되고 있다. 그리고 이러한 흐름은 문화 전반을 새롭게 변화시킬 수 있는 위력으로 덮쳐오고 있다.

가상현실을 일반사람들이 쉽게 경험할 수 있는 분야로는 영화와 인터넷을 들 수 있다. 영화는 매트릭스(The Matrix)를 비롯하여 다양한 영화가 가상현실의 세계를 맛보게 해주고 있다. 그러나 그것은 일방적으로 제시해 준 것을 경험할 수밖에 없는 한계를 갖고 있다. 한편 인터넷에서는 대부분 2차원 그래픽을 처리할 수 있는 HTML(Hyper Text Mark-up Language)이 사용되고 있지만, 점차로 3차원의 가상현실을 구현할 수 있는 VRML(Virtual Reality Modeling Language)이 사용되고 있는 추세이다. 그리고 현실감을 강화시켜 몰입을 가능케 하는 HMD(Head-mounted display)와 Data glove, Body suits, Sound device 등 하드웨어 이용장비들과 소프트웨어의 성능은 향상되면서 가격이 급속히 낮아지고 있어 가상현실의 활용도가 대중화될 것으로 전망되고 있다.

종교는 문화의 핵심으로 이러한 가상현실의 흐름을 도외시할 수 없으며 종교가 새로운 문화를 선도할 수 있는 역량도 기를 필요가 있다. 당장 필요한 것은 종교가 이러한 흐름에서 제외되어 도태되고 무력화되지 않도록 하는 것이다. 가상현실에 익숙한 새로운 세대들을 이끌어갈 종교의 전략적 결단과 과감한 투자가 필요한 시점에 와있다고 볼 수 있다.

본 저서에서는 가상현실을 널리 활용하는 시대를 대비하여 기독교계의 경전인 성경을 어떻게 해석해야 하는가에 주목하면서 새로운 성경해석 기법을 제안하려고 한다.

가상현실 기법을 활용하면 수 천 년의 시대적 간격과 지역 및 문화적 간격을 뛰어넘어 성경시대의 사회 속에서 거닐 수 있으며, 그들이 상상했던 세계까지 진입하여 직접 체험할 수 있다.

문제는, 가상현실에는 단순히 보는 것으로 그치는 것이 아니라 오감(五感)이 닿는 모든 부분이 활용된다는 점이다. 문자로 전달되는 성경 텍스트에서는 쉽게 간과되는 것들이 이러한 감각적인 부분들이다. 다양한 감각들은 성경을 가상현실에서 생생하게 구성하기 위해 필수적인 것이며 가상성경 속에 참여하는 사람이 몰입할 수 있도록 만드는 요인들이다. 따라서 문자로 기록된 성경을 가상현실 기법을 활용하여 재구성할 때 어느 정도 정확하게 그리고 어느 정도 적합하게 제작할 수 있는가 하는 것이 가장 큰 어려움이다.

이러한 문제를 해결하기 위해서는 당시의 상황에 대한 정보를 확보하는 것이 필수적이다. 고고학, 문화인류학, 역사학, 생물학, 화학, 지질학 등 수 많은 학문분야의 협조를 받아야 한다. 이 점을 감안하면서 필자는 우선 성경에서 오감을 자극하는 부분 즉 감각언어들을 탐색하면서 감각언어 중심의 새로운 해석방법인 감성적 성경해석 방법을 소개할 것이다.

근대 이후 성경을 해석하는 방법은 크게 세 단계를 거쳐 진행하고 있음을 발견할 수 있다. 첫 번째 단계는 역사비평적 방법(Historical Criticism)의 단계이다. 17세기부터 태동되어 19세기에 절정을 이루었으며 아직도 유용하게 사용되고 있는 방법으로 통시적(通時的; diachronic)인 방법론이라 할 수 있다. 이 단계는 저자 중심의 단계이기도 하다. 두 번째 단계는 경전비평(Canonical Criticism), 수사학적 비평(Rhetorical Criticism), 신비평학(New Critics) 등으로 열거되는 단계로 텍스트(Text) 중심의 공시적(共時的 synchronic)인 방법론을 채택하는 단계이다. 이 단계는 20세기 후반부부터 본격적으로 연구되기 시작했다. 세 번째 단계는 최근에 등장하는 방법론으로 본문(Text) 중심에서 읽기(reading) 중심 즉 독자(reader) 중심으로 옮겨가는 단계를 말한다. 독자 중심의 해석 방법 가운데는 "독자지향적 해석방법(Reader Oriented Interpretation)" 혹은 "독자반응 비평(Reader Response Criticism)", "후기구조주의(Post Structuralism)" 등이 주목할 만한 방법들이다.[1)]

이 세 단계는 한 줄로 순서적으로 연속되어 있다기보다 차례로 나타난 세 줄기가 중복되면서 현시점에 와서는 세 줄기 모두 발전하고 있는 양상을 보여주고 있다. 3단계가 중복되어 있는 것과 마찬가지로 각 단계 안에도 방법론 상호간에 중복되는 모습을 허다히 볼 수 있다. 다른 말로 표현한다면 여기에 제시된 모든 방법론들은 상호 보완의 역할을 서로

1) Robert Fowler, *Let the Reader Understand - Reader-Response Criticism and the Gospel of Mark*. (Minneapolis: Fortress Press, 1991); E. V. McKnight, "Reader-Response Criticism," McKenzie, Steven L. and Haynes, Stephen R., ed. To Each Its Own Meaning. (Louisville: Westminster/John Knox Press, 1993) 213.

담당하고 있다고 볼 수 있다.

이러한 해석 방법들과 더불어 활용할 수 있는 방법으로는 감각분석(Sense Analysis) 기법을 들 수 있다.[2] 감각분석 기법은 해석 방법론 흐름의 세 번째 단계인 독자중심의 단계에 속한다고 볼 수 있지만 첫 번째와 두 번째의 단계와도 깊은 관련을 맺고 있다.

오늘날 우리에게 주어진 성경은 문자라는 기호로 표현된 책이다. 그러나 문자화되기 이전에는 각종 감각으로 느낄 수 있는 종합적인 상황이 있었다. 그리고 현재 독자는 성경책을 읽으면서 상상 속에서 감각을 동원하여 성경의 상황을 이해하고 느끼려고 한다. 성경을 읽는 이유가, 예를 들어 "아브라함이 누구인가"라는 단순히 정보를 얻기 위해 읽는 것이 아니다. 무엇인가를 느끼고 싶고 체험하고 싶고 더 깊은 영적인 세계로 들어가고 싶은 희망을 가지고 성경을 읽는다. 느끼고 체험하고 싶어 하는 성경 독자에게 도움을 줄 수 있는 해석 방법이 무엇인가? 바로 성경 안에 있는 다양한 감각언어를 주목하고 성경 내용의 감각적 요소를 분석하고 감각언어를 해석의 단서로 활용하는 감각분석 기법이 유용한 방법론이 될 것이다.

요한 1서에는 생명의 말씀 즉 하나님의 말씀을 "우리가 들은 바요 눈으로 본 바요 주목하고 우리 손으로 만진 바라"(요한1서 1:1)라고 표현하고 있다. 물론 말씀이 육신이 된 예수 그리스도의 사건을 가리켜 한 말이지만 말씀이 청각, 시각, 촉각으로 느낄 수 있는 것임을 지적한 중요한 구절이다. 예언자들의 경우를 살펴보면 처음부터 문자를 활용한 것이 아니었음을 발견할 수 있다. 예언자들은 청중 앞에서 소리 높여 외치

---

2) D. J. A. Clines, *I, He, We, and They: A Literary Appreach to Isaiah 53* (JSOTSup 1; Sheffield: JSOT Sheffield, 1976) 40-43.

는 사람들이었다. 청각과 시각을 활용한 것이다. 때로는 상징적인 행동을 통해서 하나님의 마음을 전달하는 사람들이 예언자였다.[3] 예레미야는 줄과 멍에를 목에 매고 거리를 다니면서 앞으로 닥칠 재앙과 포로의 상황을 예언하였다(렘 27:1-22). 시각과 촉각과 운동감각을 활용한 것이다. 에스겔은 하나님의 말씀이 적힌 두루마리를 먹는 상징적 행동을 하였고(겔 3:1-3), 떨면서 음식을 먹고 놀라 근심하면서 물을 마시는 행동을 함으로써 재난을 예언하기도 하였다(겔 12:17-20). 미각과 촉각과 시각, 그리고 운동감각을 활용한 것이다. 구약시대에 예언자들이 감각언어를 의도적으로 사용하였고 다양한 감각을 자극하는 상징적 행동을 통해 메시지를 전달하였다면 오늘날 성경 해석자들은 그 감각언어들을 당연히 주목하여야 할 것이다.

성경 안에서 감각언어를 주목하고 감각적 요소를 분석하여 해석단서로 활용하고자 하는 이유는 미디어의 변천과도 관련이 있다.[4] 미디어의 역사를 살펴보면 구전의 시대에서 문자의 시대로 그리고 멀티미디어(multimedia)의 시대로 변천되면서 이제는 가상현실(virtual reality)을 활용하는 새로운 미디어의 시대로 접어들었다. 성경도 책으로만 존재하는 것이 아니라 멀티미디어를 활용하는 영상성경, 그리고 가상현실을 활용하는 소위 가상성경을 개발할 시점에 이르렀다. 그리고 인터넷이 보편화되면서 새로운 형태의 말씀이 즉각적으로 전달되고 있다. 더욱 중요한 것은 이제는 말씀이 일방 통행적으로 선포되는 것이 아니라 인터넷

3) 참조; Kelvin Friebel, *Jeremiah and Ezekiel Sign-Acts : Rhetorical Nonverbal Communication* (JSOTS 283; Sheffield: Sheffield Academic Press, 1999)

4) 참조; M. McLuhan, 『미디어의 이해: 인간의 확장』 박정규 역 (서울: 커뮤니케이션북스, 2001).

을 통해 쌍방형으로 주고받을 수 있는 환경이 조성되어 있다는 사실이다. 이러한 미디어의 변천을 살펴보면 문자 시대를 제외하면 대부분의 시대는 다양한 감각을 활용하는 미디어의 시대임을 알 수 있다. 탈문자 시대를 바라보는 현 시점에서 성경해석은 당연히 멀티미디어와 가상현실의 미디어를 염두에 두고 해석해야 한다. 따라서 이러한 미디어가 인간의 모든 감각을 활용한다면 이제 성경해석도 감각분석 기법을 활용하여 해석할 단계에 이르렀다.

필자는 그동안 인간의 감각과 새로운 미디어를 활용하여 성경을 해석하는 해석방법론에 관심을 기울이며 연구해왔다. 이러한 연구를 바탕으로 감각분석 기법을 활용하는 성경해석의 실제적인 절차를 제안한다면 다음과 같다. 먼저 감각분석을 할 때는 멀티미디어를 완벽하게 활용하는 가상현실 상황을 전제하면서 분석을 하는 것이 필요하다. 즉 가상성경(Virtual Bible)을 제작한다는 생각을 하면서 감각적 요소를 살펴보아야 한다. 비록 현재는 기술면에서나 비용 면에서 가상현실을 충분히 구현하고 보편적으로 활용되기 힘든 단계이지만 가까운 미래에는 완벽에 가까운 가상현실을 구현할 수 있게 된다.

가상현실 상황에는 해석자가 현장에 뛰어 들어 갈 수 있다. 즉 가상현실 상황에 몰입하게 되는 것이다. 그리고 직접 피부로 느끼고 귀로 듣고 눈으로 확인할 수 있게 되는 것이다. 인간의 감각을 전통적으로 다섯 가지 감각(시각, 청각, 촉각, 미각, 후각)으로 나누고 있지만 운동감각과 평형감각은 별도의 감각을 추가할 수 있다. 감각 가운데 다소 거리를 두면서도 감지할 수 있는 감각은 청각과 시각이며 가까이 다가서야 느낄 수 있는 감각은 촉각과 후각, 운동감각, 그리고 미각 등이다.[5] 성경

---

5) F. Dean Lueking, "Touch and see : Lk 24:39," *Christian Century* 114 (Ap 2 1997)

본문 가운데서 각종 감각언어들을 구별해서 파악하고 동시에 이러한 다양한 감각들이 어우러질 때 종합적이고 입체적인 감각이 어떤 모습으로 감지되는지 살펴보는 것이 중요하다. 예를 들어 소리를 점층적으로 고조시키는 감각언어들과 운동감각 언어들의 변화가 어떻게 상호 관련되는지를 살펴볼 수도 있을 것이다.

구체적으로 감성적 성경 해석 방법의 내용을 살펴보면 시각언어 중심의 해석방법, 청각언어 중심의 해석방법, 후각언어 중심의 해석방법, 촉각언어 중심의 해석방법, 미각언어 중심의 해석 방법 등으로 전개되며, 마지막 부분에서는 이 모든 감각언어들이 상호 연결되는 양상을 연구하고 소위 감각군(sensory cluster)을 중심한 성경해석 방법을 제시할 것이다.

오감에 대한 연구 가운데, 시각 즉 이미지에 대한 연구는 문학적 연구 형태와 영상학 연구의 형태로 상당히 발전되고 있으나 성경의 이미지에 대한 연구는 아직 미진한 상태이다. 이미지 연구 가운데는 색채 이미지 연구가 각광을 받고 있으나 이 역시 성경의 색채 이미지 연구면은 부진하기 그지없다. 본 저서에서는 예언자의 이미지에 관한 분석을 할 것이고 붉은 색을 중심한 성경해석의 가능성을 제시할 것이다.

청각 즉 성경에서 울리는 소리에 대한 연구는 미미하지만 구전에 관한 연구 형태로 진행되고 있다. 원래 고대 사람들, 아니 종교개혁 이전까지도 일반 사람들은 성경을 쉽게 손에 넣을 수 없었으며 랍비나 신부가 읽어주는 성경을 귀로 들을 수밖에 없었다. 그리고 성경을 저술한 저자도 이러한 면을 염두에 두면서 성경을 기록하였다. 따라서 성경을 해석할 때도 귀로 듣는 성경 즉 청각언어를 중심으로 해석할 필요가

337; 정중호, "해석 단서로서의 후각언어에 관한 연구," 『구약논단』 14집 (2003) 게재 예정.

있다. 소리의 다양성과 독특성에 대한 연구는 아직도 초보단계라 볼 수 있다.

성경에서 후각언어를 발견한다는 것이 어려울 것이라는 느낌이 있다. 틀린 말이 아니다. 왜냐하면 성경은 의도적으로 후각언어를 많이 사용하지 않으려는 경향이 있기 때문이다. 그러나 후각언어는 생명과 영성과도 깊이 관련이 있으며 인식과 예배의식과도 깊은 관련이 있다. 분향하고 제사 드리는 일들이 후각과 관련되어 있음은 익히 아는 일이다. 후각을 활용하여 신과 연결하려는 시도는 고대 종교에서 널리 볼 수 있는 현상이기도 하다. 본 저서에서는 빈도가 낮기는 하지만 중요한 감각언어인 후각언어를 분석하고 그 중요성을 새롭게 부각시킬 것이다.

촉각언어는 말 그대로 '피부로 느낄 수 있는 언어'이다. 촉각은 신생아가 태내에 있을 때 가장 먼저 경험하는 인간의 기본적 감각이다. 그리고 가상현실에서 가장 특징적으로 느낄 수 있는 감각이 바로 촉각이다. 그런데 성경에는 예상외로 촉각언어가 풍부하다. 그 이유는 말로써 표현되기는 하지만 촉각언어를 구사함으로써 좀 더 피부에 와 닿는 말씀이 되기 위해서 그리고 청중에서 좀 더 호소력 있는 말씀이 될 수 있도록 배려한 것이라 볼 수 있다. 이러한 촉각언어를 성경전반을 통하여 분석할 것이고 촉각언어 중심의 성경해석을 삼손설화해석에 적용하여 해석할 것이다.

미각은 사람의 신체 내부의 촉각이라고 말할 수도 있다. 그만큼 강렬한 감각이다. 그리고 미각은 음식과 관련 있으며 생명을 유지하는 양식과 연관되어 있다. 이러한 면을 주목하며 성경은 추상적인 개념 즉 '생명의 주인이요 생명을 유지시키는 하나님'이라는 개념을 양식제공자로서의 하나님으로 구체화시키는 것을 볼 수 있다. 미각을 통해 사랑을 경험하고 미각을 통해 공동체 구성원의 화목을 체험하는 것은 오늘날에도 흔히 있는 일이다. 성경은 이러한 면을 놓치지 않고 하나님과 사람의 관계 그리고 사람과 사람의 관계를 설정하고 그 진리는 가르칠 때 미각 언어를 활용하여 핵심적인 메시지를 전달한다. 본 저서에서는 토라를 중심하여 미각언어를 분석하고 새로운 해석을 시도할 것이다.

감각은 단독으로 느끼기보다 여러 가지 감각이 어우러져 종합적으로 느끼기 십상이다. 따라서 개별적인 감각언어를 분석할 필요도 있지만 여러 가지 감각이 어우러질 때 느낄 수 있는 감각군(sensory cluster)의 특별한 기능을 눈여겨 보아야 한다. 본 저서에서는 애가를 중심으로 감각군의 특별한 기능을 분석할 것이고 이러한 해석이 성경 전반에 걸쳐 적용될 수 있음을 보여 줄 것이다.

가상현실을 활용한 성경해석의 이론적 근거는 독자반응비평(Reader Response Criticism)으로 거슬러 올라간다. 독자반응비평은 읽는 독자의 역할을 주목한다. 즉 텍스트가 고정되어 있다고 보지 않고 "독자가 본문을 읽는 과정에서 무엇을 생산하고 창조하는가?"에 주목한다. 즉 관심의 추가 저자도 아니요 본문도 아니다. "읽는 과정"에 있는 것이다.

체트만(S. Chatman)은 텍스트가 저자의 손을 떠나 내재된 저자(implied author)와 내재된 독자(implied reader)가 만나는 것으로 보았다. 그리고 다노브(P. L. Danove)는 한 단계 더 발전시켜 실제독자가 능동적으로 역할을 한다는 것을 주목하여 실제 독자와 내재된 독자 사이를 쌍방향 화살표로 표시하는 도식을 만들었다. 반 이젤(Bas M. F. van Iersel)은 한걸음 더 나아가 독자에 의해 생성되는 또 다른 텍스트의 의미를 주목하였다. 특히 이젤은 낭독할 때 청중에 의해 생성되는 텍스트를 고려하였다.

이젤의 이론은 청중중심비평(Audience-Oriented Criticism)의 이론으로 볼 수 있다. 그러나 아직 가상현실 기법을 활용한 새로운 성경해석 방법론을 개발하고 있지는 않다.

만일 가상현실 기법을 활용한 성경해석 방법론을 '가상참여자 비평(virtual participant criticism)'이라 이름을 붙인다면, 이 경우 기본적으로 텍스트는 고정되어 있는 것이 아니고 열린 텍스트로 보는 시각을 기초로 하고 있다. 즉 가상현실에 참여하는 가상저자와 가상참여자가 쌍방 상호작용을 통해 새롭게 텍스트를 생성하는 것으로 본다. 본 저서에는 이상과 같은 연구결과들을 활용하면서 가상참여자 비평의 이론을 개발하여 체계화하고 감성적 해석 방법론과 열린 경전으로 성경을 해석하는 새로운 해석 방법을 제시할 것이다.

가상현실 시대를 대비하여 새로운 성경해석 방법론을 개발하려는 본 저서는 일인칭 경험을 중요시하는 현대 성경해석학의 흐름에 새로운 추진력을 제공해 줄 수 있을 것이다. 그리고 그 동안 간과해왔던, 성경의 다양한 감각에 대한 부분들이 이 연구를 통해 밝혀질 것이며 이러한 감각적 부분들을 발굴하여 그 해석학적 의미를 밝히는 일에 공헌할 수 있게 될 것이다.

또한 본 저서는 가상현실 기법을 활용한 성경 개발을 위한 초석을 제공해 줄 수 있을 것이다. 따라서 대학에서나 대학원에서 새로운 성경해석 교재로 활용될 수 있을 것이다. 그리고 감성적 해석방법은 성경에 대한 전문지식이 없어도 활용할 수 있는 방법이기에 대중적인 관심을 유발시킬 수 있다. 또한 성경을 감성적인 측면에서 살펴보는 방법이기에 쉽고 흥미있게 성경을 소개하고 해석할 수 있는 길을 열어줄 수 있을 것이다. 즉 교회교육과 선교에 새로운 지평을 열어주는 효과를 기대할 수 있다. 그러므로 본 저서는 교회에서나 기독교계 혹은 성경에 관심이 있는 분들에게 새로운 시대를 바라볼 수 있게 해 줄 것이고 성경에 대한 새로운 안목을 열어줄 수 있는 계기를 마련할 것이다.

제1부 가상현실 시대의 도전

제1장 가상현실 시대의 도래

제2장 가상현실 시대와 성서해석

제1장 가상현실 시대의 도래

미국 유명대학인 MIT가 발간하는 '테크놀로지 리뷰'지(誌)는 가상현실 사이트인 세컨드라이프(secondlife.com)를 만든 필립 로즈데일(Philip Rosedale)을 신(神)으로 묘사하였다.[1] 태초에 천지를 창조한 신과 같이 사이버 공간의 모든 것을 창조한 존재로 묘사한 것이다.

왜 이러한 기사가 실린 것일까? 로즈데일은 가상현실 기법을 활용하여 인터넷 상에 새로운 세계를 만든 것이다. 이 사이트에는 누구나 들어올 수 있으며 상상할 수 있는 것은 무엇이든 가능한 세계이다. 친구와 만나 수다도 떨 수 있고 가정을 꾸려 갈 수도 있고 직업을 얻어 일도 할 수 있다. 심지어 IBM이라는 회사는 이곳에 1000만 달러를 투입하여 이 가상공간에서 비즈니스를 하겠다고 하였다. 스웨덴은 이 가상세계에 대사관을 운영하고 있고 하버드 대학은 캠퍼스를 개설하고 있다. 세컨드라이프(secondlife.com)라는 사이트에는 2007년 4월 8일 현재, 500만 명이 넘는 사람들이 회원으로 가입되어 활동하고 있다.[2]

---

1) 인터넷 조선일보 2007년 3월 8일
http://news.chosun.com/site/data/html_dir/2007/03/08/2007030800911.html

2) 인터넷 매일경제 2007년 4월 8일 http://news.mk.co.kr/newsRead.php?sc=40000008

2006년 12월 린든랩의 주주총회가 세컨드라이프의 가상회의실에서 열렸으며, 프랑스 사회당의 세골렌 후보는 '사이버 참여 민주주의' 선거전을 펼치기 위해 세컨드라이프에 가상 사무실을 개설하고 유권자와 소통하고 있다. 또한 하버드 법대는 세컨드라이프에 강좌를 개설하여 강의하고 있다.[3)]

가상현실 기법을 활용하고 있지만 세컨드라이프 사이트 역시 아직은 불완전한 모습을 보여 주고 있다. 오감(五感) 가운데 후각과 촉각 그리고 미각을 실제로 경험할 수 있는 단계는 아니다. 간접적으로 경험할 뿐이다. 그럼에도 불구하고 이 사이트는 가상현실의 세계를 조금이나마 맛볼 수 있게 해준다.

이제 가상현실은 청소년들의 게임에나 볼 수 있는 것이 아니다. 누구나 쉽게 경험할 수 있는 일상생활 한가운데로 들어오고 있다. 새로운 세계가 열린다고 해도 과언이 아니다. 인터넷이 소개되어 보편화되면서 정보사회는 급속히 진전되었다. 마찬가지로 가상현실 기법은 그 다음 단계의 새로운 시대를 열어보여 주고 있다.

가상현실 기법을 발 빠르게 활용한 분야는 역시 비즈니스이다. 가상현실 기법을 활용하면 이익을 창출할 수 있으니 움직일 수밖에 없다. 게임 산업을 비롯한 오락, 영화, 상품판매, 설계와 제작, 교육 및 훈련, 군사, 의료 등 다양한 분야에서 이미 이 기법을 활용하고 있다. 영화

&cm=_오늘의%20화&year=2007&no=177856&selFlag=&relatedcode=000030010&wonNo=&sID=

3) 인터넷 매일경제 2007년 4월 8일
http://news.mk.co.kr/newsRead.php?sc=&cm=%BF%C2%B6%F3%C0%CE+%B9%CC%B5%F0%BE%EE+%BE%F7%B0%E8&year=2007&no=177858&selFlag=&relatedcode=

매트릭스(The Matrix)에서 선을 보인 가상현실은 다소 파격적이다. 그러나 그러한 세계도 전혀 불가능한 것이 아님을 과학기술은 계속 입증해 주고 있다.

물론 가상현실이 미치는 부정적인 요소가 있다. 그러나 중요한 것은 문명의 물결이 흘러가듯이 과학기술이 날로 발전하듯이 가상현실은 거역할 수 없는 큰 물결이라는 사실이다. TV가 처음 등장했을 때 바보상자 혹은 악마의 유혹이라고 호들갑을 떨었지만 TV의 보편화를 막을 방도는 없었다. 마찬가지로 가상현실을 활용하는 시대는 이제 활짝 열려져 있다.

가상현실(Virtual Reality)은 감각확장에 초점을 맞춘 메타매체(meta-medium)로서 인간의 오감(五感)을 전부 활용할 수 있는 꿈의 미디어다. 문자와 이미지가 2차원적인 반면 가상현실은 3차원적이며 커뮤니케이션 쌍방이 함께 참여하고 입체적이며 동시에 전신을 통해 그 의미를 흡수할 수 있다는 특징이 있기 때문에 가장 자연스러우며 쉽게 몰입할 수 있는 미디어다.

가상현실 기술은 이미 상업용으로 그리고 교육과 의료, 영화와 예술 분야 등으로 실용화 단계에 접어들고 있다. 가상현실은 단순한 기술 이상으로 확대되고 있다. 연극, 소설, 영화, TV보다 더 충격적인 문화적 사건으로 등장하고 있다. 가상현실 기술이 문화전환(cultural turn)을 이끄는 기관차의 역할을 감당할 채비를 갖추고 있으며, 가상현실이 하나의 문화를 규정할 수 있을 정도의 영향력을 발휘할 조짐을 보이고 있는 것이다.[4] 문화의 핵심인 종교가 이러한 흐름을 도외시할 수 없으며 오히

4) 김성기는 문화전환(cultural turn)을 다음과 같이 정의하였다. "미디어, 정보기술, 문화산업 등의 발전에 힘입어 문화 영역이 사회적 삶의 중심성을 이루며 그에

려 가상현실 기법을 효과적으로 활용해야 할 시점에 와 있다.

또한 종교는 일인칭 체험을 중시하고 있으며 초자연적이고 신비한 체험도 강조하고 있다. 종교의 이러한 특성을 대표하는 경전에서도 이러한 체험을 소중히 여기며 실제보다 다른 현실을 상상 속에서 경험할 수 있도록 유도하고 있다.

경전으로서의 성경의 이러한 특성을 감안할 때 새로운 미디어인 가상현실을 활용한다면 성경에 다가가는 많은 사람들이 직접적인 체험을 통해서 성경을 쉽게 이해할 수 있고 성경의 새로운 경지를 발견할 수 있을 것이다. 예를 들어, 예언서인 에스겔에서는 하나님과 에스겔이 미래에 건설될 새로운 성전의 곳곳을 미리 다니면서 세밀하게 살피는 장면이 나타난다. 이러한 모습은 현재 개발된 가상현실 기법으로도 그 상황을 재현할 수 있으며, 만일 이 부분을 가상현실로 제작할 수 있다면 누구나 쉽게 에스겔의 새 성전을 알 수 있고 직접 체험할 수 있을 것이다. 또한 성경해석자는 가상현실 참여자로서 새롭게 에스겔을 해석할 수 있는 길을 개척할 수 있을 것이다. 성경해석자는 성경이라는 텍스트에 가상현실을 통해 직접적으로 뛰어 들어가서 직접 체험하면서 창의적으로 그 내용을 해석할 수 있을 것이다.

꿈의 미디어인 가상현실을 적극적으로 활용하기 위해서는 문자로 기록된 성경을 가상현실을 활용한 성경으로 개발해야 할 필요가 있다. 이러한 성경을 개발하기 위해서는 먼저 가상현실 기법을 성경에 활용할 수 있는 여지를 탐색해야 하며, 가상현실을 활용하여 성경을 해석하는

수반하여 정체성 형성에서도 문화적 경험이 차지하는 비중이 높아지는 추세를 지칭한다." 김성기, "사이버 현상을 어떻게 볼 것인가?" http://www.durihana.com/mhsmnh.htm

새로운 방법론에 대한 연구가 선행되어야 한다. 기독교계에서도 가상현실 기법을 활용한 성경해석과 가상성경 개발에 관심을 기울이고 있지만 대비가 미흡하며 대중적인 관심을 불러일으키지 못하고 있다.

가상현실에 대한 본격적인 논의에 들어가기 전에 한 가지 짚고 넘어가야 할 것이 있다. 바로 '가상현실'이라는 단어의 개념을 확인하는 것이다. '가상현실(virtual reality)'에서 '가상'이라 번역되는 *virtuel*(virtual)이라는 단어는 중세 라틴어 *virtus*('힘' 혹은 '능력'이란 뜻)에서 유래된 단어이다.[5] *virtuel*이란 단어는 실행되지는 않았지만 '잠재된 힘의 상태'를 가리키는 단어로 '거짓된' 혹은 '허상의'라는 의미와는 거리가 멀다. 예를 들어 나무가 씨앗 안에 잠재되어 있는 것을 *virtuel*이라 표현되는 것이다. 피에르 레비는 다음과 같이 가상현실의 진취적인 면을 주장하였다.

> 가상은 허위적이고 허망한 것, 또는 상상의 것과는 거의 상관이 없다. 가상은 절대 실재의 반대 개념이 아니다. 그것은 반대로 풍요롭고 강인한 존재 방식이며, 창조 과정을 확장하고 미래를 열어주며, 즉각적이고 물리적인 존재의 단조로움 속에 의미를 부여한다.[6]

인간은 가상화를 통해 현실을 공유할 수 있으며 가상성과 현실성은 존재의 두 가지 다른 양식으로 볼 수 있다.

의사는 수술하기 전에 수술과정을 머리에 입체적으로 상상한다. 그리고 여행자는 여행 가기 전에 상상을 통해 여행 일정을 그려보고 준비한

---

5) Pierre Levy, 전재연역, 『디지털 시대의 가상현실』 (서울: 궁리, 2002) 19.
6) Pierre Levy, 전재연역, 『디지털 시대의 가상현실』 12.

다. 이러한 것은 분명 가상현실을 활용하는 것이다. 문자로 표현된 성경을 읽을 때도 독자는 기호의 안내에 따라 다양한 장면들을 상상하게 된다. 이런 측면을 보면 독자는 가상현실을 이미 사용하고 있는 것이다. 그리고 독자는 이러한 창의적인 상상을 통해 성경을 해석하는 것이다. 따라서 성경을 해석하는 방법은 문자 자체만 볼 것이 아니라 창의적인 상상력을 활용하여 해석하는 독자가 중요하며 독자가 활용하는 가상현실이 중요한 것이다.

또한 가상현실은 인터페이스 면이 중요하다. 데이빗 트라우브(D. Traub)는 가상현실을 규정하기를 "가상환경을 창조하는 일련의 비디오 컴퓨터 시스템"[7]으로 정의하며 인터페이스 즉 인간과 기계 사이의 연결면을 강조하였다. 클로드 카도즈(C. Cadoz)는 가상현실을 "모든 컴퓨터의 데이터 뱅크에서 추출된 데이터들의 그래픽 재현"[8]으로 규정한다. 마이클 스프링(M. Spring)은 "환경 시뮬레이션의 특징을 지닌 인터페이스의 한 형태"[9]로 가상현실을 정의한다. 이와 같이 다양하게 가상현실을 정의할 수 있지만 넓은 의미로 본다면 가상현실이란 멀티미디어 기술과 컴퓨터에 의해 인공적으로 구성되는 모든 매체현실을 지시하는 것으로 볼 수 있다.

---

7) David C. Traub, "교육의 도구로서의 가상현실: 가상환경에 있어서의 학습설계," Sandra K. Hesel and Judith Roth Ed., 노영덕역, 『가상현실과 사이버스페이스』 (세종대학교 출판부, 1994) 184-185.

8) Claude Cadoz, 심윤옥 역, 『가상현실』 (영림카디널, 1997) 134.

9) Michael B. Spring, "가상현실과 종합적 정보전달," Sandra K. Hesel and Judith Roth Ed., 노영덕역, 『가상현실과 사이버스페이스』 28.

제2장 가상현실 시대와 성경해석

가상현실 시대의 성경해석은 구체적으로 어떻게 하는 것일까? 우선 성경 내부에서 이미 가상현실을 활용한 부분부터 살펴보는 것이 순서일 것이다. 가상현실이라는 이름을 붙이지 않았지만 성경에서는 이러한 기법을 활용한 부분들이 있다.

성경에는 현실 상황만 묘사되어 있는 것은 아니다. 꿈에 나타난 것도 기록되어 있고 신비한 환상체험도 기록되어 있다. 혹은 은유와 우화도 나타난다. 모두 현실과는 거리가 먼 것이다. 이러한 것들은 이름하여 가상현실이라고 할 수 있다. 사실 성경의 배경은 고대 팔레스타인이기에 현대인에게는 성경의 상황이 현실일 수는 없다. 다만 성경을 통해서 오늘의 메시지를 얻을 수 있을 뿐이다. 이러한 상황을 살펴볼 때 가상현실을 염두에 두는 성경해석방법은 반드시 필요한 방법임을 알 수 있다.

성경 가운데서도 에스겔은 가상현실을 적극적으로 활용한 예언서이다. 에스겔에서는 신비로운 환상이 자주 등장하며 환상의 세계 즉 가상현실의 세계에 들어가서 활동하는 예언자 에스겔의 모습이 또한 나타난다. 에스겔 40장 이후에는 미래에 건축되기를 희망하는 소위 '에스겔 성전'의 설계도가 펼쳐져 있다. 이 장면 역시 에스겔이 신비한 힘에 의해 가상현실을 경험하는 모습으로 그려져 있다. 성경에서는 설계도면을 문자로 설명해 놓았기 때문에 성경을 단순히 읽어내려 가서는 성전건물의 입체적인 모습을 상상하기 어렵다. 이미지가 더 도움이 될 것이고 한걸음 더 나아가 가상성경으로 개발하면 이 부분은 아주 쉽게 이해될 수 있을 것이다. 우선 가상현실 기법을 활용한 전형적인 부분인 에스겔 8-11장 부분부터 탐색하기로 한다.

I. 에스겔과 가상현실

1. 바벨론 에스겔의 예루살렘 가상여행(겔 8:1-11:25)

문자성경의 경우에는 문장구조를 파악하지만 가상성경의 경우에는 장면들이 어떻게 구성되어 있는지 파악할 필요가 있다. 성경을 영화대본처럼 보면서 분석하는 것이다. 그리고 당연한 것이지만 영화처럼 이미지를 평면적으로 보는 것이 아니라 그 가상성경 안으로 들어가서 참여자가 된다는 사실을 염두에 두어야 한다.

1) 첫째 장면(겔 8:1a) - 에스겔의 집

첫째 장면(겔 8:1-3a)은 "나(에스겔)의 집(בֵּיתִי)"이다. 이 집이 어디 있었느냐는 논란의 대상이 될 수 있다. 그러나 에스겔이 신비한 가상여행에서 돌아오는 장면을 보면 "갈대아에 있는 사로잡힌 자 중에 이르시더니…"(겔 11:24)라고 바벨론임을 분명하게 보여주는 구절이 나타난다.[10)]

10) F. L. Hossfeld, "Die Tempelvision Ez 8-11 im Licht unterschiedlicher methodischer Zugänge," *Ezekiel and his book* Ed. by J. Lust (Leuven: Leuven University, 1986)

따라서 에스겔이 가상여행을 출발한 곳도 바벨론이라는 주장이 설득력을 얻는다. 에스겔이 바벨론 그발강 가에서 야훼를 만났으니 에스겔의 거주지도 그발강 주변이었을 것으로 짐작된다. 당시 유대인들은 바벨론에서 자치적인 마을을 형성하고 있었으니 이 집도 유대인 마을 한가운데였으리라 짐작된다.[11]

때는 "제 육년 유월 오일" 즉 에스겔이 바벨론에 포로 된 후 여섯째 해니까 주전 592년경으로 볼 수 있다. 그 집에 에스겔이 앉아있고 에스겔 앞에는 유다 장로들이 앉아있다. 이 모습은 에스겔이 바벨론 유대인의 지도자들인 장로들보다 상좌에 앉아있는 모습이다. 즉 바벨론에 있는 유다 백성들 가운데 에스겔의 권위가 확립되어 있었음을 알 수 있는 장면이다. 제사장이었던 에스겔이 예언자로서의 새로운 권위를 확보한 상태였다.

2) 둘째 장면(겔 8:1b-3b) - 하나님의 임재와 예루살렘으로 이동(가상현실 진입)

에스겔은 여기서 하나님의 임재를 체험한다. 이 광경이 너무도 신비하여 글로써 표현하기 어려울 정도였다. 따라서 직유법을 여러 번 활용하여 묘사하였다.

주 야훼의 손이 거기서 나에게 임하였다.
보라! 내가 보니 **불같은** 형상이 있었다.

156-7.

11) J. Maxwell Miller and John H. Hayes, *A History of Ancient Israel and Judah* (Philadelphia: Westminster Press, 1986) 433-4.

그 허리 이하 모양은 **불같았고**
허리 이상은 광채가 나서 **단 쇠 같았다.**
그가 **손같은** 것을 펴서… (겔 8:1b-3a)

이 부분을 읽는 독자는 갖가지 상상력을 동원하여 이 광경을 그려볼 수 있다. 그러나 가상성경일 경우 이러한 신비한 광경도 이미지로 구체화시켜야 한다. 여기에 가상성경 제작의 어려움과 한계가 있다.

이제 야훼의 신적인 손이 에스겔을 집어 올리는데 에스겔의 머리털(**ציצת**)을 잡아 올렸다.[12] 이제 에스겔은 "하늘과 땅 사이"에 있다. 그리고 이동하고 있다. 어디로? 예루살렘으로. 제사장이었던 에스겔은 꿈에 그리던 조국의 성전, 예루살렘 성전으로 단숨에 날아가고 있는 것이다.

그런데 이 모든 광경과 이동하는 것이 "하나님의 이상(**מראות אלהים**)" 가운데서 일어나는 것들이다(3절). 마르오트(**מראות**)는 마르아(**מראה**)의 복수연계형으로 환상을 가리킨다. 이것은 하나님이 보여주는 신비한 광경이다. 즉 또 다른 현실인 가상현실을 가리키며 이 가상현실은 하나님이 제작한 것이다. 이 장면에서는 시각과 촉각이 주로 활용되었다.

3) 셋째 장면(겔 8:3b-6) - 성전 북문에서

에스겔이 예루살렘 성전에 도착한 정확한 위치는 "안뜰로 들어가는 북향한 문"(3b절)이니 성전 바깥뜰이다. 솔로몬 성전의 조감도를 잠시 살펴보면 지성소와 성소가 있는 성전 앞뜰에는 번제단이 있고 이 안뜰을 둘러싸고 있는 담장이 있으며 담장 중간 중간에 문들이 있었다. 그리고 이 문을 나서면 바깥뜰이 둘러싸고 있는데 이 바깥뜰 외곽을

12) Moshe Greenberg, *Ezekiel 1-20* (Garden City: Doubleday & Co., 1983) 167.

두르고 있는 담과 문들이 있었다. 지금 에스겔은 이 바깥뜰에 도착한 것이다. 방금 설명한 이 조감도도 그림으로 볼 수 있으면 아주 간단하다. 더구나 가상현실로 제작되어 있다면 입체적으로 부분 부분 상세히 관찰할 수 있을 것이다.

에스겔이 예루살렘 성전에서 처음 발견한 것은 "이스라-엘 하나님의 영광"(4절)이었다. 그리고 에스겔은 골짜기(혹은 들판 בקעה)에서 본 환상과 같은 모습이라고 고백하고 있다. 그 골짜기(들판)가 어디인지 정확하게 알 수는 없지만 에스겔 10장과 11:22를 참고해볼 때, 아마도 에스겔이 그발강 가에서 본 환상(겔 1:1-28)과 유사한 것이라 표현하는 것같다. 예루살렘 성전에는 문제가 많았지만 하나님이 아직은 성전에 머물고 있다는 것을 강조하고 있는 것이다. 이어지는 내용은 소위 "가증한 것들" 때문에 하나님이 성전을 떠날 수밖에 없다는 내용이다(6절). 제사장 신학에서 하나님이 성전을 떠나는 것은 성전을 중심한 공동체의 파멸을 예고하는 것이다.[13] 하나님이 성전을 떠나는 실제적인 장면은 에스겔 10:16-19절과 11:22-23에 나타나는데, 하나님은 예루살렘 성전에서 나와 예루살렘 성벽을 넘어 동편 산에 있는 모습이 나타난다.

바깥 뜰 북문에서 본 하나님의 영광과 하나님의 음성을 가상현실로 제작하려고 할 때는 가상현실 가운데서 또 다시 가상현실을 만들어야 할 것이다. 마치 하이퍼텍스트(hyper text)와 같이 클릭하면 다른 사이트로 이동할 수 있는 것과 유사한 형태다. 그리고 여러 장면을 오버랩(overlap)시키는 기술도 필요하다.

---

13) 성전을 중심한 공동체의 죄악 때문에 성전이 오염되고 하나님이 성전을 떠나는 구조에 대해서는 다음의 논문을 참조 바람. J. Milgrom, "Israel's Sanctuary: The Priestly 'Picture of Dorian Gray'," *RB* 83(1976) 390-9.

4) 넷째 장면(겔 7-13절) - 우상을 향한 70인 장로의 분향

에스겔이 담에 구멍을 발견하고 담을 부순 것은 성전의 안뜰로 들어갈 수 있는 담이었다. 여러 개의 문도 있었는데 담을 부수었다는 것은 비밀히 들어간다는 의미가 있다. 담을 뚫고 들어갔을 때 문이 있었는데 그 문은 성전 건물로 들어가는 문이었다.

문을 열고 들어가 보니 벽에는 우상들의 그림이 온통 그려져 있었고 장로 70명이 향로를 들고 우상에게 분향하고 있었다. 향료는 값비싼 것인데 향연이 구름같이 피어올랐다는 것을 보면 분향하는 열정을 짐작할 수 있게 한다. 그리고 벽에 우상의 그림이 가득 그려져 있었다는 사실 또한 열정적인 분위기임을 알 수 있다. 특이한 것은 신상을 향해 경배하지 않고 그림을 그려놓고 거기를 향해 경배한다는 사실이다. 아마도 비밀히 진행되는 의식이기에 어두운 가운데서 행하는 것이고, 좁은 공간에서 여러 우상을 배치하는 어려움 때문에 그림으로 대치한 것이 아닌가 짐작된다. 이 장면은 지배계층의 마르제악 제의가 실시된 것으로 보인다.[14)]

그들의 불만은 "야훼께서 우리를 보지 아니하시며 이 땅을 버리셨다" (겔 8:12b)는 것이다. 야훼의 직무태만과 무책임함을 성토하는 것이요 그러한 이유 때문에 섬기는 신을 교체했다는 것이다. 지금 하나님은 에스겔과 더불어 보고 있는데 어이없게도 그들은 하나님을 알아보지 못하고 우상을 섬기고 있는 것이다.

---

14) 참조; S. Ackerman, "A Marzeah in Ezekiel 8:7-13," *HTR* 82(1989) 267-81. 마르제악 제의는 평민들의 마르제악과 지배계층의 마르제악으로 나눌 수 있다. 평민들의 마르제악은 조상제의의 자리이며 지배계층의 마르제악은 권력자들의 사회적 제의 모임으로 볼 수 있다. 우택주, "마르제악 제도와 죽은 자를 위한 제의: 비교," 한국구약학회 제54차 연구발표회 발표자료, (1999) 34.

가상현실로 이 장면을 제작할 때 필요한 것은, 분향할 때의 향 냄새가 있어야 할 것이고, 다양한 우상의 그림이 배치되어 있어야 하며 하나님과 에스겔을 발견하지 못하는 70인 장로들의 모습이 있어야 한다. 하나님은 에스겔에게 질문하지만 에스겔의 대답이 없는 점도 주목할 점이다. 그리고 성전 건물 안의 어느 공간인지도 제시할 수 있어야 한다.

5) 다섯째 장면 (겔 8:14-15) - 담무스를 위해 애곡하는 여인

성전에 들어가는 북문에는 담무스를 위해 애곡하는 여인들이 있었다. 담무스(Tammuz)는 메소포타미아 지역에서 숭배되는 신으로 이스라엘에도 알려진 신이었다.[15] 그러나 정치적인 이유로 바벨론에서 강요하는 종교라고 보기는 어렵다. 오히려 팔레스타인의 민간종교화된 담무즈 숭배가 예루살렘 성전에 유입되어 있는 것처럼 보인다.[16] 애곡하는 의식은 팔레스타인 지역에 편만한 의식 중 하나이다. 예를 들어 입다의 딸은 제물로 드려지기 전에 두 달 동안 애곡하였고, 후일에는 입다의 딸을 위해 나흘씩 애곡하는 의식이 생겨났다(삿 11:36-40). 애곡하는 장면에는 애곡하는 소리가 들리고 특이한 옷맵씨와 행동들이 또한 있게 마련이다.

6) 여섯째 장면 (겔 8:16-18) - 태양을 향해 경배하는 의식

성전의 입구는 동쪽으로 향하고 있다. 태양이 떠오르면 햇빛은 성전문을 통과하여 지성소를 향해 비취게 되어 있다. 따라서 제사장이 태양

15) A. Moortgat, *Tammuz: Der Unterblichkeitsglaube in der altorientalischen Bildkunst* (Berlin, 1949) 93, 122.

16) H. Ringgren, *Israelite Religion* (Philadelphia: Fortress Press, 1966) 97.

을 등지고 지성소를 향해 의식을 거행하는 것이 자연스러운 모습이다. 그런데 에스겔이 본 장면은 반대로, 성전을 등지고 태양을 향해 경배하는 모습이었다. 그것도 25명이나 되는 많은 사람들이 그러한 예배를 드리는 것이다. 누구인가? 성경에는 명확하게 밝혀놓고 있지 않지만 제사장들일 가능성이 가장 높다. 성전 동편 안 뜰에는 번제단이 야외에 있고 그 안에는 성전 건물로 들어가는 정문이 있다. 번제단과 성전 사이에서 활동할 수 있는 사람들은 바로 제사장들이다(욜 2:17).[17]

제사장들의 범죄는 일반인의 범죄보다 더 무거운 범죄로 인정된다. 제사장들이 야훼께 경배하지 않고 야훼가 계신 지성소를 등지고 태양을 향해 경배한다는 것은 아주 무거운 범죄를 저지른 것이다. 제사장들이 어떠한 의식과 행동으로 태양을 향해 경배를 했는지 알 수가 없다. 틈새 메우기(gaps filling)가 필요한 부분이다.

또 다른 가증한 일은 "나뭇가지를 그 코에 두는" 행동이다. "참으로 그들이 그들의 코에 나무(זמורה)[18] 가지를 두었다"(겔 8:17). 고대근동의 그림들 가운데는 군주가 코에 나뭇가지를 대고 있는 모습을 찾아볼 수 있다.[19] H. W. F. Saggs와[20] M. Gruber는[21] 이러한 행동이 제의적인

---

17) Walther Zimmerli, *Ezekiel 1* Trans. by R. E. Clements (Philadelphia: Fortress Press, 1979) 243.

18) 나무는 포도나무를 가리킨다.

19) A. Parrot, *Archeologie mesopotamienne: les stapes* (Paris: A. Michel, 1946) 238; A. Parrot and J. Nougayrol, "Asrhaddon et Naqi'a sur un Bronze du Louvre (AO 20. 185)," *Syria* 33(1956) 147-60; S. Parpola and K. Watanaabe eds., *Neo-Assyrian Treaties and Loyalty Oaths* (Helsinki: Helsinki University Press, 1988) 16.

20) H. W. F. Saggs, "The Branch to the Nose," *JTS 11*(1960) 318-29.

21) M. Gruber, "Akkadian *laban appi* in the Light of Art and Literature," *JANES* 7(1975) 73-83.

행동이라 주장하였다. 또한 이러한 그림들은 주로 국제적 조약을 체결하는 상황을 묘사한 것으로 그림에는 신들의 모습도 그려져 있다. 아마도 나뭇가지를 코에 대는 행동은 신들 앞에서 서약을 하는 것으로 짐작된다. 이러한 면들을 종합하면 코에 나뭇가지를 대는 그림들은 국제적 조약을 체결하는 제의적 의식을 묘사한 것이라 할 수 있다. 가상현실로 이 장면을 재현하려고 한다면 나뭇가지를 코에 대는 행동을 포함한 조약체결의 전체 장면을 제작해야 할 것이다.

7) 에스겔 9장의 특이점

9장은 살육하라는 명령과 이 명령을 시행하는 장면이 나타난다. 특이한 것은 "가는 베옷을 입고 허리에 서기관의 먹그릇을 찬 자"(겔 9:2)가 심판관으로 나타나 생사여부를 결정지어 주고 있는 장면이다. 살려둘 사람들에게는 이마에 표를 주어 살아남게 하였다. 마치 가인의 이마표 같은 역할을 하고 있다(창 4:15). 대비되는 점은 8장에서는 담무즈를 위해 애곡하는 사람들이 나타난 반면 9장에서는 가증한 일로 인해 탄식하며 애곡하는 사람들이 나타났다는 점이며, 9장에 애곡하는 사람들이 이마의 표를 받고 구원을 받았다는 점이다. 동일하게 애곡하는 행동을 하였지만 목적이 다르기에 평가도 정반대의 평가가 내려졌다. 따라서 애곡하는 행동 자체가 평가대상이 되지 않는다는 점을 주목할 필요가 있다. 그리고 심판이 성전에서부터 시작된다는 점도 중요한 점이다.

8) 에스겔 10장의 특이점

명령에 따라 베옷 입은 사람이 지성소 숯불을 성읍에 흩어 심판하는 내용이 나타나며 지성소의 장면과 그룹들의 이동하는 장면이 나타난다. 이 장면들은 에스겔 1장에 나타나는 신비한 광경과 유사한 점이 많다. 1장과 마찬가지로 "…같은"이라는 직유법을 사용하여 신비한 광경을 묘사하고 있다. 따라서 정확한 광경을 가상현실로 제작하기는 무척 어려워 보인다. 다만 유사한 광경만 제작할 수 있을 것 같다.

야훼의 영광이 지성소를 떠나 성전 문지방을 지나고 그룹들 위에 머물며 성전 동문까지 이동하는 광경이 나타난다. 야훼의 영광 즉 야훼 하나님이 성전을 떠나는 장면이 나타난 것이다. 이러한 이동은 11장에 계속해서 나타나며 그 의미에 대해 해석이 필요한 부분이다.

9) 에스겔 11장의 특이점

성전 동문에 백성의 지도자 25명이 있는 가운데 에스겔이 예언하는 광경이 나타난다. 이 가운데는 예언자가 야훼께 호소하는 장면도 나타나고 이어서 이스라엘 백성에게 예언하라는 야훼의 명령도 나타난다. 중요한 것은 11장 마지막 부분에(22-23절) 하나님의 영광이 그룹들 위에 올라 예루살렘 성읍 동편 산으로 이동하는 광경이다. 야훼 하나님이 성전을 떠나고 예루살렘도 떠난 장면이다. 이러한 이동에 대해서는, 백성의 죄악으로 인해 성전이 오염되어 야훼 하나님이 성전을 떠났기 때문에 성전을 중심한 예루살렘은 하나님의 보호를 받지 못해서 결국 멸망하게 되는 것으로 해석할 수 있다. 가상현실로 이러한 광경들은 제작할 때 결국 해석을 거쳐서 제작할 수밖에 없다. 그리고 가상성경에 참여하는 참여자도 새로운 해석을 창출할 수 있는 기회를 얻게 된다.

11장을 마감하는 광경은 에스겔이 다시 바벨론으로 돌아와서 바벨론의 포로 된 자들에게 본 것을 이야기하는 광경이다(24-25절).

II. 가상참여자 비평(Virtual Participant Criticism)

성경 내부에 나타나는 가상현실의 모습은 다양하다. 예를 들어 예언자가 환상을 본다거나 하나님의 손에 이끌려 다른 세계로 혹은 다른 장소로 이동해서 새로운 상황 속에 있게 된다거나 하는 것은 모두 가상현실 기법을 사용한 것이다. 여러 가지 비유를 통해서 하나님의 나라를 깨닫게 해 준다거나 우화나 이야기를 통해서 의미를 전달하는 것 모두가 가상현실 기법을 활용한 것이다. 특히 에스겔, 다니엘, 요한계시록 등에는 가상현실이 압도하고 있음을 발견할 수 있다. 가상현실 기법이 활용되었다는 각도에서 성경을 재해석할 수 있을 것이다.

성경의 경우 성경의 특정 부분을 가상현실 시스템으로 만들고 성경을 알고자 하는 사람이 가상현실에 들어가서 참여할 수 있다. 이 경우 성경 시대의 상황을 입체적으로 이해할 수 있고 보고 듣고 만지고 냄새 맡고 맛보는 다섯 가지의 감각을 모두 동원하여 그 상황에 몰입해서 참여할 수 있게 되는 것이다. 단순히 수신자의 역할이 아니라 그 가상현실의 한 부분으로 역동적으로 활동하고 영향을 미칠 수 있는 존재가 된 것이다. 현재는 불완전하지만 과학기술의 발전으로 오래지 않아 이러한 정밀한 가상현실 시스템이 만들어질 것이다. 신(神)의 손길보다는 못하겠지만 충분히 사람을 몰입시킬 수 있게 만들 것이다. 기호인 글자로 내용을 읽고도 독자는 독서삼매에 빠질 수 있다. 따라서 모든 감각기관을 활용하며 그 상황에 참여하는 가상현실 속으로의 몰입 현상은 너무나

자명한 것이다. 이렇게 가상현실에 참여하고 몰입해 있는 사람이 성경을 해석하고 이해하는 것은 글자를 읽는 독자가 해석하는 것과는 해석의 차원이 달라진다. 이름을 붙여본다면 '가상참여자 비평(virtual participant criticism)'이라 할 수 있을 것이다. 이러한 해석방법의 특성과 구체적인 방법은 오감활용, 열린 해석, 그리고 독자반응비평과의 관련성 등을 통해 이야기할 수 있다.

1. 오감 활용

가상현실 기법을 활용하면 수천 년의 시대적 간격과 지역 및 문화적 간격을 뛰어넘어 성경시대의 사회 속에서 거닐 수 있으며, 그들이 상상했던 세계까지 진입하여 직접 체험할 수 있다.

중요한 것은, 가상현실에는 단순히 보는 것으로 그치는 것이 아니라 오감(五感)이 닿는 모든 부분이 활용된다는 점이다. 문자로 전달되는 성경 텍스트에서는 쉽게 간과되는 것들이 이러한 감각적인 부분들이다. 다양한 감각들은 성경을 가상현실에서 생생하게 구성하기 위해 필수적인 것이며 가상성경 속에 참여하는 사람이 몰입할 수 있도록 만드는 요인들이다. 따라서 문자로 기록된 성경을 가상현실 기법을 활용하여 재구성할 때 감각적인 면을 어느 정도 정확하게 그리고 어느 정도 적합하게 제작할 수 있는가 하는 것이 중요하게 된다.

이러한 문제를 해결하기 위해서는 당시의 상황에 대한 정보를 확보하는 것이 필수적이다. 고고학, 문화인류학, 역사학, 생물학, 화학, 지질학 등 수 많은 학문분야의 협조를 받아야 한다. 이 점을 감안하면서 본 연구는 우선 성경에서 오감을 자극하는 부분들을 탐색하면서 가상현실로 재구성할 수 있는 범위와 방법에 대해 모색할 것이다.

1) 시각

문자로 기록된 텍스트도 눈으로 볼 수 있지만 문자기호의 한계 속에 있을 뿐이다. 한 걸음 더 나아간 영상매체는 이미 구체적인 이미지로 시각을 자극할 수 있다. 그러나 가상현실에서 볼 수 있는 광경은 차원이 다르다. 영화나 TV를 통해 보는 것은 평면 상태의 화면이다. 그리고 영화나 TV에서는 제작진이 보여주는 그 이상의 것을 볼 수 없다. 그러나 가상현실에서는 입체적으로 볼 수 있다. 즉 사물을 한 쪽 면에서만 보는 것이 아니라 사물의 주위를 둘러볼 수 있고 반복해서 언제든지 돌아볼 수 있으며 필요하면 가까이서 혹은 멀리서 사물을 상세하게 관찰할 수 있다. 중요한 것은 나의 관점에서 사물을 마음대로 관찰할 수 있다는 점이다.

또한 움직이는 물체의 모든 면을 직접 관찰할 수 있다. 이동 물체의 속도나 방향 그리고 크기 등도 눈으로 직접 볼 수 있으며 입체적으로 관찰할 수 있다. 감정을 민감하게 자극하는 색채의 힘도 다양한 각도에서 그리고 다양한 조명에서 그 힘을 느낄 수 있다.[22]

2) 청각

성경은 처음부터 글을 눈으로 읽는 독자보다 성경 내용을 귀로 듣는 청중을 염두에 두고 기록되었다.[23] 신약성서의 편지글도 마찬가지다.

22) 정중호, "붉은 색을 통해 본 색채이미지 중심 해석의 가능성," 『구약논단』 12집 (2002) 71-92.

23) 정중호, "소리와 구약해석: 청중중심비평(Audience-Oriented Criticism)을 중심으

중요한 편지가 도착하면 누군가 편지내용을 크게 읽고 대부분의 사람들은 귀로 그 내용을 들었다. 회당에서도 율법서를 낭독하는 사람이 있었고 대부분의 사람들은 귀로 그 내용을 들었다. 우리도 성경을 가리켜 "하나님의 글"이라 하지 않고 "하나님의 말씀"이라 부르고 있다.

가상성경은 성경이 원래 들려주고 싶었던 그 소리를 들려줄 수 있다. 하나의 단어라도 소리로서 표현할 때는 무수히 다른 의미를 전해줄 수 있다. 그리고 문자로 기록될 때 잃어버린 수 많은 소리들, 성경에는 기록되지 않은 무수한 소리도 들려줄 수 있다. 동시에 가상성경 참여자는 말로써 대화할 수 있는 길도 열려져 있다.

3) 후각

문자로 된 성경을 읽을 때 냄새에 관한 것은 거의 무시되어 왔다. 냄새를 언급한 부분도 극히 드물거니와 냄새는 크게 중요하지 않다고 여기는 마음에서 거의 독자의 주목을 받지 못했다. 그러나 상상 이상으로 냄새는 중요한 역할을 하였다. 성전에서 희생 제사를 드릴 때, 희생 제물의 피 냄새와 번제단에서 제물을 태울 때 나는 냄새들은 아마도 성전을 진동시켰을 것이다. 그리고 분향할 때는 향 내음 자체가 아주 중요한 요소인 것이다. 하나님께서 제사를 기쁘게 받으시도록 드리는 제사를 "향기로운 냄새"(레 1:9, 17)라고 반복해서 표현하는 것만 보아도 제사에서 냄새가 차지하는 중요성을 짐작할 수 있게 한다.

성경에는 냄새에 대해 직접적인 표현을 거의 하지 않고 있다. 그러나 가상성경에서는 필연적으로 이 냄새 부분들을 살려낼 수밖에 없다. 바

로," 『역사와 해석학: 호남신학대학교 2000년 학술발표회 논문 제4집』 정기철 편 (호남신학대학교출판부. 한들출판사, 2000) 113-140.

벨론에 있었던 에스겔이 초자연적인 손에 의해 방문한 예루살렘 성전에서도 그리고 새로 건축될 에스겔의 새 성전에서도 냄새 요인은 결코 가벼운 부분이 될 수 없다.

또한 여성에게는 향품이 중요하며 장례 절차에도 향품이 활용되었다. 이 외에도 음식 냄새와 배설물 냄새, 짐승의 냄새, 풀 내음 등 다양한 냄새를 들 수 있다. 이러한 냄새는 감정에 직접적으로 영향을 미치며 가상성경 참여자에게는 중요한 요소로 다가올 수 있는 것이다.

4) 미각

과연 미각을 가상현실 기술로 재현시킬 수 있을까? 의문의 여지가 있지만 상상할 수 있는 대부분이 개발되어 왔다는 과학기술의 역사를 살펴볼 때 이 또한 불가능한 것은 아닐 것이다. 중요한 것은 성경 가운데서 맛이 차지하는 부분이다. 기근과 굶주림은 이스라엘 땅에서는 자주 일어나는 현상이었다. 따라서 풍요의 상징은 배부름이었다. 식품과 음식물은 당시의 경제 상황을 가장 알기 쉽게 말해주는 것들이었다. 또한 포도주와 독주는 부자들과 권력자들의 상징이었다. 그리고 식욕은 탐욕과 연결된 이미지를 가지고 있다.

> "… 주 야훼의 말씀에 자기만 먹이는 이스라엘 목자들은 화 있을찐저 목자들이 양의 무리를 먹이는 것이 마땅치 아니하냐? 너희가 살진 양을 잡아 그 기름을 먹으며 그 털을 입되 양의 무리는 먹이지 아니하는도다"(겔 34:2-3).

심지어 하나님의 말씀이 기록된 두루마리를 에스겔이 먹는 장면이 나타나며 그 두루마리를 먹었을 때 "꿀과 같이 달다"고 표현하였다(겔

3:1-3). 맛으로 성경을 묘사한 것이다. 에스겔은 유다 민족의 죄악과 그들이 당하는 고통을 음식을 먹는 것으로 보여주기도 하였다(겔 4:9-17).

5) 촉각

가상현실이 다른 미디어와 다른 점은 실제감과 몰입감을 쉽게 경험할 수 있다는 것이다. 이러한 힘은 촉각을 광범위하게 활용하는 가상현실 기술에서 나온다.

에스겔은 이집트를 향한 예언에서 다음과 같은 말씀을 선포하였다.

> "…이집트는 본래 이스라엘 족속에게 갈대 지팡이라. 그들이 너를 손으로 잡은즉 네가 부러져서 그들의 모든 어깨를 찢었고 그들이 너를 의지한즉 네가 부러져서 그들의 모든 허리로 흔들리게 하였느니라."(겔 29:6-7)

에스겔은 마음을 마치 만질 수 있는 어떤 것으로 묘사하고 있다. "…굳은 마음을 제하고 부드러운 마음을 줄 것이며…"(겔 36:26). 또한 치료하지 않는 태만한 행위를 "상한 자를 싸매어주지 아니하며…"(겔 34:4)로 묘사하고 있다.

성전에서 드리는 제사 절차에도 촉각이 많이 동원되고 있으며 신(神)의 사랑과 인간의 사랑을 표현하는 부분에도 촉각언어가 빈번히 나타난다. 성경을 살펴보면 거룩한 신(神)의 얼굴은 볼 수 없고 더구나 만진다는 것은 상상할 수 없다는 점이 강조된 내용이 있는가 하면, 손으로 만질 수 있는 신(神)의 아들 예수의 모습이 나타난다. 더구나 하나님의 말씀은 만질 수 있는 어떤 것이라는 표현도 있다(요한1서 1:1). 이러한 부분뿐만 아니라 성경 전체를 촉각을 중심으로 재해석할 필요가 있다.[24]

비록 촉각에 대한 표현이 문자성경에는 나타나 있지 않다 하더라도 가상성경 참여자는 스스로 그 촉각을 느낄 수 있다. 예를 들어 번제단 가까이 가면 제단 불꽃의 열기가 느껴지기도 하고 제단과 성소의 향단들을 직접 만져볼 수도 있을 것이다. 성전 기둥을 팔을 벌려 안아 볼 수도 있고 그 안의 인물들과 악수할 수도 있을 것이다.

2. 열린 성경으로 해석하기

문서로서의 성경은 미디어의 특성상 닫힌 텍스트의 모습을 보여준다. 그러나 동일한 내용이 구전으로 존재했을 때는, 즉 구전 미디어를 사용했을 때는 결코 닫힌 텍스트가 아니라 가변성을 지닌 열린 텍스트였다. 이제 문서 미디어 시대를 지나 가상현실 미디어의 시대가 다가왔다. 미디어의 변천에 따라 성경이 또 다시 열린 텍스트로서의 모습을 보여주기 시작하였다.

히브리어, 아람어, 헬라어 등의 문자로 기록된 소위 원어성경은 임의로 변경시킬 수 없다. 다만 본문비평의 이유만은 받아들여 본문을 수정할 수 있을 것이다. 따라서 문서로 된 성경은 확고한 기준의 역할을 감당할 수 있으며 "닫혀진 경전"의 전형적인 모습을 보여준다. 그러나 번역의 경우는 다르다. 번역할 때는 해석작업이 수반되고 문화적인 적합성 여부가 고려되어야 한다. 즉 "열려진 경전"의 싹을 발견할 수 있다. 특히 가상성경의 경우에는 "열린 성경"으로서의 변화가능성이 아주 높다.

히브리어를 다양한 현대 언어로 번역하는 작업은 성경번역 전문가의 손으로 이루어진다. 그리고 대부분의 성경독자는 그 번역을 그대로 수

24) F. Dean Lueking, "Touch and see : Lk 24:39," *Christian Century* 114 (Ap 2, 1997) 337.

용할 수밖에 없다. 그러나 가상성경 참여자는 성경학자가 아니더라도 가상성경의 허점과 부적합한 점을 손쉽게 발견할 수 있고 수정하기를 제안할 수 있다. 마치 일반인이 성경번역에 뛰어드는 격이다. 그리고 가상성경 참여자의 이러한 태도가 가상성경을 더욱 정교하고 적합하게 만들어가는 중요한 요인이 되는 것이다.

가상성경이 어느 정도 정교하게 제작될 수 있는가 하는 것은 가상현실 기술의 발달과 제작진의 능력에 달려 있지만 최대한 정밀하게 제작될 수 있다고 가정하면서 열린 성경의 가능성을 추적하고자 한다.

이저(Wolfgang Iser)는 모든 텍스트에는 틈(gaps)이 있으며 독자는 창의적으로 그 틈을 메우는 활동(gaps filling)을 한다는 것이다. 이저는 이러한 활동을 주목하며 텍스트가 독자에게 열려있다는 사실을 주장하였다.[25] 그런데 가상성경의 경우는 틈새 메우기를 훨씬 뛰어넘는 것이다. 단 몇 마디만 기록되어 있다하더라도 정황 전체를 만들어 놓아야 한다. 예를 들어 "항구"라는 단어가 나타나면 항구의 모든 것이 갖추어져 있어야 한다. 단순히 배 한척만 만들어 놓을 수는 없는 것이다. 벌써 가상성경 제작진에 의해서 원래의 텍스트는 그 모습을 온전히 보전할 수 없게 된다. 가상성경 제작진은 성경텍스트가 열려있을 수밖에 없다고 보면서 제작에 돌입한다.

한걸음 더 나아가 가상성경 참여자와 가상성경이 상호작용할 때 새로운 성경이 창출되는 현상은 자연스러운 단계이다. 이 때 생성되는 "개인적인 성경"은 문자로 기록된 성경을 읽을 때보다 훨씬 더 다양하고 문자로 기록된 성경에서 이탈되는 현상이 두드러져 나타날 수 있다. 열린

---

25) Wolfgang Iser, *The Implied Reader: Patterns of Communication in Prose Fiction from Bunyan to Beckett*, (Baltimore: The Johns Hopkins University Press, 1974) 44.

성경의 극적인 상황이 다양하게 나타날 수 있다는 것이다.

에스겔의 새로운 성전을 가상현실로 재구성할 때 발견되는 새로운 점은 성경에서 표현하지 않은 부분까지도 나타난다는 사실이다. 기둥 하나 계단 하나에도 입체적인 모습이 있고 명암이 다양한데 성경에서는 한두 부분만 묘사되어 있다. 그러나 가상성경에 들어가면 기둥 하나라도 주위를 돌면서 모두 볼 수 있고 가까이서 혹은 멀리서 관찰할 수 있다. 또한 명암의 변화에 따른 다양한 색채의 변화와 하루 중 시각의 변화에 따른 그림자의 위치 변화까지 볼 수 있다. 심지어 반복해서 볼 수도 있다. 이러한 사항들은 가상성경 참여자 개인의 취향에 따라 얼마든지 다양하게 발견되어질 수 있는 사항들이다.

열린 성경의 이탈현상을 우려하는 소리가 있지만 또 다른 면을 살펴보면 긍정적인 효과가 극대화될 수도 있다. 즉 현재를 살아가는 현대인들은 좀 더 구체적으로 성경을 이해하고 성경 안에 들어가서 참여함으로써 자기만의 독특한 성경 즉 자기를 위한 생명력 있는 메시지를 발견해 내기를 원하고 있다.

그런데 열려있는 가상성경을 활용하면 전문적인 해석자뿐만 아니라 일반인들도 손쉽게 생명력 있는 메시지를 발굴해 낼 수 있는 장점이 있다. 결국 성경의 메시지는 구체적이며 생명력이 넘쳐나며 엄청나게 다양하고 풍부해질 수 있게 된다. 동시에 가상성경 참여자들이 손쉽고 빠르게 서로의 메시지를 나눌 수 있기 때문에 이로 인해 창출되는 메시지는 상상을 초월할 정도로 풍부해질 것이다.

1) 상호작용

원격현존(distance presence)을 결정하는 요인은 사실성(vividness)과 상호작용성(interactivity)이다.[26] 가상현실에 몰입할 때 느낄 수 있는 가장 중요한 특징은 나 자신이 "그곳에 있다"는 느낌이다. 360도로 주위를 둘러볼 수 있고 오감을 통해 느끼고 거기에 있는 대상과 상호작용할 수 있는 상황이 전개되는 것이다.

가상성경 참여자는 그 상황의 참여자이기에 그 상황에 나타나는 사람들과 혹은 사물들과 상호작용을 할 수 있다. 가상성경 제작진이 어느 정도 정밀하게 그리고 어느 정도 고도의 인공지능을 활용하는가에 따라 달라지겠지만 낙관적으로 전망해 볼 때 상당 부분 상호작용은 가능하리라 예상할 수 있다. 만일 상호작용이 원활하고 세밀하게 진행될 수 있다면 가상성경 안에서 참여자는 엄청난 새로운 체험을 할 수 있을 것이다. 예를 들어 가상성경 참여자는 에스겔과 직접 대화를 함으로써 의문점을 해결하고 새로운 메시지를 발견할 수 있게 되는 것이다. 그리고 참여자가 가상성경 제작진에 조언하여 가상성경 자체를 변화시킬 수도 있다.

2) 공동체의 해석

가상성경 참여자는 여러 사람이 동시에 참여할 수 있다. 따라서 서로의 모습을 보면서 혹은 이야기하면서 그 가상현장에 참여하게 된다. 이 경우 느낌을 서로 나눌 수 있으며 서로의 표정과 행동을 보면서 함께 참여할 수 있게 되는 것이다.

예를 들어 이러한 모습을 상상해 볼 수 있다. 기독교신자들이 각자 자신의 집에 있으면서 가상현실 도구를 활용하여 가상성경에 함께 참여하는 것이다. 그리하여 함께 갈릴리 바닷가를 거닐며 예수님과 제자들

26) 라도삼, 『비트의 문명 네트의 사회』 (서울: 커뮤니케이션, 1999) 213.

의 대화를 들을 수 있고, 함께 언덕 위에 모여 예수님의 산상수훈을 들을 수 있는 것이다. 이 경우 참여자들은 가상성경 현장 안에서 토론도 벌일 수 있고 서로 느낌을 나눌 수도 있는 것이다.

인간을 유희적 인간(homo ludens)이라 부른다.[27] 가상현실 기술은 이러한 인간의 자연스러운 모습을 촉진시켜준다. 가상현실 속에서 유희하듯 행동하면서 직접적인 체험을 통해 자연스럽게 해석작업을 하게된다. 이러한 해석작업은 정보를 현실화하는 것이며 창조행위라 볼 수 있다.

3. 독자반응비평과 가상참여자비평

가상참여자 반응 비평은 독자반응비평과 청중중심 비평과 맥을 같이 하고 있다. 우선 독자반응비평은 저자 혹은 본문 보다 "읽는 과정"에 주목한다. 즉 독자가 독서하는 과정에서 새로운 무엇이 생성되고 있다는 것이다. 독자반응비평의 기본적인 도식을 고안한 체트만(S. Chatman)에 의하면 텍스트는 실제저자나 실제독자와는 분리된 위치에 존재한다는 것이다.[28]

다노브(P. L. Danove)는 체트만의 주장을 한단계 더 발전시켜 실제독자와 내재된 독자 사이에는 상호작용이 일어난다는 점을 주창하였다.[29] 그리고

27) 미스코시 신, 백성수 외 옮김, 『디지털 미디어 100년 후를 상상한다』 (서울: 한국학술정보, 2000) 79.

28) Seynour Chatman, *Story and Discourse: Narrative Structure in Fiction and Film* (Ithaca, N. Y., and London: Cornell University Press, 1978)151; Robert Fowler, *Let the Reader Understand - Reader-Response Criticism and the Gospel of Mark*. (Minneapolis: Fortress Press, 1991) 31.

29) P. L. Danove, *The End of Mark's Story: A Methodological Study* (BIS, 3; Leiden: E. J. Brill, 1993) 64

실제저자와 실제독자는 동일한 해석공동체(interpretive community)에 소속되어 있다는 점도 첨가시켰다.[30)]

중요한 것은 내재된 독자와 실제 독자 사이에 상호작용이 일어날 때 무엇인가 새로운 것이 생성된다는 점이다. 이것은 체트만이나 다노브가 제시한 텍스트와는 또 다른 무엇이다.

반 이젤(Bas M. F. van Iersel)은 새롭게 생성된 그 무엇을 또 다른 텍스트로 표시하였다.[31)] 실제 독자 혹은 청중이 인식하는 텍스트는 바로 제2의 텍스트라는 것이다.

〈표 1〉 이젤의 표

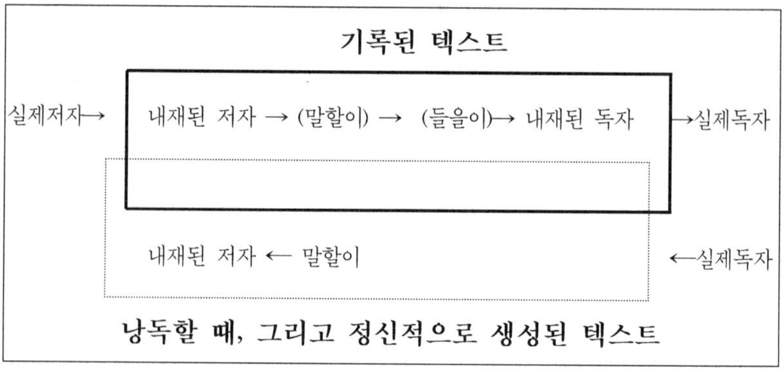

---

30) 'interpretive community'라는 어휘는 S. Fish가 사용한 것으로 독서에 있어서 읽기전략이라든가 전제들을 공유하는 공동체를 가리킨다. 이러한 공동체에 소속되어 있음으로 인해 어느정도 해석의 혼돈을 방지할 수 있게 되는 것이다. S. Fish, *Is There a Text in This Class? The Authority of Interpretive Communities* (Cambridge, MA: Harvard Ninversity Press, 1980).

31) Bas M. F. van Iersel, *Mark: A Reader-Response Commentary* (JSNTSS 164; Sheffield: Sheffield Academic Press, 1998) 19.

가상참여자 비평에서는 가상참여자가 또 다른 텍스트를 생성할 수 있다는 점을 기본적으로 인정한다. 그런데 좀 더 복잡한 면이 있다. 우선 가상참여자가 대하는 텍스트는 기록된 문서 형태의 텍스트가 아니다. 혹은 단순히 귀로만 듣는 청중의 텍스트도 아니다. 가상성경이라는 새로운 텍스트는 보고 듣고 만질 수 있을 뿐만 아니라 가상성경 그 정황 안에 함께 참여할 수 있는 성경이다. 이 성경은 가상성경 제작진의 손에 의해 제작된 것이다. 이 성경은 가상제작진의 해석과 창조적인 아이디어가 함께 어우러져 있는 그러한 성경이다. 문자로 기록된 성경에서 표현되지 않은 많은 부분들이 발굴되거나 첨가되어 있다.

이렇게 제작된 가상성경에 참여할 때 참여자는 또 다른 자기만의 성경을 창출해 낸다. 가상참여자의 해석활동은 텍스트에 메스를 가하는 형태의 해석이 아니라 가상성경에 몰입하여 몸과 마음 전체를 통해 느끼는 방식이다.[32)]

이러한 사항들을 종합하여 표로 요약해보면 다음과 같다.

---

32) Susan Sontag은 텍스트의 내용 속에 깊이 숨어있는 의미를 찾아내는 종래의 해석작업을 반대하면서 있는 그대로 사물을 경험하고 느껴야 한다고 주장하였다. 이러한 방향은 가상참여자 해석의 궁극적인 목표와도 맥을 같이하고 있다. Susan Sontag, *Against Interpretation* (NY: Octagon Books, 1966).

〈표 2〉 가상참여자비평

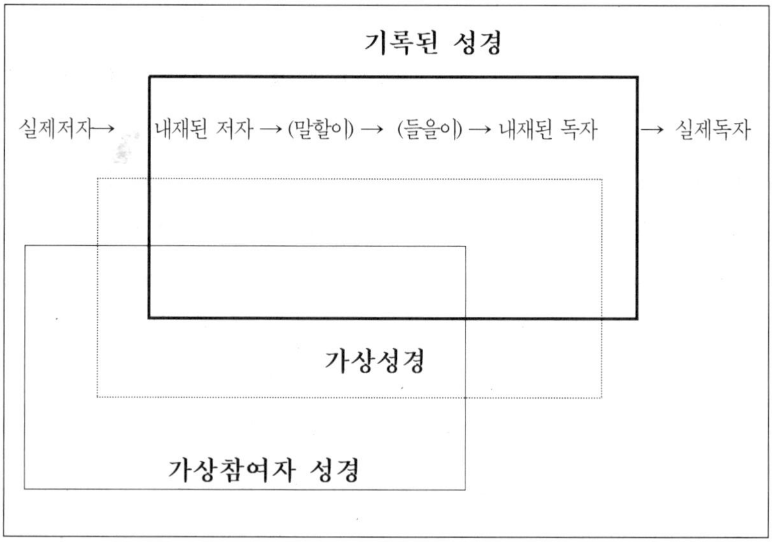

III. 가상현실 기법을 활용할 때 고려할 사항

한 가지 지적할 점은 가상현실 기법이 강력한 힘을 발휘하지만 그 역기능도 만만치 않다는 점이다. 우선 중요한 것은 가상현실 제작자의 문화, 인권, 종교, 성적인 문제에 대한 편견을 어떻게 해결할 것인가 하는 것이다. 그리고 그 다음은 가상현실에 참여하고 활용하는 사용자의 문제이다. 현실도피를 위한 도피처로 전락할 위험도 있고 가상현실에 너무 몰입해서 정작 현실에 적절하게 적응하지 못할 위험도 있다. 사실 가상현실 기법은 현재에도 활용되고 있으며 긍정적이며 발전적인 면보다 부정적인 면에 먼저 활용되는 면이 있다. 섹스와 오락 및 사이비 종교에서 활용되고 있으며 이 기법을 대거 활용할 경우 피해가 클 수밖에 없다.

또 한 가지 현실적인 문제인데 가상현실 제작비가 엄청나기 때문에 상당기간 동안 가상현실을 활용할 수 있는 사람들이 제한적일 수밖에 없는데 과연 가상현실 기법이 대중적일 수 있겠는가 하는 문제이다.

종교계에서 심각하게 대두되는 것은 거의 완벽한 가상현실을 만들게 될 때 신의 존재는 어떻게 되는가 하는 것이다. 또한 가상현실 속에서는 실물처럼 오감으로 신을 경험할 수 있게 될 때 단순히 상상 속에 자리를 차지하고 있는 신에 대한 이미지는 어떻게 되며 그로 인해 파괴적인 혼란이 일어나지 않겠는가 하는 우려이다.

사람에게는 꿈이 있어야 한다. 그리고 꿈꾸는 모습이 살아 있어야 한다. 그러나 강력한 영상매체들에 사로잡힐 때 그리고 몰입을 통해 형성되는 가상현실의 세계에서는 꿈꾸는 행위 자체가 거세될 것같은 기분을 느낀다. 문자를 통해 혹은 음성을 통해 메시지를 전달받을 때는 다양한 상상력이 동원되어 꿈을 꿀 수 있지만 영상매체와 가상현실 안에서는 이러한 상상이 불가능해질 것이라는 염려가 있다. 다음의 글은 이러한 기분을 잘 표현해 주고 있다.

> 우리는 정보가 폭발하는 시대에 살고 있다… 이미지의 감옥 속에 꿈이 가두어지는 시대를 살고 있다….. 한마디로 이마골로지(imagology=image+ideology)의 포로가 되게 만든다.[33]

---

33) 정진홍, 『아톰@비트』 (서울: 푸른 숲, 2000) 161.

그러나 이것은 편견이다. 아무리 이미지에 압도당한다 하더라도 그리고 가상현실에 몰입한다하더라도 사람은 여전히 상상하고 꿈을 꿀 수 있는 힘을 발휘한다. 영상이나 가상현실은 새로운 미디어일 뿐이다. 인간을 송두리째 녹여버리는 화학약품은 아니다.

가상현실에서 인간은 더 이상 꿈꿀 수 없다고 한다면, 현실세계에서도 꿈꿀 수 없어야 하지 않는가? 번잡한 길거리를 걸어가면서도 인간은 상상력을 발휘할 수 있고, 고요한 산모퉁이를 돌아 걸어가면서도 인간은 상상의 세계를 더듬을 수 있다. 동시에 가상현실이라는 또 다른 현실 속에서도 인간은 충분히 상상력을 활용할 수 있는 것이다. 가상현실을 무서워하는 것은 마치 전기나 라디오 혹은 TV가 처음 등장했을 때 무서워한 것과 같은 현상이라 할 수 있다.

가상현실은 새로운 미디어일 뿐이다. 문제는 어떻게 활용하는가가 남아 있을 뿐이다. 문제는 가상성경 제작자의 능력이다. 가상현실 기술에 관한 것은 과학자에게 일임할 수밖에 없지만 문자로 된 성경을 해석하고 표현되지 않은 점들을 보완할 수 있는 가상성경 제작자의 능력이 중요할 수밖에 없다. 가상성경 참여자는 이들이 제작한 가상성경을 "하나님의 메시지"로 알고 참여하기 때문이다. 이 경우 신고고학(New Archaeology)은 더욱 중요해지고 역사학자들의 손이 더욱 바빠져야 한다. 또한 성경학자들이 여러 다양한 학문분야의 전문가들과 협력하여 연구하는 학제간 연구가 더욱 활성화되어 생생한 현장감을 만들어 갈 수 있어야 할 것이다. 또한 성경 본문 해석에도, 표현되지 않은 부분까지 고려하며 해석하는 해석의 흐름이 주류를 이룰 것이다. 동시에 가상성경 참여자의 문화-사회적 차이와 종교적 영성의 차이를 고려하여 제작하는 가상성경 제작진의 세심한 손길이 있어야 한다.

IV. 요약 - 가상성경 개발을 위하여

새로운 시대에 문화전환을 이룰 수도 있는 꿈의 미디어인 가상현실은 현재 과학기술의 발전속도를 볼 때 급속도로 빠르게 개발될 것은 자명하며 저렴한 가격으로 이용할 수 있어 대중화될 전망이다. 문화의 핵심은 종교이며 각 종교는 경전에 그 기초를 두고 있다. 기독교도 예외일 수 없다. 기독교의 경전인 성경도 가상성경으로 개발해야 될 단계에 들어섰다.

현재 국내외를 통틀어 가상현실 기법을 활용하여 성경을 재구성하는 작업은 지극히 초보적인 단계에 있다. 그리고 이러한 작업을 수행하기 위해서는 막대한 재원과 노력이 필요하다. 그러나 가상현실 기법 활용의 폭발적인 증가는 결국 가상현실 기법을 활용하는 성경을 제작하게 될 것이다.

본 장의 목적은 가상현실 기법을 성경에 어느 정도 어떻게 활용할 수 있는지를 탐색하면서 가상현실 기법을 활용한 창의적인 성경해석방법론을 개발하는 데 있다. 본 논문에서는 먼저 에스겔 8-11장을 가상성경으로 제작할 경우를 가정해서 해석하였다. 이러한 작업을 통해 다양한 감각적 요소를 발견할 수 있었고 새로운 해석의 가능성을 살펴볼 수 있었다. 이러한 해석을 통해서 발견할 수 있었던 가상참여자 해석의 중요한 특징은 우선 오감을 모두 활용할 수 있는 해석이라는 점이다.

동시에 중요한 것은 가상현실에 의해 개발된 성경은 닫힌 경전이 아니라 열린 경전이라는 사실이다. 이제까지는 기록된 문자를 읽고 머리 속에서 여러 장면들을 상상하였지만 이제는 가상현실 가운데 직접 참여하여 개인적이며 직접적인 체험을 할 수 있으며 능동적인 활동을 하게 된다. 그리고 성경 속의 인물 뿐만 아니라 사물과도 서로 상호작용할 수 있게 된다. 이렇게 될 경우 성경은 닫힌 텍스트가 아니라 무한한 가능성을 가지고 확대해 갈 수 있는 열린 텍스트가 될 수 있다.

열린 텍스트라는 개념은 일반적으로 말하는 '틈새 메우기(gaps filling)'와는 차이가 있다. 단순한 틈새 메우기가 아니라 성경의 내용 가운데 상호작용하면서 성경을 재해석하여 새로운 것을 창조하는 면을 주목하는 것이다. 성경은 여러 면에서 모호성과 불확정성을 노출시키며 다양한 시각을 가진 수신자가 참여하기를 기다린다. 이러한 부분들은 가상현실 참여자가 계속해서 텍스트를 창의적으로 구성할 수 있는 부분이다. 동시에 가상성경에서는 여러 사람이 함께 참여하여 해석할 수 있는 공동체 해석이 가능하다는 것도 큰 장점이다.

가상참여자 해석방법은 독자의 반응에 따라 텍스트가 새롭게 생성된다는 독자반응비평(Reader Response Criticism)과 청중중심비평(Audience-Oriented Criticism) 연구에서 그 기초를 확인할 수 있다. 본 연구는 이러한 연구를 더욱 발전시켜서 가상현실 참여자가 어떠한 새로운 가상성경을 창조하는가에 초점을 맞추어 '가상참여자 비평(virtual participant criticism)'이라는 이름으로 이 이론을 도식화하였다.

가상현실을 활용한 성경이 출현할 때 가장 심각한 문제는 누가 어떻게 가상성경을 개발하느냐 하는 것이다. 개발된 가상성경에 아무리 인공지능 요소가 포함되어 있다 하더라도 역시 제작된 기계적 환경이라는 범위를 벗어날 수 없다. 아무리 가상현실 기술이 발달하더라도 가상성경이 모든 것을 해결할 수 있는 것은 아니다. 가상성경을 통해서 사람은 새로운 것을 상상하게 되고 자신의 신앙과 영성을 새롭게 발전시켜 가게 될 것이다. 책으로 된 성경과 마찬가지로 가상성경은 하나님과 신앙인의 관계를 도와주는 도구의 역할을 하게 되는 것이다. 에스겔 40장에 보면 하나님이 이상 중에 초자연적인 힘으로 에스겔을 이스라엘 땅으로 데려갔을 때 "놋 같이 빛난 사람"이 다음과 같이 말하는 것이 나타난다. "인자야 내가 네게 보이는 그것을 눈으로 보고 귀로 들으며 네 마음으로 생각할찌어다."(겔 40:4) 아무리 입체적으로 생생하게 보여준다 하여도 결국 필요한 것은 "마음으로 생각하는 것"이다. 가상성경은 이러한 마음의 활동을 도와주는 도구이지 마음의 활동을 억압하거나 대신하는 것은 아니다.

가상성경을 제작할 때 염두에 두어야 할 사항들이 있다. 특히 가상현실 기술 수준이 낮고 제작 비용이 상상을 초월하는 현재와 같은 상황에서는 성경을 왜곡시키거나 내용을 손상시키지 않도록 유의해야 할 것이다. 영상성경 개발의 경우와 마찬가지로 상업적인 목적이나 흥미위주의 흐름을 경계해야 한다. 그러나 이러한 위험요소는 가상현실 기술이 가져다 줄 엄청난 이점에 비한다면 아주 작은 장애물에 불과하다. 라디오나 TV 혹은 영화가 처음 개발되어 활용될 때 종교계가 몹시 우려하면서 이러한 미디어를 거부하기까지 했던 때가 있었다. 그러나 오늘날 종교계는 이러한 미디어를 유용하게 활용하고 있다. 가상현실 미디어의 경우에도 마찬가지 현상이 일어날 것으로 예측된다.

가상성경을 제작하고 가상참여자로서 가상성경을 해석하는 새로운 흐름은 이제 대세로 그 자리를 잡아갈 전망이다. 이러한 예상을 바탕으로, 이제는 가상성경에 대한 본격적인 연구와 준비작업이 시작되어야 할 것이다. 중요한 것은 이 작업을 상업적인 목적을 도모하는 단체나 큰 힘을 발휘하기 힘든 개인에게 맡겨두지 말고 기독교계가 사명감을 가지고 연합하여 준비하여야 한다는 점이다.

제2부 가상현실과 감성적 성경해석

제1장 시각언어 중심의 성경해석

제2장 청각언어 중심의 성경해석

제3장 후각언어 중심의 성경해석

제4장 촉각언어 중심의 성경해석

제5장 미각언어 중심의 성경해석

제6장 감각군(sensory culster)과 성경해석

제1장 시각 언어 중심의 성경해석

제1절 예언자와 이미지

21세기 사회는 영상문화의 물결 속에서 정보가 이동되고 영상 메시지가 인간의 삶과 의식 양태에 심각한 영향을 미치는 사회로 나아가고 있다. 문화와 언어의 장벽을 넘어서서 공감을 불러일으키는 힘이 있으며 세대간의 간격을 뛰어넘을 수 있는 힘을 가진 영상 이미지는 이미 상당한 호소력과 지배력을 가진 엄연한 문화적 현실로 다가와 있으며 우리는 영상문화시대에 살고 있음을 실감하면서 살아가고 있다.[1] 이미지가 폭발적인 힘을 행사할 수 있는 배경에는 음향, 말, 문자, 이미지 등 멀티미디어가 통합될 수 있는 과학기술의 발전이 있다. 더구나 위성과 컴퓨터가 연결되어 쌍방향의 의사소통이 가능한 하이퍼 미디어(hyper media)의 발전으로 이미지는 대중화되고 있으며 가장 폭넓게 활용되는 매체가 되고 있다. 문화의 핵심에 자리잡고 있는 종교가 이러한

1) "영상문화의 시대"를 정의한다면 "이미지, 즉 영상 언어를 통하여 형성되는 표현의 생산자와 표현의 소비자의 시대"라 할 수 있다. 김창우 외, 『이미지는 어떻게 살고 있는가?』 (서울: 생각의 나무, 1999) 100.

흐름에 예외일 수는 없다.

종교 발생 초기부터 현대에 이르기까지 각 종교에서는 지속적으로 이미지를 활용하여왔다. '글쓰기'는 종교 메시지를 전달하는 기능 중 적은 부분만 차지하였으며, 전체 종교 역사에 있어서도 몇 세기 동안만 지배적인 역할을 담당했을 뿐이다.[2] 이제 탈문자 시대의 징조가 나타나며 영상정보시대가 도래했음에도 불구하고 아직도 성서는 문자로서 책 안에 갇혀있다. 문자 읽기가 이미지 읽기를 억압하고 있는 형국이다. 성서학도 이제는 이미지로의 전환이 필요한 시점이다. 또한 성서는 이미지를 활용한 하이퍼텍스트(hypertext)로도 개발되어야 한다.[3]

문자로 표현되는 언어는 분절적, 기계적으로 의미를 처리하지만 영상 이미지는 의미를 통합적이며 동시적으로 처리하게 되고 전신을 통해 그 의미를 흡수할 수 있게 된다.[4] 다행스러운 것은 21세기에 확산되는

---

2) 이미지의 위력이라든가 이미지 활용의 예는 종교의 범위를 넘어서서 문화전반에서 먼저 찾아 볼 수 있다. 이러한 일화도 있다. 중국 황제 한 분이 궁정 수석 화가에게, 그가 궁궐에 그렸던 벽화를 지워버리라고 하명한 적이 있었다. 왜냐하면 그 벽화 속의 물소리가 잠을 설치게 한다는 이유였다. 레지스 드브레 『이미지의 삶과 죽음』 (서울: 시각과언어, 1994) 9; 박철화, "이미지의 소리, 소리의 이미지" 김창우외, 『이미지는 어떻게 살고 있는가?』 (서울: 생각의 나무, 1999) 399. 박철화는 "이미지는 소리를 부르고 소리는 다시 이미지를 부르는 것"이라고 강조하였으며 추상미술의 선구자인 칸딘스키(Kandisky)가 "회화의 화성학(和聲學)"을 주목하며 색체의 음악가가 되고자 했다는 점도 지적하였다. 박철화, "이미지의 소리, 소리의 이미지" 403-407.

3) 랜도우(G. P. Landow)는 다음과 같이 정의하였다. "하이퍼텍스트(hypertext)는 텍스트의 개인적인 블록이나 어휘집들(lexias), 그리고 그들을 연결시키는 전자 링크들로 구성된 정보 기술을 말한다." G. P. Landow, "What's Critic to do," *Hyper/Text/Theory* (The Johns Hopkins University Press, 1994) 1.

4) Othmar Keel, Christoph Uehlinger, *Gods Goddesses and Images of God in Ancient Israel* (Minneapolis: Fortress Press, 1998) 3.

디지털 영상 기술은 다양한 영상이미지를 창출할 수 있도록 계속 발전을 거듭하고 있다. 이러한 기술은 종교적 의미를 효율적으로 전달하는 유용한 도구가 될 수 있다.

기독교에서도 이미 영상을 활용하고 있으며 그 활용빈도는 계속 증가하고 있는 추세이지만 보조수단에 머무르고 있는 실정이다. 더구나 성서에 나타난 수많은 이미지에 대한 심도 깊은 연구가 선행되지 않고 피상적인 내용만 전달하려는 경향은 안타까운 현실이다. 더욱 우려할 만한 것은 성서가 상업적인 목적에 의해 이용되면서 흥미위주의 조잡한 이미지 때문에 성서의 메시지가 왜곡되고 훼손되고 있다는 점이다. 따라서 강력한 커뮤니케이션 도구인 영상을 적극적으로 활용하기 위해서는 문자로 기록된 성서를 영상 성서로 개발할 뿐만 아니라, 이미지를 중심으로 성서를 재해석하여 현대인을 위한 진실된 성서이미지 창출과 성서 메시지의 효율적인 커뮤니케이션에 기초를 마련해야 할 것이다.

본 장의 목적은 예언자들이 어떤 상황에서 어떤 종류의 이미지를 어떻게 활용했는가를 밝히는 것이다. 특히 시대적 상황에 따라 혹은 문화의 차이에 따라 변천되는 이미지 활용 방식에 주목할 것이다. 본 연구는 영상성서를 개발하기 위한 기초연구이므로 현대인들이 수용할 수 있는 영상이미지를 개발하고 활용하는 실제 상황에 도움이 될 수 있는 방안을 모색할 계획이다. 본 장의 범위는 후기예언서로 한정할 것이며 분석할 이미지 종류도 대표적인 이미지에 국한할 것이다.

I. 예언자가 활용한 이미지

예언서 이사야는 "아모스의 아들 이사야가 유다왕 웃시야와 요담과 아하스와 히스기야 시대에 유다와 이스라엘에 관하여 본 환상이라"(사 1:1)라는 구절로 시작하고 있다.[5] 예언서 전체가 환상(חזון vision)이라는 소개 말이다. 예언자를 또 다른 이름인 "선견자(先見者)"(חזה seer)로 부르는 예를 감안한다면 이러한 소개는 일견 당연한 것이기도 하다. 다른 말로 바꾸면 예언자는 "보는 자(seer)"이고 예언서는 "보는 자"가 펼쳐 보이는 "볼거리"인 "환상" 즉 이미지들이라고 볼 수 있다.

예언자가 활용한 이미지는 그 수를 헤아리기 힘들 정도로 수도 많고 다양하다. 본 논문의 분량 관계로 후기예언서의 핵심적인 이미지들을 선별하여 살펴보고자 한다.

1. 자녀 이미지

이사야에는 다음과 같은 구절이 있다. "보라. 야훼께서 나에게 주신 아이들과 나는 징조(signs)와 표징(portents)이 되었으니…"(사 8:18). 자녀 이미지가 예언활동에 중요한 이미지로 등장하고 있음을 보여주는 대목이다. 자녀 이미지는 가족 이미지의 한 부분으로 가장 친밀한 이미지다. 부모와 자녀는 혈연으로 연결되어 있으며 가족을 구성하는 중요한 축이다. 특히 자녀 이미지가 등장할 때는 부모의 이미지가 동시에 등장하는 경우가 많으므로 여기서도 부모의 이미지를 함께 논하기로 한다. 후기예언서에서 자녀 이미지가 활용된 경우들을 몇 개의 범주로 나누어 본다면 다음과 같다.

5) 아모스(1:1)와 오바댜(1:1)에도 동일하게 예언 전체를 "환상"이라 소개하고 있다.

(1) 희망과 절망의 상징

고대 사회에서 자녀는 유일한 희망이요 보장이었다. 따라서 고대 이스라엘에서 자녀가 많은 것이 바로 축복이었으며 예언자들이 희망과 축복을 선포할 때 빈번히 자녀 이미지를 활용하였다(사 48:18-19). 특히 가부장적 제도 속에서 차별대우를 받고 있었던 여성의 경우 결혼해서 아들을 낳으면 어머니로서 높은 대우를 받을 수 있었다. 그러나 여성이 아들을 낳지 못하면 여생을 보장받지 못했고 이혼 당하기도 하였다.

자녀가 중요하였지만 자녀를 얻기는 쉽지 않았다. 유아의 사망률이 아주 높았으며 병, 전쟁, 기아 등도 어린이가 성장하는데 치명적인 영향을 입히는 요인이었다. 고대 팔레스타인의 묘지를 조사한 결과 어린이의 경우 5세 전의 사망률은 35%, 18세까지 생존 가능성은 50%임이 드러났다.[6)]

이러한 상황이기에 희망과 경사스러운 일을 이야기할 때는 건강하게 태어나는 아기의 이미지를 활용하였다. 특히 이사야 9장에서는 예루살렘의 다윗왕조가 시리아-에브라임의 연합군의 공격으로 성이 함락될 풍전등화의 위기 속에서 하나님께서 지켜주신다는 메시지를 이사야는 아기탄생의 이미지를 활용하여 전하였다(사 9:1-6).

특히 장래의 희망을 이야기하는 이상적인 사회를 묘사할 때 어린이의 이미지는 크게 부각된다. 맹수를 이끄는 어린이의 이미지가 나타나며 "젖먹는 아이가 독사의 구멍에서 장난하며 젖 뗀 어린아이가 독사의 굴에 손을 넣을 것이라…"(사 11:8)는 장면에서 천진난만한 어린이가 아무런 상처도 받지 않고 사나운 짐승들과 어울리는 모습을 부각시키고

---

6) C. Meyers, *Discovering Eve: Ancient Israelite Woman in Context* (New York and Oxford: Oxford University, 1988) 112.

있다. 자녀는 희망 자체이며 하나님의 축복이었기에 예언자들은 희망을 이야기할 때마다 자녀의 이미지를 활용한 것이다.

반대로 절망을 이야기할 때도 자녀의 이미지를 활용하였다. 전쟁의 와중에서 일어나는 참혹함과 절망을 묘사할 때 어린이가 메어침을 당한다는(사 13:16; 나 3:10; 호 13:16) 표현으로 대신한다. "…그 어린 아이들은 길 모퉁이 모퉁이에 메어침을 당하여 부숴졌으며…"(나 3:10). 또한 자녀들이 기근으로 힘이 없어 길모퉁이에 누워있는 모습으로(사 51:20), 또는 아기의 죽음과 자녀의 죽음으로(사 47:9) 절망적인 상황을 묘사한다. 그 중에서도 외아들의 죽음은 가장 참담한 슬픔의 현장으로 묘사된다(슥 12:10). 나인성 과부의 외아들이 죽었을 때 눈물을 보인 예수의 모습에서 그 슬픔의 강도를 느낄 수 있다. 완전한 절망과 잔인하고도 처참한 전쟁의 모습을 묘사할 때는 종종 임신한 여인이 적군에 의해 배가 갈리우는 장면을 배치하곤 한다(호 11:6). 이러한 살육은 모든 자녀를 하나도 남김 없이 없애는 민족말살의 한 장면이다.

자녀의 이미지는 부모의 이미지와 겹쳐지면서 가족애를 그 배경으로 하고 있다. 그런데 전쟁과 형벌의 참상을 묘사하는 경우 자녀와 부모가 서로 살해하는 가족상잔의 이미지를 활용한다. "… 아비가 아들을 먹고 아들이 그 아비를 먹으리라…"(겔 5:10).

(2) 연약하며 능력이 부족한 자녀

어린이는 일반적으로 미성숙하였고 연약하며 지식과 능력이 부족한 존재로 알려져 있다. 따라서 예언자들은 이러한 이미지를 적절히 활용하였다. 어린이가 통치자로 등장하는 모습을 재앙으로 보는 견해에는 어린이가 통치할 능력이 없다는 이미지가 전제되어 있다(사 3:12). 어린이는 가르쳐도 쉽게 이해하지 못하고 깨닫지 못한다는 예언을 할 때도 어린이의 지적인 능력도 부족하다는 이미지가 전제되어 있다(사 28:9-10; 10:19). 이상향을 그리며 어린이도 맹수를 이끌 수 있다는 묘사에는 연약한 어린이라는 이미지를 활용한 것이다(사 11:6; 참조: 사 11:8).

(3) 반역하는 자녀

자녀가 부모를 거역하는 이미지는 우선 야훼의 백성들이 야훼를 거역하고 반역하는 상황을 묘사할 때 자주 활용되었다. "내가 자식들을 기르고 키웠거늘 그들이 나에게 반역하였구나!"(사 1:2). 야훼를 거역하는 구체적인 모습 가운데 핵심적인 이미지는 우상을 숭배하는 모습이다. "내 아들을 이집트에서 불러내었는데… 그들이 바알들에게 제사하며 아로새긴 우상 앞에서 분향하였다"(호 11:1-2). 반역하는 자녀의 이미지 가운데 뿌리깊은 반항심을 표현하기 위해 활용되는 표현은 바로 "모태에서부터 패역한 자"(사 48:8)라는 표현이다.

반역하는 자녀가 있다면 그 자녀를 책망하고 또 품에 안으며 용서하는 부모가 있다. 자녀를 책망하는 아버지의 이미지 그 책망과 벌을 받을 수밖에 없는 자녀의 이미지는 이스라엘이 야훼의 손에 의해 형벌을 받을 수밖에 없는 이유를 설명하고 정당화할 때 사용되었다. 그리고 자녀를 용서하는 아버지의 이미지는 곧 하나님의 사랑과 용서를 묘사할 때 그리고 이스라엘의 회복을 예언할 때 활용되었다. 하나님을 아버지로 묘사하는 이미지는 호세아 11장과 예레미야 31:9, 20 등에 잘 나타나 있다. "나는 이스라엘의 아버지요 에브라임은 나의 장자니라"(렘 31:9).

하나님이 이스라엘을 "내 아들 … 내 딸"(사 43:6)이라고 부르는 모습은 자녀의 이미지와 더불어 애타는 부모의 이미지가 겹쳐져 있다.[7] 흩어진 자녀들의 모습은 슬픔과 한이 서려있는 모습이지만 이들을 불러 모으는 모습은 이스라엘의 회복을 묘사하는 전형적인 이미지다. 특히 바벨론 포로로 잡혀갔던 이스라엘 백성을 귀환시키는 하나님의 계획을 묘사하는 부분에서(이사야 40-55장) 흩어진 자녀가 집으로 돌아오는 회복의 이미지가 빈번히 활용되었다.

2. 여성 이미지

(1) 해산하는 여인

해산하는 여인의 고통과 처절함, 그리고 그 긴박한 장면이 가끔 묘사되고 있다.[8] 해산하는 여인의 긴박함과 고통스러운 이미지는 바로 이스라엘을 향한 하나님의 다급한 마음을 표시하는데 활용되기도 하였다. "내가 해산하는 여인같이 부르짖으리니 숨이 차서 심히 헐떡일 것이라"(사 42:14). 또한 이러한 수고와 고통 속에 낳은 아기이기에 더욱 사랑할 수밖에 없는 모성적 이미지도 활용되고 있다. 즉 하나님이 아기를 낳는 산모의 이미지로 나타난 것이다(사 49:15).

또한 하나님의 모습이 산파의 이미지로 나타나기도 한다. 하나님은 자신을 "해산케 하는 자"(사 66:9)로 소개하고 있다. 산파는 부모와 마을 사람들에 의해 인정받는 사람이며 법적인 책임이 있는 사람이고, 의사가 희귀한 시대에 의사 역할을 대행하는 사람들이었다.[9] 하나님의 이미지는 산파요 유모로서의 복합적인 이미지로도 나타나고 있다. 이스라엘

---

7) 정중호, "내 아들아… 내 딸아!" 『성경연구』 74호 (2001) 1-11. 참조: 호 11:8.

8) 참조; 욥 38:8-9; 렘 16:2-5

9) Don C. Benjamin, "Imges of Yahweh Creating," *Bible Today* 38(2000) 216-217.

집의 남은 자를 하나님은 태어날 때부터 품에 안아 양육하였음을 강조하는 대목에서 이러한 이미지가 나타나고 있다(사 46:14).

3. 결혼 이미지

고대 사회에서 결혼관계는 남녀가 평등한 관계가 아니었다. 남편은 소유주의 위치에 있었기 때문에 아내는 남편보다 낮은 위상을 가질 수밖에 없었다.[10] 예언서에 나타나는 기본적인 결혼 이미지는 야훼는 남편이요 이스라엘(혹은 예루살렘, 혹은 땅)이 아내라는 이미지다.[11] 이사야 50장과 54장에서는 시온이 야훼의 아내로 나타나며, 호세아 1-3장에서는 이스라엘 땅 혹은 이스라엘 나라가 야훼의 아내로 나타난다. 그리고 예레미야에서는 유다와 이스라엘이 동시에 야훼의 아내로 나타나기도 한다(렘 2장). 또한 도시인 예루살렘이 아내로 묘사되기도 하였다(겔 16, 23장).

결혼 이미지는 야훼의 성격이나 야훼와 이스라엘 간의 관계를 알 수 있게 도와준다. 결혼이미지는 야훼가 멀리 떨어져 있다거나 고정되어 있다거나 비활동적이라든가 하는 생각을 잠재우고 야훼는 이스라엘과 친밀히 지내며 역동적이고 이스라엘에 깊이 빠져있는 분이라는 이미지를 부각시킨다.[12]

---

10) R. Westbrook, Property and the Family in Biblical Law (JSOTS 113; Sheffield: Sheffield Academy Press, 1991); C. R. Taber, "Marriage," *IDBSup*, (1976) 573-576.

11) 결혼이미지에 관한 연구는 E. J. Adler, J. Galambush, A. Fitzgerald 등이 이미 연구한 바 있다. E. J. Adler, *The Background for the Metaphor of Covenant as Marriage in the Hebrew Bible* (PhD Dissertation: Berkeley University, 1990); J. Galambush, *Jerusalem;* itzgerald, "The Mythological Background for the Presentation of Jerusalem as a Queen and False Worship as Adultery in the OT," *CBQ* 34(1972) 403-416.

12) R. Abma, *Bonds of Love: Methodic Studies of Prophetic Texts with Marriage Umagery(Isaiah 50:1-3 and 54:1-10, Hosea 1-3, Jeremiah 2-3)* (Assen: Van Gorcum & Comp., 1999) 1.

결혼 이미지를 통해 하나님을 표현하는 이면에는 고대 근동의 문화적, 종교적 배경이 있다는 주장이 일찍부터 제기되어 왔다. 예를 들면 남신과 여신의 결혼 이야기라든가, 신과 땅의 성적인 결합의식 즉 풍요의식같은 관습이 이러한 이미지의 배후에 있다는 주장이다. 볼프(H. W. Wolff)는 호세아 주석에서 호세아가 바알과 땅의 여신들의 신화적 관계를 야훼와 이스라엘의 계약적 관계로 변화시켰다고 주장했다[13] 그러나 바알과 지상 여신과의 거룩한 결혼(hieros gamos)이 있었다는 구체적인 증거가 없다. 또한 처녀가 성적으로 초례의식(initiation ritual)을 치르는 절차가 가나안 제의에는 없었다.[14]

또 다른 주장은 고대 근동의 신관, 즉 남신과 여신이 짝을 이루는 당시의 편만한 신관을 이스라엘의 예언자들이 야훼와 이스라엘이 짝을 이루는 결혼이미지로 변경시켜 활용하였다는 주장이다.[15] 고대근동의 종교에서 남신과 여신이 짝을 이루는 모습은, 엘과 아세라, 바알과 아낫, 담무즈와 이쉬타르 등으로 나타난다. 야훼의 배우자가 있었다는 주장은 주로 엘레판틴 문서 가운데 아낫야후(*Anat-yahu*)라는 단어와[16] 키르벳 엘콤(Khirvet el-Qom)에서 "야훼… 그의 아세라"라는 구절과,[17] 쿤틸레트 아즈루드(Kuntillet 'Ajurd)에서 "데만의 야훼와 그의 아세라" 그리고 "사마리아의 야훼와 그의 아세라" 등의 구절에 근거한 것이다.[18] 그러

13) H. W. Wolff, *Hosea* (Hermeneia; Philadelphia: Fortress Press, 1982) XVIII-XIX.

14) E. J. Adler, *The Background for the Metaphor*, 131-144.

15) B. Margalit, "The Meaning and Significance of Asherah," *VT* 40(1990) 264-297.

16) B. Porten, *Archives from Elephantine: The Life of an Ancient Jewish Military Colony* (Berkeley: University of California Press, 1968) 154-156.

17) J. M. Hadley, "The Khirbet el-Qom Inscription," *VT* 37(1987) 51.

18) J. M. Hadley, "Some Drawing and Inscriptions on Two Pithoi from Kuntillet Ajrud,"

나 비판적인 학자들은 아세라라는 단어를 1) 여신 아세라가 아니라 제의적인 용도로 사용되는 나무기둥, 2) 야훼의 축복을 의인화시키는 하위존재, 3) 성소 등으로 볼 수 있다고 주장한다.[19] 물론 포로전기에 이스라엘에서 야훼와 관련되어 여신을 숭배한 흔적이 있고 성서(왕하 21:7; 23:7)와 발굴된 수많은 여신의 형상 등이 있기 때문에 어떤 여신이 야훼의 배우자로 숭배 받았을 가능성은 배제할 수 없지만 아세라가 야훼의 배우자였다는 분명한 증거는 없다는 것도 사실이다.

그런데 예언서에서 나타나는 결혼 이미지는 고대근동에 나타나는 신관과는 다소 다른 모습을 보이고 있다. 즉 야훼가 한 배우자에게 집착하는 모습을 보이고 있다는 점이다. 이러한 모습은 신들의 세계보다는 오히려 일반 사람들의 결혼양태에서 찾아 볼 수 있는 것이다. 특히 여성 배우자의 정결을 강조하는 문화에서 그 유사성을 찾을 수 있다. 그리고 고대 근동에서 국가를 배우자로 삼는 신은 찾아보기 힘들다.[20] 그러므로 야훼와 관련된 결혼 이미지는 고대 근동의 신들의 세계와 연관짓기보다 일반 사람들의 결혼 생활에서 그리고 예언자들의 특수한 신학 특히 계약신학에서 그 근원을 찾아야 할 것이다.[21]

(1) 도시가 야훼의 배우자

수도가 그 도시의 신의 배우자라는 주장은 피츠제랄드(A. Fitzgerald)

VT 37(1987) 180-211.

19) J. Day, "Asherah in the Hebrew Bible and Northwest Semitic Literature," *JBL* 105(1986) 401-404.

20) Adler, *Background* 2-7.

21) Adler, *Background*, 2-7.

가 먼저 하였으며 갈렘부쉬(J. Galambush)와 쉬미트(J. J. Schmit)가 계속 발전시켰다.[22] 도시가 야훼의 배우자라는 이미지는 도시가 여신, 여왕, 부인, 과부, 거주자의 어머니 등 다양한 이미지로 나타나는 것 가운데 하나의 이미지이다. 예를 들면 예레미야 애가에서는 예루살렘이 과부로 그리고 아이 잃은 어머니로 나타난다.

도시를 여성 이미지로 표현하는 배경에는 우선 도시를 여성으로 표현하는 이스라엘의 문화적 환경과 고대 근동 문화가 자리잡고 있다. 그리고 과거에 여성적 이미지로 표현한 것에 대한 반응하는 예언일 때는 동일하게 여성적 이미지를 활용하게 된다. 예를 들면 예레미야 애가에는 여성 이미지(과부)로 패망한 예루살렘의 참담함을 묘사하였다. 이러한 예언에 반응하여 새로운 시대에 희망적 예언을 선포할 때는 동일한 이미지를 활용하여 대비되는 메시지를 전하는 것이다. 즉 제2이사야는 이러한 애통함에 반응하는 내용이기에 여성 이미지로 화답하는 것이다(사 49:14-26; 51:17-23; 52:1-2; 54:1-17).[23]

(2) 국가가 야훼의 배우자

예레미야에서 발견할 수 있는 특이한 결혼 이미지는 야훼가 이스라엘과 유다 두 자매와의 결혼 이미지다(렘 2:1-4:4). 이 이미지에서 발견할 수 있는 것은 도시가 아니라 국가가 여성으로 등장하며 국가가 야훼의

---

22) A. Fitzgerald, "The Mythological Background for the Presentation of Jerusalem as a Queen and False Worship as Adultery in the OT," *CBQ* 34(1972) 403-416; J. Glalmbush, *Jerusalem in the Book of Ezekiel: The City as Yahweh's Wife* (SBDLS 130; Atlanta: Scholars Press, 1992) 20-27; J. J. Schmit, "Yahweh's Divorce in Hosea 2: Who is that Woman?" *SJOT* 9(1995) 119-132.

23) 참조: 사 50:1.

배우자인 것이다. 국가가 야훼의 배우자로 등장하는 본문 가운데는 논란의 여지가 있지만 호세아 2장의 경우도 포함시킬 수 있다.[24] 도시가 배우자로 등장할 때와 다른 점은 산문형식으로 나타난다는 점이다. 도시가 배우자일 때는(이사야, 에스겔) 시적인 형식으로 일관되어 있음을 발견할 수 있다.

(3) 부정한 배우자

야훼의 아내인 도시나 국가가 아내로서의 정결을 유지하지 않고 배신하는 부정한 배우자의 이미지가 정결한 배우자의 이미지 보다 더 자주 나타난다. 호세아에서는 이스라엘이, 예레미야에서는 유다와 이스라엘이 에스겔에서는 예루살렘이 부정한 배우자의 이미지로 묘사되어 있다. 한편 외국의 경우에는 앗수르의 수도 니느웨가 부정한 여성의 이미지로 나타나며(나 3:4) 두로가 부정한 여성 즉 창녀의 이미지로 표현되어 있다(사 23:17)

부정한 야훼의 배우자의 행동은 음란한 것으로 표현되며 구체적으로는 우상을 숭배하는 모습으로 나타난다(겔 23:30, 49). 야훼의 아내가 우상을 숭배한다는 이미지의 배경에는 여성의 우상숭배 경향을 들 수 있으며 전통적으로 여성에 대한 부정적 이미지가 있음을 발견할 수 있다(렘 44:15-30; 겔 8:14).[25]

---

24) R. Abma, Bonds of Love, 22. 참조; Galembush는 호세아 2장에서 배우자를 이스라엘의 수도인 사마리아로 보았으며 예레미야 2:1-3:5의 경우도 예루살렘을 배우자로 보았으나 비판을 받고 있다 Galembush, *Jerusalem* 49, 51-57.

25) Rut Tornkvist, *The Use and Abuse of Female Sexual Imagery in the Book of Hosea: A Feminist Critical Approach to Hos 1-3* (Uppsala, 1998) 18.

4. 상징적 행동

상징적 행동은 하나님의 명령에 따라 예언자가 행동하는 것으로 예언자의 행동 자체가 메시지요 하나님 행동의 한 부분으로 나타난다.[26] 이러한 상징적 행동과 더불어 예언자의 삶 전체가 하나님의 말씀 전달 기구가 될 수도 있다. 심지어 아이들까지 그 이름으로 메시지의 핵심을 전하기도 한다. 예언자의 가족도 예언의 선포에 동참하게 되는 것이다.

이사야는 그의 아들의 이름을 "스알야숩"이라는 이름을 지어 남은 자가 돌아오리라는 메시지를 전하였다(사 7:3). 또 "마할살렐하스바스"라는 상징적 이름을 아들에게 지어 주기도 하였다(사 8:3-4). 호세아도 자녀의 이름을 상징적으로 지어주고 또 하나님의 말씀에 따라 변경시키기도 하였다(호 1-3장). 앗수르가 아스돗을 공략하던 주전 713-711년경 이사야는 맨발로 옷을 벗고 언젠가 이집트 사람들이 그와 같이 앗수르로 끌려갈 것을 예언하였다(이사야 20장).

예레미야는 토기장이의 오지병을 깨뜨리며 재앙을 선포하였고(렘 19:1-11), 줄과 멍에를 목에 매고 하나님의 뜻대로 바벨론 왕의 멍에를 멜 것을 호소하였다(렘 27:1-22). 그러나 예언자 하나냐는 예레미야의 멍에를 꺾고 바벨론 포로가 속히 돌아오리라고 거짓 예언하였다(렘 28:1-4). 예레미야는 결국 하나님이 주신 쇠멍에를 메고 다시 예언할 수밖에 없었다(렘 28:13-17). 예레미야는 이스라엘이 다시 회복될 것이라는 상징적 행동으로 아나돗의 밭을 구매하였다(렘 32:6-16). 경제활동도 하나님의 뜻을 전하는 중요한 상징적 행동이 될 수 있는 것이다. 또한 예레미야는 그를 때리고 감옥에 가둔 바스훌에게 마골밋사빕이라

26) 참조; Kelvin Friebel, *Jeremiah and Ezekiel Sign-Acts : Rhetorical Nonverbal Communication* (JSOTS 283; Sheffield: Sheffield Academic Press, 1999)

는 이름을 주면서 그와 예루살렘에 내릴 재앙을 예언하였다(렘 20:1-6).

상징적 행동을 가장 빈번히 한 예언자로는 에스겔을 들 수 있다. 예언자로서 하나님의 말씀을 충분히 소화해서 전하는 역할을 수행하기 위해 두루마리를 먹는 행동도 에스겔은 환상 가운데 시행하였다(겔 3:1-3). 에스겔은 예언을 선포하는 수단으로 파수꾼과 벙어리로서 세월을 지낸 적이 있었다(겔 3:16-27). 또한 예루살렘의 죄악을 담당하기 위해 좌편으로 누워 지내기도 하였으며(겔 4:4-8), 모형을 통해 예루살렘을 포위하는 모습을 재현하기도 하였다(겔 4:1-3). 심지어 자기 가족인 아내의 죽음을 통해 예언하기도 하였다(겔 24:15-24).

심판과 재앙을 예언하기 위해 에스겔은 머리털과 수염을 깎아 삼등분하여 처리하기도 하였고(겔 5:1-17), 밤중에 성벽을 뚫고 행구를 메고 피난 가는 행동을 통해 예루살렘의 포위와 패망을 예언하기도 하였다(겔 12:1-11). 또한 떨면서 음식을 먹고 놀라 근심하면서 물을 마시는 행동을 함으로 재난을 예언하기도 하고(겔 12:17-20), 슬피 탄식함으로 재앙을 예언하기도 하였다(겔 21:6-7). 또한 상징적이며 선택된 음식만 먹는 에스겔(겔 4:9-17)의 모습과 두 개의 막대기를 취해 유다와 요셉이라 쓰서 민족이 하나가 될 것을 예언하는 행동의 예언자 에스겔의 모습도 나타난다(겔 37:15-28).

행동을 통한 예언활동은 살아있는 이미지를 활용한 것이다. 끊임없이 움직이며 입체적인 완벽한 이미지인 상징적 행동은 예언의 강도를 극대화시키는 힘이 있었다. 자막이나 화면에 비친 영상이미지를 볼 수 없었던 당시에는 상징적 행동이 가장 강력한 호소력과 힘을 행사하는 예언방식으로 알려져 있었다.

II. 예언자의 이미지 활용의 특징

1. 이미지를 활용하여 상징적 세계를 형성시키는 예언자

상징적 세계(symbolic world)는 형상적인 세계이며 이미지의 세계이다.[27] 그런데 성서는 신앙공동체의 아이덴터티를 형성하고 공동체를 변화시켜 나가는 상징적 세계를 형성시킨다.[28] 성서가 어떻게 상징적 세계를 형성시킬 수 있는가? 단순히 성서의 내용을 전달하는 정보전달로서 이러한 세계를 형성시키기는 어렵다. 중요한 것은 성서의 세계에 참여하는 방법이 모색되어야 한다. 예를 들어 아브라함, 이삭, 야곱 등의 이야기를 통해 상징적 세계가 형성되고. 예수와 제자들의 이야기를 통해 상징적 세계가 형성될 수 있다. 즉 독자나 청중이 그 이야기에 몰입되어 참여할 때 상징적 세계가 형성되는 것이다. 한걸음 더 나아가 욥기같은 드라마에 관객이 몰입할 수 있다면 드라마는 상징적 세계를 형성하는 효과적인 방법을 제공해 줄 수 있다. 말할 필요도 없이 가장 효과적인 방법은 이미지를 활용하여 상징적 세계를 형성시키는 것이다. 따라서 성서기자들은 각종 이미지를 다양하게 활용하였다.

그러면 예언자들은 상징적 세계를 형성하기 위해 어떠한 방법을 사용하였는가? 예언자들이 말을 통해 혹은 상징적 행동을 통해 메시지를 전달할 때 단순한 정보전달을 목표로 하지 않았다. 따라서 예언자들은 설명이나 강의를 하기보다 선포의 형식을 즐겨 사용하였으며 행동을

27) Roy F. Melugin, "Isaiah in the worshipping community," M. P. Graham, R. R. Marrs, S. L. McKenzie ed. *Worship and the Hebrew Bible; Essays in Honour of John T. Willis* (JSOTS 284; Sheffield: Sheffield Academic Press, 1999) 256.

28) Roy F. Melugin, "Isaiah in the worshipping community," 254.

촉구하는 명령형을 자주 사용하였다. 예를 들어 결혼식장에서 주례자가 "남편과 아내됨을 선언하노라"고 할 때 이 말은 설명이 아니라 결혼을 선포하는 것이다. 예언자들은 자신들이 전달하는 메시지를 청중이 공감할 수 있도록 유도하고 예언현장에 참여하는 사람들로 하여금 변화된 행동을 할 수 있도록 기대하면서 예언하였다.[29] 묵시문학으로 알려진 이사야 24-27장은 청중으로 하여금 파괴된 후 다시 건설되는 새로운 세계에 살도록 유도하고 있다.[30]

예언자들은 상징적 세계를 형성하기 위해 이미지를 연상할 수 있는 언어를 빈번하게 사용하였으며, 환상(vision)의 장면에 청중들을 초대하며 직접 이미지를 보여주고 상징적 행동을 통해 예언현장에 사람들을 참여하도록 이끌었다. 특히 일상생활에서 친근하게 대할 수 있는 이미지를 주로 활용하여 용이하게 공감대를 형성시키기도 하였다.

2. 가상적 이미지의 활용

성서에 활용된 이미지는 모두 실제의 이미지일까? 모두는 아니다. 가상적 이미지도 활용되었다. 그런데 흥미로운 것은 실제 이미지일 것이라 여겨지는 부분도 때로는 가상적 이미지인 경우가 있다는 사실이다. 성서에 나타난 여성 이미지를 살펴보면 에스겔 16장에 예루살렘이 야훼의 아내로 묘사되어 있는 것을 발견할 수 있다.[31] 그런데 여기에

29) W. Houston, "What did the prophets think they were doing? Speech Acts and Prophetic discourse in the Old Testament," *Biblical Interpretation* 1(1993) 167-188.

30) D. C. Polaski, "Destruction, Construction, Argumentation," Greg Garey and L. Gregory Boomquist ed. *Vision and Persuasion: Rhetorical Dimensions of Apocalyptic Discourse* (St. Louis: Chalice Press, 1999) 19-39.

31) Peggy L. Day, "Adulterous Jerusalem's imagined demise: Death of a metaphor in

활용된 여성 이미지는 부정적 이미지이다. 야훼의 아내인 예루살렘이 야훼의 뜻을 저버리고 배역한 모습 즉 간음하여 부정한 아내의 이미지가 나타난다. 그리고 예루살렘이 받는 형벌을 부정한 아내가 형벌을 받는 모습으로 묘사하였다. 그 형벌의 종류를 살펴보면 옷을 벗기고, 돌로 치며, 집을 불사르는 등의 형벌들이다(겔 16:37-41).

그런데 여기서 주목할 점은 부정한 아내가 형벌을 받는 종류가 과연 고대 사회에서 실제로 시행되었던 형벌이었느냐는 것이다. 한마디로 대답한다면 실제로는 그러한 형벌이 부정한 여인에게 부과된 적이 없었지만 예언자는 그러한 형벌이 부과된 것처럼 이야기하고 있다는 것이다.[32]

왜 그렇게 했을까? 예언자가 청중에게 말하고자 하는 것은 예루살렘이 하나님의 뜻을 어겼기 때문에 무거운 형벌을 받을 수밖에 없다는 사실이다. 이러한 메시지를 효과적으로 전달하고 청중들의 마음에 충격을 주어 행동의 변화를 일으키기 위해서 "부정한 여성"의 이미지를 활용한 것이다. 그리고 부정한 여성이 받는 형벌을 과장하여 확대시켜도 청중이 그 형벌에 대하여 거부감을 느끼지 않는다는 정서를 염두에 두고 가상적인 형벌이미지를 활용한 것이다. 고대 사회에서 여성이 부정을 저지르는 것은 질서를 무너뜨리는 대표적인 사건으로 대중들의 분노를 일으키는 사건이었다.

성서를 영상화할 경우 현실적이며 실제적인 이미지와 더불어 가상적 이미지도 활용할 필요가 있음을 예언자들의 가상 이미지 활용의 예를 통해 발견할 수 있다. 성서의 세계에 참여하는 참여자의 정서도 반영된 새로운 이미지를 창출하여 활용할 수 있는 가능성을 보여준 것이다.

Ezekiel XVI," *VT* 50(2000) 285-309.

32) Peggy L. Day, "Adulterous Jerusalem's imagined demise," 296-308.

3. 시대적 변화와 예언자의 이미지 활용

시대가 변화되고 역사적 정황이 변천되는 와중에서 예언자들은 과연 동일한 이미지를 일관성있게 사용하였을까? 이 질문에 대한 대답은 부정적이다. 예언자들의 이미지 활용에도 시대에 따른 변천을 발견할 수 있다.

(1) 하나님의 여성적 이미지

예언서 가운데 제2이사야와 제3이사야에는 하나님의 여성적 혹은 모성적 이미지가 분명하게 부각되어 있다. 예를 들면 이사야 42:13-14, 45:10, 49:15, 66:13 에 이러한 이미지가 나타나 있다. 그러나 다른 예언서에는 의도적으로 하나님의 여성적 이미지를 나타내려고 하지 않고 있다. 말라기에는 다음과 같이 기록되어 있다.

> 아들은 그 아비를, 종은 그 주인을 공경하나니
> 내가 아비일진대 나를 공경함이 어디 있느냐?
> 내가 주인일진대 나를 경외함이 어디 있느냐? (말 1:6)

왓슨(Wilfred G. E. Watson)은 "성별(性別)로 쌍을 이루는 동의적 평행법(Gender-Matched Synonymous Parallelism)"을 연구하였다. 즉 아버지/어머니, 혹은 남편/아내, 남성/여성 등으로 쌍을 이루어 표현되는 동의적 평행법들이 구약에는 자주 등장하고 있다[33]. 그런데 말라기에는 이러한 일반적인 표현을 사용하지 않고 "아버지/주인"으로 특이하게 표현되어

33) Mayer I. Gruber, *The Motherhood of God and Other Studies* (Atlanta: Scholars Press, 1992) 4.

있는 것이다. 당연히 다음과 같이 표현되는 것이 자연스러울 것이다.[34)]

> 아들은 그 아비를, 딸은 그 어미를 공경하나니
> 내가 아비일찐대 나를 공경함이 어디 있느냐?
> 내가 어미일찐대 나를 경외함이 어디 있느냐?

예레미야에도 비슷한 경우를 볼 수 있다.

> 내가 이스라엘에게는 아비 같았으며
> 에브라임은 나의 장자이다. (렘 31:9)

이 부분은 다음과 같이 표현되는 것이 자연스러울 것이다.

> 내가 이스라엘에게는 아비 같았으며
> 나의 장자 에브라임에게는 어미 같았다.

이사야 40-66장에는 특이하게 하나님을 여성적으로 묘사하고 있다. 그런데 그 외의 예언서에는 왜 하나님의 여성적 이미지를 의도적으로 감추고 약화시키고 있는가? 구약에는 하나님을 묘사할 때 남성적으로 혹은 아버지의 상으로 묘사하고 있다. 그 이유는 여성적이라는 것을 우상숭배와 타락의 상징으로 사용했기 때문이다. 에덴동산의 하와로부터 잠언에서의 유혹하는 여인 등 전통적으로 악녀 혹은 유혹하는 여인 등의 이미지들이 성서에서 자주 사용되어 왔다. 예를 들어 에스겔 16장

34) Mayer I. Gruber, *The Motherhood of God*, 4-5.

에서는 하나님을 배반한 예루살렘을 "부정한 아내"의 이미지로 묘사하고 있다. 여성의 이러한 부정적 이미지가 발생한 연유에 대해 괴텐(S. D. Goitein)은 여성이 성전제의에서 소외되고 멀리 떨어져 있으며 우상숭배에 자주 참여했기 때문에 이러한 부정적 이미지가 발생했다고 주장하였다.[35] 물론 이러한 주장도 일리가 있지만 가부장적 사회에서 여성을 억압하고 격하시키려는 일반적인 정서가 상당히 영향을 미쳤으리라는 것을 또한 짐작할 수 있다.[36]

그러면 포로기와 포로 후기에 활동한 제2, 제3이사야에서는 어떻게 하나님의 여성상을 부각시킬 수 있었는가? 제2이사야도 우상숭배에 대해서는 강력하게 비판하였다. 그러나 여성적 이미지를 결부시켜 우상숭배를 비판한 것이 아니라 "알지 못해서(without knowing)" 혹은 지식이 없어서 우상을 숭배한다는 점을 지적하였다(사 44:18).[37] 특히 포로기와 포로 후기에는 좌절과 낙망 속에 주저앉아 있는 이스라엘 백성을 위로하고 용기를 북돋워 주기 위해서는 위로의 하나님과 새롭게 창조하시는 하나님의 이미지를 부각시켜 줄 필요가 있었다. 이러한 상황에서는 하나님의 모성적 이미지가 아주 효과적이며 강력한 이미지로 활용될 수 있는 것이다. 제2이사야는 이러한 효과적인 이미지를 놓치지 않았다. 그는 자애로운 모성상의 이미지를 통해 포로 된 백성이 하나님을 새롭

35) Mayer I. Gruber, *The Motherhood of God*, 12.

36) 한 가지 언급하고 넘어갈 부분은 예레미야 31장이다. 예레미야 31:19 부분을 트리블(P. Trible)은 하나님의 모성애를 나타낸 것으로 해석하였는데 이러한 해석은 설득력에 문제가 있다. 즉 긍휼이라는 단어 하나만으로 하나님의 성적인 경향성을 판단하기는 어렵다는 것이다. Phyllis Trible, *God and the Rhetoric of Sexuality* (Philadelphia: Fortress Press, 1978) 42-45.

37) Mayer I. Gruber, *The Motherhood of God*, 14.

게 느끼고 용기를 얻을 수 있도록 유도하였다.

(2) 상징적 환상의 활용

묵시문학인 다니엘서에 상징적 환상이 자주 나타나지만 예언서에도 상징적 환상이 자주 나타난다. 상징적 환상이 나타나는 빈도를 살펴보면 전기예언서에 더 자주 나타나고 후기예언서에는 상징적 환상이 드물게 나타나는 것을 발견할 수 있다.

본 장의 범위가 후기예언서이므로 후기예언서 안에서만 살펴본다면, 그 가운데서도 시대적으로 빈도수가 차이가 있음을 알 수 있다. 후기예언자가 신탁을 상징적 환상으로 선포하기 보다 언어로 선포하는 현상은 일반적인 모습이다. 그러나 바벨론 포로기의 예언서인 에스겔에서 상징적 환상이 증가하기 시작하고 스가랴(1-6장)에는 아주 많이 나타난다.

니디취(S. Niditch)는 후기예언서 가운데 상징적 환상들을 시대별로 1단계와 2단계로 나누어 고찰하였다. 1단계의 상징적 환상들은 바벨론 포로 이전 시대에 해당하고(암 7:7-9; 8:1-3; 렘 1:11-12, 13-14; 렘 24장), 2단계의 상징적 환상들은 바벨론 포로 이 후 시대에 해당한다(슥 1:7-17; 2:1-4, 5-9; 4:1-6a, 10b-14; 5:1-4, 5-11; 6:1-8).

니디취의 연구 결과에 의하면, 1단계의 상징적 환상에는 질문-대답의 기본적인 구도가 자리잡고 있으며 핵심적인 단어를 반복하는 경제-수사학적(economical-rhetorical) 언어사용 패턴이 나타난다는 점이다.[38] 그리고 언어유희나 은유를 통해서 일상적인 상징물들이, 즉 바구니나 가마 등이 특별한 의미를 지니게 되는 현상이 나타난다. 그러나 2단계의 상징

---

38) Susan Niditch, *The Symbolic Vision in Biblical Tradition* (Harvard Semitic Monographs 30; Chico: Scholars Press, 1983) 9.

적 환상에는 언어유희가 사라진다. 또한 1단계의 환상에는 하나님이 예언자(seer)에게 "이것이 무엇이냐?"라고 묻는데 비해 2단계의 환상에는 예언자가 하나님에게 "이것이 무엇입니까?"라고 질문하는 모습이 나타난다.[39] 2단계에서도 동일하게 질문-대답의 형태가 나타나지만 그 대화가 길어지고 예언자가 신적인 사건을 관찰하는 모습이 두드러지게 나타나는 것을 발견할 수 있다.[40] 1단계에서는 단순한 것이 나타나지만 2단계에서는 보다 더 복잡한 상징적 환상이 나타난다. 1단계에서는 시적인 표현이 많이 나타나지만 2단계의 환상에는 산문적인 표현이 주류를 이룬다. 2단계의 또 다른 특징은 상징이 신화화되며 이러한 현상은 당시 고대 근동의 신화에 대한 이해를 바탕으로 그 의미를 파악할 수 있다. 특히 신적인 전사(divine warrior)와 천상어전의 모습이 두드러지게 부각되기 시작하였다.[41]

2단계의 변화는 하나님의 초월적 모습을 전달하기 위해 새로운 방법을 사용한 것으로 해석할 수 있다.[42] 전통을 깨뜨리고 새로운 발전을 모색하는 모습이 나타난다.

---

39) 회화적인 강화(figurative discourse)의 경우에도 먼저 장면을 묘사하여 이미지를 제시하고 그 다음 그 이미지에 대한 설명이 따른다. 에스겔 15장의 경우 하나님이 에스겔에게 포도나무 이미지를 제시하며 질문을 한 후(겔 15:2-5) 하나님의 의도를 설명한다(겔 15:6-8).

40) Susan Niditch, *The Symbolic Vision*, 10-11.

41) Susan Niditch, *The Symbolic Vision*, 246-247.

42) Susan Niditch, *The Symbolic Vision*, 18.

III. 예언서의 영상화를 위한 과제

성서해석의 흐름이 독자중심적으로 옮겨 가면서 독자의 상상력이 성서해석에 큰 비중을 차지하고 있음이 발견되었다. 그런데 그 상상력을 구성하는 것은 독자의 삶의 정황 뿐만 아니라 축적된 영상 이미지들이 많은 부분을 차지하고 있다.[43] 특히 성서내용과 관련된 영화나 그림, 인터넷의 동영상, 그리고 TV드라마 등이 큰 영향력을 행사한다. 예를 들어 영화 『십계』가 출애굽기 해석에 큰 영향력을 미치고 있다.

성서해석에 있어서 이미지의 중요성이 강조되는 흐름에 힘입어 영상성서를 개발하려는 노력이 곳곳에서 확인되고 있다. 예를 들어 어린이를 위한 CD성서가 존더반(Zondervan) 출판사에 의해 이미 제작되어 판매되고 있다. 판매고를 보면 1991년에는 2900만 달러였는데 1995년에는 5400만 달러로 증가되어 상업적인 면에서도 성공을 거두고 있음을 발견할 수 있다.[44] 이러한 현상을 통해 발견할 수 있는 것은 기독교교육 분야나 교회에서 영상 성서를 절실히 원하고 있다는 사실이다. 이 출판사에서는 어린이를 위한 *Read With Me Bible*이라는 CD성서를 제작하였는데 이 CD는 독자가 원하는 부분을 클릭하면 그 부분에 대한 음악과 영상 그리고 대화가 나타나며 시청자의 선택에 따라 색다른 이야기가 진행되는, 시청자와 상호작용하는 CD로 개발되어 있다. 예를 들면 에덴동산의 "하와"를 클릭하면 하와가 바베큐 접시를 들고서 "갈비 드시겠습니까?"라고 하면서 나타난다. 문제는 여기서부터다. 바베큐 음식문화

43) Alice Bach, "'Throw Them to the Lions, Sire': Transforming Biblical Narratives into Hollywood Spectaculars," *Semeia* 74(1996) 1-2.

44) Alice Bach, "Throw Them to the Lions" 8.

에 익숙치 않은 타문화권 어린이들은 이러한 이미지가 효과적이지 못하며 때로는 역효과를 낼 수도 있다는 사실이다. 각 문화권마다 적절한 이미지가 다를 수 있으며 이러한 차이를 현명하게 활용해야 한다는 것이다. 특히 이미지는 여러 가지의 상징을 포함하고 있기 때문에 이러한 차이를 결코 소홀히 할 수 없다.

또한 과도한 상업성을 경계해야 한다. 흥미위주로 성서를 재구성하는 과정에서 자칫 성서의 소중한 면과 성서의 핵심을 잃어버리는 어리석음을 야기할 수 있기 때문이다. 예를 들어 "노아의 방주"라든가 "다윗과 골리앗"같은 성서게임들이 제작되어 판매되고 있는데 백만 개 이상 판매되고 있기도 하다.[45] 어린이들의 흥미를 유발시켜 주는 긍정적인 면이 있는 반면 성서의 메시지를 왜곡시킬 수 있는 위험도 있다. 영상성서 개발에 지대한 공헌을 함과 동시에 상업적인 위험도 내재하고 있는 것으로 영화를 들 수 있다. 일찍부터 영화제작자들이 성서를 영화화하는 작업에 심혈을 기울였다. 그 결과 십계, 왕 중 왕, 나사렛 예수, 다윗왕, 삼손과 데릴라 등 대작들이 제작되었다.[46] 1959년까지 통계를 보면, 『십계』는 개봉된 지 3년 만에 9850만 명이 관람하였다. 흥행 면에서도 성공을 거둔 작품이었다. 비디오와 DVD 등으로도 제작되어 지금도 널리 시청되고 있는 영화들이다.[47]

---

45) Alice Bach, "Throw Them to the Lions" 8.

46) 성서관련 영화의 상세한 목록은 다음의 부록을 참조하라. "Filmography: Biblical and Related Subjects," *Semeia* 74(1996) 207-214.

47) 성서와 관련된 영화와 문학작품들에 관심을 기울인 학자로는 L. J. Kreitzer과 J. C. Exum을 들 수 있다. Larry J. Kreitzer, *The New Testament in Fiction and Film* (BSS 17; Sheffield: Sheffield Academic Press, 1993); Idem, *The Old Testament in Fiction and Film. On Reversing the Hermeneutical Flow*. (Sheffield: Sheffield Academic Press, 1994); J. Cheryl Exum, *Plotted, Shot, and Painted: Cultural Representations of Biblical*

예언서를 포함한 성서를 영상화하려 할 때 부닥치는 실제적인 문제는 이미지의 특성상 틈새(gaps)를 비워둘 수 없다는 문제다. 비록 학자들은 당시의 역사적 사회적 문화적 상황에 대해 왈가왈부할 수 있지만 영상에서는 정확하게 그 장면을 보여 주어야 한다. 그것도 완벽하게 세밀한 부분까지 말이다. "틈새 메우기(filling gaps)"는 필수적이다.[48)]

성서를 영상화하려 할 때 성서시대를 재현하는 것도 중요하지만 그것으로 만족할 수는 없다. 왜냐하면 성서의 역할이 역사적 유물창고의 역할을 하는 것이 아니라 성서를 읽는 현대인들에게 무엇인가 말하는 역할이기 때문이다. 다시 말하면 현대인들이 이해할 수 있고 공감할 수 있는 이미지를 창출하여 영상을 재구성해야 한다. 예를 들어 미국성서공회(American Bible Society)에서는 인터넷을 활용해서 "선한 사마리아인의 비유"를 하이퍼텍스트 형식으로 제공하고 있다.[49)] 그 가운데서 이 비유를 동영상화할 때 예수 당시의 모습을 재현하는 것이 아니라 현대 미국에서 일어나고 있는 친밀한 사건의 이미지를 활용해서 이 비유를 재구성하였다. 시청자들의 이해와 공감을 중요시한 작업이다.

여기서 한 걸음 더 나아가 시청자들의 다양성과 그들이 처해 있는 상황의 독특성에 주목할 필요가 있다. 이러한 점을 염두에 둔다면 일방적으로 내용을 전달하는 영화나 TV드라마 형식의 영상보다 쌍방이 서로 상호작용을 하고 대화할 수 있는 시스템이 개발되어야 한다. 인터넷과 컴퓨터의 발달은 이러한 목표를 달성할 수 있는 도구를 제공해 주고 있다. 이러한 쌍방대화의 장에는 참여하는 모든 사람들이 능동적으로

Women. (JSOTsup. 215; Sheffield: Sheffield Academic Press, 1996).

48) Alice Bach, "Throw Them to the Lions," 3.

49) http://www.newmediabible.org

성서해석에 열중할 수 있고 그 가운데서 자신에게 의미가 있는 메시지를 발견할 수 있게 되는 것이다. 이러한 목적을 위해서는 이미지뿐만 아니라 소리와 문자 등 다양한 매체를 총동원할 필요가 있다.

IV. 요 약

현대는 영상문화시대이며 이 시대에 필요한 것은 현대인을 위한 진실된 성서이미지 창출과 성서 메시지의 효율적인 커뮤니케이션에 기초를 마련하는 일이다. 본 연구는 이러한 필요성에 부응하여 영상 성서 개발을 위한 기초작업으로 예언자의 이미지 활용에 대한 연구를 진행하였다. 본 연구의 목적은 예언자들이 어떤 상황에서 어떤 종류의 이미지를 어떻게 활용했는가를 밝히는 것이었다. 특히 시대적 상황에 따라 혹은 문화의 차이에 따라 변천되는 이미지 활용 방식에 주목하였다

예언자를 "선견자(先見者)"(חזה seer)로 부르기도 하는데 이 이름을 감안한다면 예언서는 "보는 자"가 펼쳐 보이는 "볼거리"인 "환상" 즉 이미지들이라고 볼 수 있다. 시대적인 고찰을 감안하여 논문의 범위는 후기예언서로 한정하였으며 분석할 이미지의 종류도 대표적인 이미지에 국한하였다.

후기예언서의 대표적 이미지로는 자녀 이미지와 여성 이미지 그리고 예언자들의 상징적 행동을 들 수 있다. 자녀 이미지는 희망과 절망의 상징으로 등장하기도 하며, 연약하며 능력이 부족한 자녀로 혹은 반역하는 자녀로 나타난다. 통상 자녀 이미지는 부모의 이미지와 중복되어 나타나는 모습을 볼 수 있다.

여성 이미지로는 산모와 산파의 이미지 결혼 이미지에서 배우자로

등장하는데 특이한 것은 도시나 국가가 야훼의 배우자로 묘사된다는 점이다. 또한 부정한 여성배우자의 이미지가 강력하게 등장하고 있다. 상징적 행동은 예언의 가장 강력한 도구로 활용되었으며 예언자들의 총체적인 행동과 삶으로 예언이 표현되었다.

예언자들이 활용한 이미지와 그 활용 방식을 살펴보면 우선 다양한 이미지를 활용하여 상징적 세계(symbolic world)를 형성시키는 예언자의 모습을 볼 수 있고, 실제적인 이미지와 더불어 가상적 이미지를 활용하는 경우도 있었음을 발견할 수 있다. 특히 하나님의 여성적 이미지와 상징적 환상(symbolic vision)을 시대적으로 고찰한 결과 시대적으로 이미지가 변천되어 왔음을 발견할 수 있었다. 동시에 문화적 차이에 의해서도 이미지가 변화되고 있음을 발견할 수 있었다.

예언자들이 활용한 이미지와 이미지 활용방식을 고찰하면서 성서의 영상화를 기획할 때 주목해야 할 점들은 다음과 같다. 우선 성서해석의 흐름이 독자중심적으로 옮겨 가면서 독자의 상상력이 성서해석에 큰 비중을 차지하고 있음을 주목할 필요가 있다. 덧붙여서 일방적으로 내용을 전달하는 영화나 TV드라마 형식의 영상보다 쌍방이 서로 상호작용을 하고 대화할 수 있도록 하이퍼 미디어(hyper media)를 적극 활용해야한다.

이미지를 창조하고 활용할 때는 문화적 차이를 고려해야 하며 동기유발을 강화해야겠지만 과도한 상업성을 경계해야 한다. 또한 틈새 메우기(filling gaps)는 영상화를 위한 필수적인 작업인데 이를 위해서는 학제간 연구를 통해 작업을 해야 한다. 성서의 영상화를 기획할 때 무엇보다 중요한 것은 단순히 고대의 장면을 재현하는 데 그치지 않고 현대인들에게 호소력이 있는 적합한 이미지를 창출하는 데 있다.

제2절 색채 이미지 중심 해석

성경을 읽어 갈 때 성경에 기록된 문자를 통해서 여러 가지 이미지를 상상하게 된다. 그런데 이렇게 상상을 통해 떠오르는 이미지들이 그리 선명하지 않고 또 대부분 흑백 이미지라는 사실을 발견하게 된다. 왜 다양한 색채가 떠오르지 않을까? 어떤 색이 나타나느냐에 따라 분위기도 달라지고 의미도 다를 수 있는데….

우리 주위를 둘러보자. 갑자기 색채가 사라지고 모든 것이 흑백으로만 보인다면 어떤 느낌이 들까? 아마도 유령의 거리를 걷는 느낌이 들것이다. 성경을 읽을 때도 비슷한 경우가 아닐까? 성경을 읽으면서 흑백 이미지만 떠올린다면 성경의 세계는 유령의 세계처럼 멀고 먼 세계가 될 것이고 그 메시지는 우리의 폐부에 닿지 못하는 무기력한 메시지가 될 가능성이 크다. 그러나 만일 성경을 읽으면서 색채를 주의깊게 관찰하여, 떠오르는 이미지에 색을 되살릴 수 있다면 성경의 이미지가 보다 더 생생하고 의미있게 다가올 수 있을 것이다.

한 걸음 더 나아가 성경해석에 있어서 색채를 하나의 해석의 단서로 활용할 뿐 아니라 색채를 해석의 중심부에 위치시킬 수 있는 가능성까지 모색할 수 있을 것이다. 본 논문의 목적은 다양한 색채 가운데서 붉은 색이라는 요소가 성경본문을 해석할 때 어떤 역할을 하고 있는지 구체적으로 살피면서 색채를 중심한 이미지 중심해석의 가능성을 탐구하는 데 있다.

본 논의의 첫 부분에서는 성경에 나타나는 다양한 색채에 대해서 살피면서 그 특징과 의미를 주목하게 될 것이다. 다음 단계는 시야를 좁혀서 붉은 색에 초점을 맞추고 붉은 색채가 주도하는 본문을 분석할 것이다. 마지막에는 색채에 초점을 맞추어 해석하는 이미지 중심 해석의 가능성을 종합적으로 점검하여 타진하게 될 것이다.

I. 색채에 담긴 상징성

구약에 나타나는 색채는 그 종류가 그리 다양하지 않다. 고대 이스라엘의 색채에 대한 표현은 자연과 연관되어 있으며 표현된 색채의 수도 불과 몇 가지에 국한되어 있다.[50] 흰색은 눈이나 양털의 색채며 검은색은 밤의 색채다. 파란색은 하늘의 색채며, 빨간색은 피의 색채임과 동시에 불의 색채이기도 하다.

또한 색채는 상징적인 의미를 포함하고 있다. 왜냐하면 특정 색채는 자연의 특정 존재를 연상시키기 때문이다. 또한 염색기술이 발달되어 있지 않고 염색하는 것에 많은 비용이 들기 때문에 색채가 독특한 옷은 부자나 권력층에서만 입을 수 있는 옷이었다. 따라서 채색옷은 부자와 권력의 상징이 되었으며, 다양하고 화려한 색채를 내뿜는 보석종류도 특권층의 상징이 되는 것이다. 물론 보석은 값비싸다는 요인도 있지만 그 화려한 색채를 무시할 수 없다. 제사장은 가슴에 달고 다니는 다양한 색채의 보석들을 통해 하나님의 권위와 능력을 표현한다(출 28:15-21). 또한 하늘 도성의 아름다움과 권위도 다양한 색채를 내뿜는 보석으로 표현되어 있다(사 54:11-12; 계 21:10, 18-21).

흰 색은 하나님의 구원을 상징하며 동시에 흰 색은 천상의 존재들이

---

50) Leland Ryken, James C. Wilhoit, Tremper Longman III ed. *Dictionary of Biblical Imagery* (Downers Grove; InterVarsity Press, 1998) 157-159.

입는 옷의 색으로 청결의 상징이기도 하다(사 1:18; 단 7:9; 막 16:5; 계 3:4). 흰색은 구약보다 오히려 신약에 더 많이 나타난다. 변화산상에 나타난 예수의 옷은 "빛과 같이 희었다"(마 17:2)리고 하며 광채가 나는 모습을 묘사하고 있다. 즉 흰색은 밝은 빛을 가리키는 색으로 볼 수 있다. 계시록에 나타나는 새 하늘과 새 땅은 모두 광채가 나는 흰 색으로 되어 있다. 또한 구원의 상징으로 흰옷을 입고 있는 성도들의 모습도 계시록에 나타난다(계 3:4; 6:11; 7:14). 한편 흰색과 대조를 이루는 검은 색은 어두움과 흑암의 색상이며 무질서와 혼돈(chaos)의 색상이다. 또한 검은 색은 하나님의 심판과 관련이 있다(습1:15; 욜 2:2; 시 18:9).

푸른색은 하늘의 색채이다. 어릴 때 크레용 통에 담긴 푸른 색 크레용을 '하늘색'이라 부르던 기억이 난다. 그러나 고대 이스라엘 사람들은 단순히 하늘색이라 보지 않고 '궁창의 색' 즉 신의 영역인 하늘과 인간의 영역인 지상을 나누는 경계선의 색채로 이해하였다. 또한 제사장의 의복에도 푸른색이 주도적인 색채이다. 그 이유를 살펴보면 제사장이 하나님의 영역인 성전에서 하나님과 인간 사이에 위치하여 임무를 수행하기 때문으로 풀이할 수 있다. 즉 경계선 상에 위치한 인물이기 때문이다. 법궤를 지성소에서 인도하여 다른 곳으로 이동할 때 법궤를 덮는 덮개는 푸른색이다. 뿐만 아니라 성막에 있는 진설대와 금촛대 등의 성막기구를 옮길 때도 푸른색의 덮개를 사용한다. 푸른색을 사용하는 이유는 푸른색이 경계선의 색채로서 하나님의 영역과 인간의 영역을 분리시켜주기 때문이다. 즉 하나님의 거룩성을 보호하는 색채이면서 동시에 인간이 하나님의 거룩성을 침범하여 화를 당하지 않도록 보호하는 역할도 하고 있는 것이다.

자주색은 제왕의 색채다. 그 이유 중 하나는, 고대 세계에서 자주색을 내기 위해서는 염색비용이 엄청나게 많이 든다는 사실이다. 따라서 이러한 색채를 활용할 수 있는 사람들은 왕이나 고위 관료만으로 한정될 수밖에 없다(단 7:5, 16, 29; 계 17:4; 18:16). 이 색채는 십자가에서 처형하기 전 예수를 왕이라 부르면서 조롱할 때 입힌 옷의 색채이기도 하다(요 19:2, 5). 자주색이 왕의 색채이며 능력의 상징이기 때문에 이동식 번제단을 옮길 때 그 위에 자주색을 덮개를 사용한다.

본 논의에서 집중적으로 분석하고자 하는 색채는 붉은 색이다. 붉은 색은 피의 색이며 포도즙의 색채다. 성막을 덮을 때는 "붉은 물들인 수양의 가죽"(출 25:5)을 반드시 덮도록 되어 있다. 이것은 희생제물의 피와 관련이 있다. 특히 죄 문제를 해결하는 제사인 정화제사(속죄제)와 배상제사(속건제)의 피와 관련이 있다.[51] 즉 희생제물의 피가 성막을 청결하게 하고 정화시키는 힘이 있기 때문에 피와 관련된 붉은 색 또한 성막을 청결하게 유지시키려는 의지를 담은 색깔로 볼 수 있는 것이다(히 9:19-22). 반대로 붉은 색이 죄와 관련이 있는 색채로도 알려져 있다(사 1:18). 죄악의 상징인 바벨론이 붉은 옷을 입고 있는 모습이 계시록에 나타난다(계 17:3-6).

붉은 색을 나타내는 또 다른 자연의 색은 불꽃이다. 타오르는 불꽃은 태양과 연관이 있고 밝게 비추는 빛의 역할을 담당하며 사물을 태우는 기능이 있지만 여기서는 색채에 한정해서 고찰해 볼 것이다. 붉은 색을 가리키는 *에돔*(אדם)이라는 단어와는 비교가 안 될 정도로 빈번하게 나타나는 단어가 불이라는 단어이다. 구약에는 불(אֵשׁ, *애쉬*)이라는 단어가

51) 속죄제를 정화제사로 그리고 속건제를 배상제사로 번역하는 이유와 근거에 대해서는 필자의 저서를 참조 바람. 정중호, "제사장신학 연구,"『계명신학』 제9집 (1994) 43; 정중호, "배상제사와 회개,"『기독교사상』 461호(1997/5) 66-67.

380회 나타난다.[52] 왜 이렇게 불이라는 단어가 자주 나타날까? 타오르는 불꽃은 움직이는 빨강이며 빛을 발한다. 정지된 붉은 색 자체도 강렬한 색채이지만 움직이는 붉은 색은 더욱 강력한 메시지를 전달할 수 있다. 이러한 효과적인 미디어를 제사장이나 예언자나 지혜자가 놓칠 수는 없는 것이다.

마지막으로 다양한 색채가 어우러지는 무지개를 살펴볼 필요가 있다.[53] 히브리어에는 무지개라는 단어가 따로 없고 전쟁무기인 활이라는 용어를 사용한다. 즉 무지개는 하늘에 걸린 활이라는 뜻이다. 홍수로 심판한 후 하나님은 노아에게 다시는 물로 세상을 심판하지 않겠다는 증거로 무지개를 주셨다. 이 때 무지개를 하나님은 "나의 활"이라 묘사하고 있다(창 9:13). 즉 하나님은 무사같이 활을 들고 화살을 쏘아 지상의 죄인들을 심판한 후 활을 하늘에 걸어 둔 것이 바로 무지개인 것이다. 이 때 무지개는 하나님의 자비를 상징하는 이미지로 볼 수 있다. 따라서 무지개는 인류를 향한 하나님의 은혜의 계약(Covenant of Grace)을 상징하는 색채로 그 위상을 차지하고 있는 것이다(창 9:8-13).

구약에서 무지개의 영롱함과 아름다운 색채를 주목한 본문은 에스겔에 나타나는데 하나님의 현현을 묘사하는 장면에서 나타난다. 즉 하나님의 영광을 나타내는, 그 신비한 광채가 비치는 모습을 무지개 같다고 묘사한 것이다(겔 1:28). 무지개의 색채가 하나님과 천상의 존재를 상징하는 것은 요한 계시록에 잘 나타나 있다(계 4:3; 10:1). 즉 무지개의 색채가 너무도 아름답고 신기하여 지상의 색깔로 받아들일 수가 없었다

52) *TDOT* vol. I, 423.

53) Leland Ryken, James C. Wilhioit, Tremper Longman III ed. *Dictionary of Biblical Imagery*, 695.

는 것이다. 무지개는 신적인 색(divine colors)이었다.

II. 색채의 위력

비렌(F. Birren)은 색채의 영향력에 대해 다음과 같이 말하였다. "색채에는 호소력 있고 감정적이며 심령적인 요소가 있다. 모든 면에서 생기를 불러일으키고 신비로운 힘을 함축하고 있는 듯하다."[54] 일반적으로 살펴볼 때 빨강과 그 밖의 따뜻한 색이 자극할 때는 혈압. 맥박, 호흡이 증가되는 경향이 있다. 그리고 녹색과 파랑은 생리적으로나 심리적으로 긴장을 풀어주는 효과를 나타내는 경향이 있다. 또한 색채기호가 갈색, 회색, 검정, 흰색과 같은 무채색으로 바뀌는 것은 정신적인 고뇌를 나타내는 것으로 풀이할 수 있다. 색채의 영향력에 대한 실험도 잇따르고 있다. 뉴 햄프셔 식물 생리학 연구소에서 실험한 바에 의하면 적색 등의 강도를 높였을 때 모든 조명 가운데 최대의 산출량을 나타냈다고 한다.[55]

심지어 약을 제조하는 경우에도 색채의 영향력을 고려하게 된다. 1세기경 켈서스(Aurelius Cornelius Celsus)는 의학에 관한 책을 저술하였는데 약은 색을 염두에 두고 처방해야 된다고 하였다. 예를 들면 "거의 모든 빨간색의 고약은 환자의 상처를 보다 빨리 아물게 한다"라고 기록하였다. 또한 노랑색의 연고는 "수면을 유도하고 정신을 안정시키는 데 작용

54) Faber Birren, *Color & human response* 김진한 역, 『색채의 영향』 (서울: 시공사, 1996) 99.

55) Faber Birren, 『색채의 영향』 31.

한다"고 하였다.[56]

그러나 색채에 대한 정서적 반응을 살펴보면 개인의 과거경험, 개인이 소속한 사회의 문화적 배경, 또는 자연환경의 영향을 받아서 나타나게 됨을 발견할 수 있다.[57] 따라서 색이 모든 사람에게 동일한 영향을 미치는 것은 아니다. 소위 따뜻한 색이 어떤 사람에게는 진정시키는 역할을 하고 또 어떤 사람에게는 흥분시키는 작용을 한다.

비록 색채의 영향력이 개인적으로 차이가 있다하더라도, 어떤 사회에서는 대부분의 사람들이 특정한 색채에 대해 비슷한 반응을 보일 수도 있다. 예를 들면 이데올로기의 갈등이 극심한 사회일 경우 붉은 색은 대부분의 사람들에게 공산당을 연상시키는 영향력을 발휘할 수 있는 것이다. 또한 색채가 국제적으로 보편적인 언어의 역할을 할 수 있다는 것을 보여주는 예도 있다. 국제안전위원회에서 승인한 안전색법전에는 붉은 색이 불조심, 화재경보상자. 소방수화재용 급수전 등 불과 관련이 있는 것에 사용되도록 되어 있다. 사회적으로 색의 규범이 마련된 것이다.

색채의 영향력에 대해서는 노아의 홍수 후에 하늘에 걸린 무지개를 주목할 필요가 있다. 소위 "노아 계약"을 보증하는 것은 물론 하나님의 의지이지만 그러한 마음을 나타내는 증거가 다름아닌 색채의 오묘한 조화인 무지개였다는 사실이다(창 9:8-13). 특이한 것은 무지개가 하나님으로 하여금 계약을 기억나게 할 수 있는 신비한 효력이 있는 이미지처럼 기록되어 있다는 점이다(창 9:12-17).

56) F. Biren, 『색채의 영향』 143.

57) 손용주, "우리말 색채어의 의미 상징성에 대하여," 『語文學』 57(1996) 128.

> 무지개가 구름 사이에 있으리니 내가 보고 나 하나님과 땅의 무릇 혈기 있는 모든 생물 사이에 된 영원한 언약을 기억하리라 (창 9:16)

현대 교회에는 멀티미디어를 적극적으로 활용하여 예배를 드리고 신앙교육을 실시한다. 이 때 색이 미치는 영향을 고려하지 않는다면 비효율적이며 많은 것이 상실되고 심지어는 내용을 왜곡시킬 수도 있다. 예를 들어 영상으로 예배를 드릴 때 메시지와 색채의 여러 요소들이 적절히 상응하지 않으면 메시지 전달에 문제가 발생하게 된다. 또한 영상성경을 개발할 때에도 색채의 영향력을 염두에 두고 이미지를 만들어 가야 할 것이다.

III. 해석의 열쇠 - 붉은 색으로 물들어 있는 본문들

1. 붉은 옷에 배어있는 해석의 단서들 (사 63:1-6)

1절부터 주도하는 이미지는 붉은 색의 이미지다. 에돔, 보스라, 홍의(crimsoned clothes) 등 세 단어 모두 붉은 색의 이미지를 강화시키고 강렬하게 클로즈업시키고 있다. '*에돔*(**אדם**)'은 '붉다'는 뜻의 단어 '*아돔*(**אדם**)'(2절)에서 파생된 단어로 사해 동남 지역의 붉은 바위들에서 유래된 국가명칭이다. 따라서 '에돔'이라는 단어 자체가 붉은 색의 이미지를 가지고 있어서 언어유희의 요소가 있는 것이다.

'보스라'는 에돔의 중요 도시로서 에돔과 평행을 이루는 단어이다. 그런데 이 단어도 붉은 색의 이미지를 가지고 있다. 왜냐하면 '보스라', 즉 정확하게 음역하면 '*바츠라*(**בצרה**)'인데 이 단어는 "포도를 수확하다"

라는 의미의 '*바차르*(בצר)'에서 파생된 단어이기 때문이다. 포도즙의 색깔이 붉은 색이며 포도를 수확해서 즙을 짜고 포도주를 만드는 일을 하는 사람의 옷은 붉게 물들기 마련이기 때문에 이 단어는 붉은 색의 이미지를 표현하고 있다고 볼 수 있는 것이다.

유다 노동자들이 에돔에 건너가 포도원에서 일하다가 유다로 다시 돌아오는 경우가 종종 있었다. 성문에 있던 파수꾼이 이러한 사람들을 검문하여 성 안으로 들여보내는 일은 일상적인 일이었다. 포도수확을 하다가 돌아오는 노동자들에게 있어서 포도물이 튀어 붉게 물든 옷을 입고 오는 것은 예사로운 일이었다. 따라서 옷이 붉은 것은 그리 특별한 것은 아니었다. 그런데 이 번 경우는 특이한 면이 있어 파수꾼이 거듭 질문을 하고 있는 상황이다. 포도원 노동자 같지 않은 면모를 보았기 때문이다. "화려한 의복"이라 번역한 구절의 의미는 위엄과 신분을 상징하는 옷을 가리킨다. 즉 무사이면 장군의 복장을, 관리이면 관복을 입은 모습을 표현한 것이다. 또한 "큰 능력으로 행진하는 자"라고 번역한 구절은 "무장을 하고 구부리고 있는 자"[58]로 번역할 수도 있다. 즉 갑옷을 입고 무기를 든 장군의 모습을 묘사한 것이다. 따라서 "화려한 의복으로 그리고 큰 능력으로 행진하는 자"는 전신무장을 한 장군의 복장으로 성문 앞에 나타난 모습을 묘사한 것이다.

파수꾼으로서는 수상하다고 여길 수밖에 없는 인물이 나타난 것이다. 그리고 대답도 무사다운 대답을 하고 있다. "바로 나다. 나는 의로운 가운데 말하며 구원할 능력이 있는 사람이다"(1b절). 자신이 정당하며 힘이 있음을 강조한 것이다. 그런데 이 수상한 사람의 옷이 붉게 물들어 있는 것이다. 포도원 노동자 같은 복장도 아닌데 어떻게 옷이 붉게 물들

58) John D, W, Watts, *Isaiah 34-66* (WBC 25; Waco: Word Books, 1987) 315-316.

어 있는가 하는 질문을 할 수밖에 없다. 2절에 "어찌하여 네 옷이 붉으며 포도주 틀을 밟은 사람 같은가?"라는 질문은 파수꾼으로서는 당연한 질문을 한 것이다. 두 번 째 질문(2절) 역시 붉은 색에 대해 질문하고 있다. 무사 혹은 장군의 이미지는 명확한데 붉은 색의 수수께끼는 풀리지 않고 있는 상황이다. 즉 붉은 색의 이미지를 한 번 더 강조하면서 의구심을 증폭시키고 있다. 그리고 "포도주 틀을 밟은 사람"(2b절)이라는 새로운 이미지를 첨가하여 3절 이하의 이미지를 선도하고 있다.

3절에서 6절까지는 성문 앞에서 수상한 사람이 대답하는 내용이 나열되어 있다. 대답하는 말 전체를 살펴볼 때 이 내용은 에돔을 심판한 하나님의 대답임을 알 수 있으며 '붉은 색'의 이미지를 계속 사용하고 있음을 발견할 수 있다. 에돔을 심판한 것을 이야기할 때 "내가 홀로 포도주 틀을 밟았으며"(3a절)라는 표현을 맨 먼저 사용하고 있다. 붉은 색의 이미지와 더불어 포도주를 밟아 으깨는 작업의 이미지를 동시에 사용하여 전체 내용을 포도수확하는 이미지로 제시하고 있다. 그리고 마지막에 포도주를 마시고 취하는 장면이 나타나는데 이 때 취한 사람은 하나님의 심판을 받은 '만민'이다(6c절). 포도주를 마시고 얼굴이 붉게 달아오른 '만민'들의 모습이 결론부분을 장식한다.

붉은 색의 수수께끼는, 포도즙이라는 이미지에서 피 즉 '선혈(נצח)'이라는 단어로 그 이미지가 연결되면서 시원하게 풀려진다(3c, 6c절). 동시에 포도즙 틀을 밟는 이미지는 "만민을 밟는" 이미지로 연결되면서 그 해답을 제시해 주고 있다(3b, 6a절). 유사한 이미지를 연결시켜 심도 깊은 의미를 캐내는 방법이 사용되고 있는 것이다. 그 연결고리는 '붉은 색'의 이미지와 '밟다'라는 행동의 이미지이다. 하나님의 심판을 받아 선혈이 낭자한 모습은 바로 죄인들에게 복수하는 하나님의 모습이요(4

절)이요, "그들의 선혈을 땅에 쏟았도다"(6c절)는 구절에서 그 처참한 모습을 발견할 수 있다.

'밟다'라는 이미지를 표현할 때 사용된 단어가 각각 다르다. 2b절과 3a절은 동일한 이미지를 사용한 질문과 즉각적인 대답이기에 동일한 단어 *다라크*(דרך)를 사용하고 있다. 그러나 '밟다'라는 의미를 평행법을 사용하여 반복시키고 있는 3b절의 경우는 *다라크*(דרך)와 *라마스*(רמס)를 평행시키고 있다. 마지막 절인 6a절의 경우는 또 다른 단어 בוס를 사용하고 있다.

'분노(אף)' 혹은 이 단어와 평행되는 단어인 '분한(חמה)'이라는 단어도 붉은 색과 무관하지 않다. 분노 가운데 얼굴이 벌겋게 달아오르는 모습을 상상할 수 있기 때문이다. 이 두 단어는 3b절과 6a-b절에서 평행하여 사용되고 있으며 '분한'은 5b절에서도 사용되고 있다.

붉은 색과 더불어 자주 사용되는 단어는 '옷(בגד, *브가드*)'이라는 단어이다. 1절에 '홍의'와 '(화려한) 의복' 그리고 2절의 붉은 '옷'과 3절에 선혈이 뿌려진 '옷'이 그들이다. 다만 1절의 '(화려한) 의복'이라 할 때는 *르보스*(לבוש) 라는 단어를 사용하고 있다. 이 옷들은 모두 붉은 옷이다. 붉은 색 이미지를 운반하고 등장시키는 가장 중요한 도구가 바로 옷이다. 그러나 옷은 도입부분을 장식할 뿐 내용이 깊어갈 수록 옷의 이미지는 배후로 밀려가고 피를 중심한 붉은 색 이미지가 장면을 압도하고 있다. 특히 6절에는 옷 대신에 땅이 붉은 피를 받아 붉게 물들어가고 있는 모습을 보여준다. 땅에 스며들어 배어있는 붉은 색 이미지의 모습이다.

붉은 색 이미지는 하나님의 단독행위와 연결되어 있다. 3절에 '홀로' 포도주 틀을 밟았다는 이야기와 5절에 "도와 주는 이가 없도다"에서 하나님의 단독행위가 있었음을 알 수 있다. 이러한 단독행위는 하나님 자신이 자신의 능력으로 스스로 자신을 '붙들었다(סמך, 사마크)'라는 표현을 통해서 더욱 분명히 알 수 있다.

붉은 색 이미지는 6절에서 그 절정을 이루고 있다. 분노 가운데 얼굴이 붉게 달아 오른 하나님이 포도주로 인해 붉게 취한 만민들을 밟아 그 붉은 피가 땅에 쏟아지는 장면이 바로 절정에 도달한 붉은 색 이미지의 장면이다. 이제는 옷이 붉게 되는 정도가 아니라 하나님과 사람과 땅 모두가 붉게 물드는 붉은 세상이 나타난 것이다. 죄인에게는 붉은 색 이미지가 심판과 형벌의 이미지이지만 하나님에게 있어서는 구원의 능력을 보여주며 구속의 해를 성취시키는 이미지이다. 그리고 하나님의 자녀인 이스라엘에게도 붉은 색 이미지는 구원과 구속의 이미지로 부각되는 것이다.

2. 날아가는 붉은 색 (레 14:4-7)

<본문 사역>

4. 제사장은 정결하게 될 사람을 위해 정결한 산 새 두 마리와 삼목과 홍색실과 우슬초를 가져오도록 명령하여야 한다.
5. 제사장은 한 마리의 새를 질그릇 안에서, 살아있는 물 위에서 잡도록 명령하여야 한다.
6. 살아있는 새를 취하여 삼목과 홍색실과 우슬초와 함께 살아있는 물 위에서 잡은 새의 피에 적셔야 한다.
7. 그는 악성피부병으로부터 정결하게 될 사람에게 일곱 번 뿌려야 한다. 그가 그를 정결하게 한 다음 산새를 들판에 보내어야 한다.

산새를 들판으로 보내는 의식은 아사셀을 위한 염소를 광야에 보내어 죽게 하는 의식과 비슷하다(레위기 16장). 즉 이스라엘의 죄를 짊어지고 광야로 가는 아사셀의 염소와 같이, 산새는 악성피부병자의[59] 부정을 흡수하여 들판으로 날아가 부정을 제거하는 역할을 하는 것이다.

산 새 정결 의식을 위해서 준비할 것은 정결한 산새 두 마리와 삼목과 홍색실과 우슬초와 질그릇이다. "삼목(ceder)"[60]이 붉은 색깔의 나무일 경우 이 나무를 택한 이유도 피의 색깔 즉 생명의 색깔이기에 선정된 것이라 설명할 수 있다. "홍색실" 역시 생명의 색깔인 붉은 색이기에 선정된 것이다. 4절에서부터 붉은 색이 강하게 나타나고 있다.

5절에는 질그릇 안에서 새를 잡는 광경이 나타난다. 원래 새의 피는 '조족지혈(鳥足之血)'이라는 문구에서도 나타나듯이 그 양이 적은 편이다. 그러나 피는 피이며 붉은 피가 떨어지는 광경과, 질그릇에 담긴 물에 붉은 피가 떨어져 물이 붉은 색으로 변하는 광경이 나타난다. 이 경우 물을 준비하는 것은 새 피의 양이 적기 때문에 피를 물에 떨어뜨려 피의 양을 늘이기 위한 것이다.

6절에는 피로 붉게 된 핏물을 우슬초로 다른 산새에 뿌리고 붉은 삼목과 홍색실에도 그 핏물을 뿌린다. 모두를 붉게 만드는 것이다. 삼목과 홍색실은 붉은 색깔로 피의 색깔을 더욱 진하게 만들고 우슬초는 피를 머금어 뿌리는 도구로 사용된다.

---

59) 히브리어 '**צרעת**'는 『개역』에 '문둥병'이라 번역되어 있지만 이 병은 오늘날 한센스병(Hansen's disease)이라 부르는 나병이 아니다. 필자는 이 단어를 '악성피부병'이라 번역하며 그 이유와 근거에 대해서는 필자의 저서를 참조바람. 정중호, 『레위기: 만남과 나눔의 장』 (서울: 한들출판사, 1999) 224-227.

60) "에레즈(**ארז**)"를 보통 "백향목"이라 번역하지만 나무의 색깔이 붉은 경우도 있으므로 "삼목(cedar)"이라 번역하는 것이 보다 더 적절한 번역으로 여겨진다.

7절에는 사람에게도 그 핏물을 뿌린다.[61] 악성피부병으로부터 정결하게 될 사람에게 그 핏물을 뿌려 사람을 붉게 만든다. 일곱 번 뿌리는 것은 충분하고 완전하게 뿌린다는 의미가 있으며 동시에 사람을 상당히 붉게 만드는 효과도 있다. 그리고 붉은 핏물을 바른 붉은 새는 들판으로 날아간다.

산 새 의식의 과정을 살펴볼 때 계속해서 붉은 색이 나타나며 붉은 색이 확산되는 것을 볼 수 있다. 마지막에는 움직일 수 있는 사람과 날아가는 새를 붉은 색으로 칠하여 "움직이는 붉은 색"으로 만들어 동영상(動映像)의 강도를 높이는 것을 볼 수 있다.

왜 이렇게 붉은 색이 산 새 의식에서 강조되는가? 악성피부병자는 병이 나아서 이제 진 밖(죽음의 영역)에서 진 안(생명의 영역)으로 이동하는 단계에 있으며 이 의식은 이러한 영역이동을 가능하게 하는 의식인 것이다. 부정한 영역에서 정결한 영역으로 이동시키는 정결의식이라 볼 수 있다. 이 경우 중요한 것은 '생명'이라는 요소이다. 그리고 이 생명의 세력이 죽음의 세력을 압도하고 정결의 세력이 부정의 세력을 압도하는 이미지가 나타나야 한다. 산 새 의식은 바로 이러한 이미지를 강하게 보여주고 있다. 즉 "살아있는 새"[62]와 "살아있는 물"[63] 그리고

---

61) 사람에게 피를 뿌리는 경우는 아주 특이한 경우이다. 아론의 위임식(레위기 8장)과 시체를 만진 사람을 정결하게 하는 경우(민수기 19장)와 레위기 14장에만 나타나는 특이한 것이다. 세 번의 경우 공통되는 점은 모두 영역 이동을 위한 정결 의식이라는 점이다.

62) "하요트(חיות)"라는 단어는(4, 6, 7절) "살아있는(living)" 혹은 "야생의(wild)"로 번역할 수 있다. 따라서 "산 새"는 "살아있는 새" 혹은 "야생의 새"라는 이중적인 의미를 가진다.

63) "살아있는 물"(5절)은 "마임 하이임(מים חיים)"을 번역한 것이다. "살아있는 물"이란 고여 있는 물이 아니라 생물과 같이 끊임없이 흐르는 물이어야 한다. 냇물과

생명을 가리키는 "피" 등 세 가지 모두가 생명에 충만해 있는 것들이다. 더구나 피는 생명인데 피를 상징하며 피빛인 붉은 색이 이 이미지를 더욱 강화시켜 주는 것이다.

시각적으로 "붉은 피"의 능력을 볼 수 있도록 사람에게 핏물을 뿌리고, 산새에게 핏물을 뿌려 멀리 날아가게 한다. 그리고 이 의식은 진 밖에서 즉 성전 밖에서 거행되는 대중적인 의식이다. 이러한 이미지는 대중적인 효과를 노리고 있으며 교육적이며 심리적인 효과를 목표로 한 것이다.

3. 하타아트[64] 재로 변한 붉은 피(민 19:1-10)

붉은 암소를[65] 불태워 재로 만드는 의식이 민수기 19장에 나타난다. 이 때 이 재는 하타아트(חטאת 정화제물)가 된다(민 19:9). 하타아트 재를 만드는 목적은 "이스라엘 자손 회중을 위하여 간직하였다가 부정을 깨끗게 하는 물을 만드는데"(민 19:9) 사용하기 위함이다. 특별히 시체를 만져 부정하게 된 사람에게 이 물을 뿌려 정화시킨다.

이 하타아트 재를 만드는 과정을 살펴보면 우선 붉은 암소를 제사장이 잡아 그 피를 회막 앞을 향해 일곱 번 뿌린다. 이렇게 피를 뿌림으로

지하수인 샘물이 내표적인 "살아있는 물"이다.

64) '하타아트'는 히브리어 חטאת를 음역한 것이다. 이 단어는 『개역』에 '속죄제'로 번역되어 있으나 필자는 '정화제사'로 번역한다. 그러나 '정화제사'라는 용어가 아직은 생소한 단어이기에 여기서는 히브리어를 음역하여 사용하고자 한다.

65) 『개역』에는 '암송아지(heifer)'로 번역되어 있으나 히브리어 פרה는 '암소(cow)'를 가리킨다. 아마도 "멍에 메지 아니한"(2절)이라는 구절과 LXX의 영향으로 '암송아지'로 번역된 것으로 보인다. John D. W. Watts, Isaiah 34-66, 212; Jacob Milgrom, "The Paradox of the Red Cow(Num xix)," VT 31(1981) 62.

붉은 암소는 거룩하게 되며 하타아트이 되는 것이다. 그리고 그 암소를 불태우는데 삼목(cedar)과 우슬초와 홍색실을 넣어 함께 태운다. 이 때 암소 전체를 모두 태우는데 피와 가죽과 고기와 똥까지 함께 태운다. 이런 과정을 거쳐 만들어진 재는 하타아트로서 부정한 사람을 정화시키는데 사용할 수 있다.

이 재를 만드는 과정을 살펴보면 유독 붉은 색이 많이 나타난다. 우선 붉은 암소를 택하고, 붉은 색깔의 실을 넣고, 삼목 즉 붉은 색의 나무를 선별하여 우슬초와 함께 태운다. 물론 붉은 암소의 붉은 피도 같이 태운다. 2절의 붉은 암소를 끌어 오는 장면, 3절에 붉은 암소를 도살하는 장면, 4절에 피를 회막 앞에 일곱 번 뿌리는 장면, 5절에 붉게 타오르는 불로 태우라는 명령, 6절에 붉은 나무와 붉은 실을 붉게 타오르는 불 속에 던지는 장면 등은 모두 붉은 색으로 가득 차있다. 그리고 붉은 암소의 등장에서 시작하여 피를 뿌리고 그 다음 붉게 타오르는 불길로 그 절정을 이루는 모습의 변화는 붉은 색이 점층적으로 강화되고 확대되는 효과를 보여주고 있다.

왜 이렇게 붉은 색을 많이 포함시키고 강조하는 것일까? 붉은 색은 피의 색깔이기 때문이다. 하타아트의 가장 중요한 요소는 제물의 피이다. 그 피가 성전을 정화시킬 수 있는 것이다. 그러나 붉은 암소를 태워 재를 만드는 이 하타아트 재는 액체인 피가 아니라 재로 변한 피이다. 따라서 피를 강조하고 확대시키는 의미에서 각종 붉은 색이 동원되는 것이다.

사실 '붉은(אדמה)'이라는 형용사는 "붉은 암소"(2절)에 한 번 밖에 사용되지 않았지만, 하타아트 재를 만드는 과정을 이미지로 재현시켜 본다면 의식이 진행되는 과정 전체가 붉은 색으로 물들어있고 점층적으로 확대되어 있다는 사실을 발견할 수 있다. 9절에서 '하타아트(חטאת)' 재라는 선언이 나타나기 전에 벌써 이 의식에서 '붉은 색' 즉 '피의 색'을 충분히 보여 주었고 이 의식이 '피'를 중요시 하는 의식이라는 점을 각인시켰다.

이 의식의 특이한 점은 이 의식이 "진 바깥"(3절)에서 거행되는 것과 하타아트 재를 보관하는 곳도 "진 바깥"(9절)이라는 점이다. 그리고 하타아트 의식이기에 암소를 제사장에게 끌고 와서 의식이 진행되고 제사장이 이 의식을 집전하지만 일반적인 하타아트와는 사뭇 색다른 점이 있다. 즉 나중에 이 재를 뿌려 정화시키는 사람이 제사장이 아닌 일반 평민인 "정한 자"(18절)라는 점이다.

하타아트 재가 진 바깥에 보관되어 있고 평민이 그 재를 뿌릴 수 있다는 것은 이 의식이 상당히 대중적이고, 평민들이 쉽게 그리고 간단하게 그 재를 활용할 수 있도록 배려한 것임을 알 수 있다. 이러한 상황에서 붉은 색을 특히 강조한 것은 다분히 교육적이며 심리적인 효과를 겨냥한 것이다. 즉 그 재가 하타아트임을 알리고 그 재의 의식적인 능력이 강하다는 점을 붉은 색 이미지를 통해 알리고 각인시킨 것이다.

4. 붉은 물의 수수께끼(왕하 3:21-24), 붉은 피로 변한 이집트의 물 (출 7:14-25)

이스라엘 군대가 모압을 공격했을 때 모압 백성들 중 어린 소년까지 총동원되어 방어선(아마도 사해 동남쪽에 있는 와디 세렛)에 진을 치고 있었다. 이 때 그들 앞에 있던 강물이 붉게 물들어 있는 것을 보았다. 물이 붉게 된 원인을 두 가지 들 수 있는데, 첫째 떠오르는 태양빛에 의해 물들 수 있고, 둘째 상류의 붉은 흙이 씻겨 내려와 강물의 색이 변할 수 있다.[66] 그 강물이 어떻게 붉어졌는지는 정확히 알 수 없지만 중요한 것은 모압 사람들이 이 붉은 물을 피라고 착각했다는 점이다. 그리고 이러한 착각으로 인해 모압사람들은 패전하게 되었다. 이 전쟁 이야기에서 알 수 있는 것은 이스라엘과 그 주위 나라들의 백성들이 붉은 색을 피와 연관시켜 생각하는 것이 아주 자연스러운 현상이라는 점이다.

모세가 하나님의 명령을 받아 이집트의 물을 피로 변하게 하는 재앙이 있었다. 재앙과 심판의 현장을 묘사하는 색채로 붉은 색보다 더 효과적인 색채도 드물다. 붉은 색은 이처럼 생명과 죽음의 양면성을 모두 나타내는 색인 것이다.

IV. 움직이는 붉은 색 - 타오르는 불꽃 이미지

우선 하나님과 불과의 연관을 살펴보자. 신현현(theophany)의 경우 불이 등장하는 예가 많다. 신명기의 경우 하나님은 불 가운데 강림하시며 불 가운데서 말씀하신다(신 4:12, 15, 33, 36; 5:4, 22-26; 10:4)는 점을 특히 강조한 것을 발견할 수 있다. 구체적인 사건은 시내산에서 하나님이 불 가운데 현현한 사건이다(출 19:18). 한편 하나님은 횃불이 되어 나타나며(창 15:17), 불꽃에 쌓인 떨기나무 가운데 나타나 말씀하신다(출 3:2). 하나님은 이스라엘 백성을 광야에서 인도하시는데 밤중에는

66) 22절의 번역문제는 저자의 저서를 참조바람. 정중호, 『성경주석: 열왕기하』(기독교서회, 1995) 113-114.

불기둥이 되어 선두에서 인도하신다(출 13:21; 14:24; 민 9:15; 14:14; 신 1:33; 시 78:14). 또한 야훼는 불수레의 형상으로 나타나기도 한다(왕하 2:11). 야훼와 불과의 관련성은 "야훼는 삼키는 불이시요"(신 4:24)라는 직접적인 언급에서 가장 뚜렷이 알 수 있다.[67] 특이한 것은 야훼가 불 가운데 있지 않다는 언급이 나타나는데(왕상 19:11-12) 이러한 언급은 야훼와 불과의 연관성을 차단하기 위한 것이라기보다 세미한 음성으로 다가오는 하나님의 또 다른 면을 강조하기 위함이다.

야훼 제사의식의 경우 대부분 불과 관련이 있다. 번제단의 불은 계속 타올라야 한다(레 6:2, 5) 번제단에서 전부 혹은 일부를 태워서 드리는 것이 제사의 일반적인 형식이다. 낮에는 제단 위에 연기가 구름같이 올라가고(구름기둥) 밤에는 제단 위에 붉은 불꽃이 타오르는 것을(불기둥) 볼 수 있으며 이러한 모습 속에서 하나님의 현현을 지각하게 되는 것이다. 광야에서 이스라엘 백성을 인도하는 하나님의 모습을 불기둥과 구름기둥으로 묘사하는 것과 제사의식의 모습이 비슷함을 발견할 수 있다.

1. 신명기와 불의 하나님

출애굽기에서 묘사된 시내산 야훼 현현사건에서는 불에 관한 언급이 두 번 밖에 나타나지 않는다(출 19:18; 24:17). 오히려 짙은 구름(출 19:16; 20:21; 24:15, 16a, 16b; 24:18; 34:5)과 연기(출 19:18a, 18b; 출 20:18)가 강조되고 있다. 회막이 완성되었을 때 "낮에는 야훼의 구름이 성막 위에 있고, 밤에는 구름 가운데 불이 있음을 진행하는 모든 곳에서 모든 이스

67) 야훼가 불이라는 선언은 야훼가 태양과 관련이 있음을 시사한 대목이기도 하다. Taylor, J. G. *Yahweh and the Sun, Biblical and Archaeological Evidence for Sun Worship in Ancient israel*. (JSOTS 111; Sheffield: JSOT Press, 1993).

라엘 백성들이 보았다"(출 40:38)고 기록하고 있다. 불은 있으나 "구름 가운데 불"이 있다고 묘사하고 있다.

그러나 신명기에서는 동일한 시내산 전승에 대해 이야기할 때 불을 여러 번 강조하고 있다. 신명기에 나타나는 시내산 전승은 붉은 불빛으로 가득차 있는 것을 확인할 수 있다(신 4:11-12; 5:4-5; 5:22-27). 시내산에서 율법을 받는 전승만을 살펴보면, 마치 출애굽기가 흑백TV화면이라면 신명기는 컬러TV를 보는 듯하다. 왜 이러한 차이가 발생한 것일까?

출애굽기에는 모세와 아론과 나답과 아비후와 이스라엘 장로 칠십인이 시내산에서 하나님을 보았다고 두 번이나 기록되어 있다(출 24:10, 11). 비록 백성들은 하나님을 볼 수 없고 하나님을 볼려고 할 경우 죽을 수밖에 없다고 하였지만(출 19:21) 지도자들은 하나님을 볼 수 있었다고 전한다. 그러나 신명기에서는 하나님의 형상을 볼 수 없었고 음성만 들을 수 있었다고 기록하고 있다(신 4:12, 15). 그리고 신명기에서는 시내산의 불을 강조하였고 그 불이 하나님의 형상을 대신하는 이미지로 나타나있다. 다시 말하면 신명기에서는 말씀의 소리와 타오르는 불꽃을 강조하였고 이들이 하나님의 형상을 대신하고 있는 것이다.

2. 심판의 불

하나님이 죄인에게 불을 보내어 심판하는 장면은 구약 여러 곳에 나타난다. 아모스의 경우 하나님이 이스라엘 주위의 여러 나라들을 심판할 때 불로 심판하는 장면이 기록되어 있다(암1:4-14; 2:2, 5). 소돔과 고모라 성을 심판할 때도 불로 심판하였다(창 19:24). 불은 심판의 도구로 사용된 것이다. 붉은 불꽃이 타오르고 화염에 휩싸인 장면은 재앙의 장면이며 심판의 현장이다. 재앙의 불길이 보여주는 색채와 피흘리며 죽어가는 선혈이 낭자한 장면은 동일한 붉은 색 이미지로 유사한 메시지를 전해 준다.

V. 색채도 번역이 필요한가?

전통적으로 한국의 색채는 "오색영롱하다"에 포함되어 있는 하양, 검정, 빨강, 파랑, 노랑 등의 오방색이다.[68] 오색은 궁궐과 사찰의 단청에 사용되었으며 어린이와 여인들이 입는 색동옷에도 오방색이 사용되었다. 이 가운데서도 흰색은 '백의민족(白衣民族)'이라는 단어에서도 발견할 수 있듯이 보편화된 색이었지만 빨강은 특별한 색채였다. 붉은 마음, 즉 일편단심(一片丹心)은 특별한 마음이며, 특별히 충성스럽고 정절 있는 마음을 표현하는 단어이다.

한국에서는 붉은색 혹은 빨간색이 또 다른 의미를 가지고 있다. 특히 좌우 이념 대립이 심했던 시절에는 빨간색은 특별한 의미를 나타내었다.

…빨간색이 나타난다. 좌우 대립에 오랫동안 시달린 이 땅의 국민들에게 공포를 주는 색깔. 혐오와 모욕, 저주의 상징. 그러나 이 색깔은 분노의 색깔이기도 하다. 창희의 라이터와 불의 빛깔. 그 색채는 특히 최씨가 뒤집어쓴 붉은 페인트에서 가장 강렬한 느낌을 드러내며, 창희가 불을 지른 방앗간의 불, 성민이 응시하는 이글거리는 잉걸불에서도 위험스럽게 나타난다.[69]

---

68) 손용주, "우리말 색상어의 의미 상징성에 대하여," 129.

붉은 색은 타오르는 불꽃의 색이라는 점과 피의 색이라는 점은 한국에서도 통할 수 있는 공통적인 면이다. 그러나 포도즙의 색채라는 점은 한국인에게는 생소한 면이다. 또한 붉은 색이 피의 색이라 하더라도 그 뉘앙스는 다르다. 붉은 색이 희생제물의 피라는 개념과 붉은 색이 죄악의 상징이라는 개념은 생소한 개념이다. 중국의 결혼식장에는 온통 붉은 색으로 치장되어 있다. 마찬가지로 전통적으로 한국에서도 붉은 색은 긍정적인 개념으로 자리 잡혀 있다.

성경에 나타나는 이미지 가운데 붉은 색 이미지를 한국에 전달할 때 붉은 색에 대한 한국의 전통적인 감정과 정서를 감안하여 전달하여야 한다. 그리고 시대적 상황과 문화적 변천을 고려하여 색채의 강약과 사용 범위를 조절하여야 한다. 특히 서양을 거쳐서 수입된 성경 그림 이미지 혹은 다른 영상자료를 활용할 때 성경의 내용이 왜곡되지 않도록 색채의 종류와 강도를 조절할 필요가 있다.

VI. 요 약

성경은 문자기호로 기록되어 있다. 그러나 문자 이전에는 이미지와 소리 그리고 오감(五感)이 느낄 수 있는 것들이 있었다. 이러한 점은 글로 문서를 작성하는 저자의 경우에도 유사하게 적용시킬 수 있다. 왜냐하면 저자가 글을 쓰기 이전에는 상상의 세계에 그 내용들이 존재하고 있기 때문이다. 오늘날 우리 의 눈으로 보는 성경의 기록은 다양한

69) 김정란, "희색, 까만색, 이따름 빨간색, 그리고 미만한 초록 - 이광모 <아름다운 시절>의 이미지 언어분석," 김우창외, 『이미지는 어떻게 살고 있는가』 (생각의 나무, 1999) 393.

이미지들을 문자기호로 축소시켜 놓은 것이다. 따라서 성경해석을 하기 위해서는 문자 이전의 이미지가 있었다는 사실을 염두에 두어야 한다. 그리고 문자에 포함되어 있거나 혹은 문자를 통해 연상되는 이미지를 주목하면서 성경을 해석할 필요가 있다. 이러한 방식으로 접근할 경우 그 해석방법을 "이미지 중심 해석"이라고 명명할 수 있을 것이다.

본 논의에서는 이미지 가운데 색채의 상징성과 영향력을 고찰하면서 성경에 나타나는 "붉은 색 이미지"를 중점적으로 분석하였다. 붉은 색은 피의 색이며 포도즙의 색상이다. 따라서 붉은 색은 희생제사와 밀접히 연관된 색이다. 또한 붉은 색은 타오르는 불꽃의 색채이기도 하다. 불꽃 이미지는 움직이는 붉은 색으로 강력한 이미지이다. 따라서 성경에는 불꽃 이미지가 빈번하게 나타나고 있다.

붉은 색 이미지가 주도적 이미지인 본문은 우선 포도즙의 색채 이미지와 피의 색채 이미지를 중첩시키면서 점층적으로 붉은 색 이미지를 고조시킨 본문을 들 수 있다(사 63:1-6). 이 본문은 붉은 색 이미지를 활용하여 하나님의 심판과 구원의 능력을 부각시킨 예언자의 예언인 것이다.

두 번째 본문은 악성피부병자가 완쾌되어 공동체에 다시 복귀하는 절차 가운데 산 새 정결의식에 관한 본문인데(레 14:4-7), 본문 전체에 붉은 색이 확산되면서 마지막에는 붉은 새가 날아가는 것으로 끝을 맺는다.

세 번째 중요한 본문은 붉은 암소를 태워 하타아트 재를 만드는 의식으로(민 19:1-10) 의식 전체에 붉은 색에 물들어 있음을 알 수 있고 점층적으로 확대되어 가고 있다는 사실을 발견할 수 있다. 이 외에도 수수께끼 같은 붉은 강물에 대한 이미지(왕하 3:21-24)와 재앙으로 인해 붉은 피로 변한 이집트의 물 사건을 들 수 있다(출 7:14-25).

타오르는 불꽃 이미지는 붉은 색이 움직이는 동영상 이미지이다. 불 가운데 강림하셔서 말씀하시는 하나님의 모습(신 4:12, 15, 33, 36; 5:4, 22-26; 10:4)으로 묘사되기도 한다. 또한 하나님은 불기둥으로 혹은 불수레의 형상으로 나타나기도 한다(왕하 2:11; 출 13:21). 붉은 색 불꽃 이미지는 심판의 불에서(암 1:4-14), 그리고 신명기에 나타나는 시내산 전승(신 5:22-27) 등에서 강조되어 있다.

성경에 나타나는 이미지 가운데 붉은 색 이미지를 한국에 전달할 때 "번역 과정"이 필요하다. 즉 붉은 색에 대한 한국의 전통적인 감정과 정서를 감안하고 시대적 상황과 문화적 변천을 고려하여 전달하여야 한다. 과학기술의 발달과 멀티미디어 시대의 흐름 속에 이미지는 더욱 강조되고 있고 색채는 그 흐름의 핵심부에 자리잡고 있다. 따라서 색채를 중심으로 성경해석을 시도하는 새로운 작업은 당면과제에 속하며 성과를 기대할 수 있는 작업이기도 하다.

제2장 청각언어 중심의 성경해석

조선시대 말기에 전기수(傳奇叟)로 활동한 사람이 있었다.[70] 그는 장날이면 장터에 가서 여러 사람들 앞에서 자신이 읽었던 소설을 큰 소리로 낭독하여 장터에 모인 사람들에게 들려주는 활동을 하였다. 간혹 중간 중간에 자신의 해설도 덧붙이면서 흥미롭고 실감나게 이야기를 들려주었다. 그런데 불행한 것은 그 이야기를 듣고 있던 사람 중 한사람이 이야기에 너무도 도취해서, 악당 역할을 실감 있게 들려주는 전기수를, 정의감에 불탄 흥분상태에서 자신도 모르게 들고 있던 담배 썰던 칼로 찔러 죽이고 말았다.[71]

이 사건은 2,500여 년 전 구약시대에 일어난 사건도 아니고 신라시대 때 일어난 사건도 아니다. 불과 150여 년 전 한국 땅에서 일어난 사건이다. 눈으로 조용히 글을 읽는 것보다 말하는 사람을 바라보며 음성으로 그 내용을 들을 때 엄청난 전달효과가 나타난다는 것을 실제로 증명해

70) 전기수(傳奇叟)는 직업적 낭독자를 가리키며, 그 역할은 주로 평민, 상인층을 대상으로 공개적인 자리에서 책을 읽어 주는 것이었다.

71) 이 내용은 계명대학교 구비문학 전공자인 강은해 박사에게서 직접 들은 것임을 밝힌다.

준 사건이기도 하다.

과연 말의 힘은 어디에 있는가? 문자는 눈으로 보여 지는 것이다. 그러나 말은 보이는 것은 아니지만 상상력을 자극하고 예술성을 강화시키며 내적인 영상을 만들어 낸다. 또한 문자는 저자와 독자의 거리가 아무리 멀어도 상관없지만 청중의 경우 말하는 사람과 청중은 가까운 거리에서 서로 신호를 교환하게 된다. 말은 리듬감 있는 소리로 구성되어 있으며 그 의미는 화자와 청중이 함께 있는 컨텍스트 속에서 표출된다.[72)]

본 장에서는 우선 시대적으로 구전의 위력을 고찰함과 동시에 구약성경의 구전적 요소를 탐색하고자 한다. 그리고 청중이 구약성경을 듣는다는 점에 주목하면서, 이러한 상황에 적합한 구약 해석 방법론으로 청중중심비평을 중점적으로 논의하고자 한다.

I. 시대변화와 구전의 변천

우선 시대적으로 구전의 위력과 문서의 힘을 간단히 살펴보면 다음과 같다. 고대 세계에서는 서로 대면해서 입으로 말하고 귀로 듣는 구전의 방법이 의사소통의 기본이었음은 분명한 사실이다. 그리고 수 천년 전에 문자가 발명되고 문서가 사용됨으로 인해 문서에 의한 의사소통이 일어나기 시작하였다. 그러나 고대 세계에서 문서는 왕실 혹은 관청이나 상거래 등 지극히 제한된 영역에서 사용된 특수한 의사소통 도구였다. 그리고 문서보다 말을 선호하는 경향이 역력하였다. 파피아스

72) Werner H. Kelber, "Narrative as interpretation and interpretation of narrative: Hermeneutical reflections on the gospels," *Semeia* 39 (1987) 122.

(Papias)는 말하기를 "나는 책에 의해 얻어지는 것이 살아있고 생생한 음성에 의해 얻어진 것만큼 유익하지 않다고 생각한다"라고 하였다.[73)]

필사본의 등장으로 문서가 확대되기는 하였지만 어디까지나 제한적이었고 문서는 특수한 사람들만 볼 수 있는 귀하고 희소한 것이었다. 예를 들어 주후 4세기경 그리스의 아테네에는 글을 읽을 수 있는 사람들이 전체 인구의 10-15% 밖에 되지 않았을 것으로 추정되고 있다.[74)]

현대인은 글자와 문서를 의사소통용으로 활용하고 있다. 그러나 고대 세계에서의 문서는 마술적이며 기념비적 성격이 있었고 저주, 축복, 부적 등의 용도로 사용한 경우가 많았다.[75)] 돌판에 새겨진 십계명은 의사소통용이기도 하지만 볼 수 있고 운반할 수 있는 하나님의 현현의 의미도 강하게 포함하고 있다. 그래서 십계명 돌판은 하나님의 현현을 상징하는 법궤 안에 들어가게 된 것이다. 예언자 에스겔은 문서인 두루 마리를 먹었으며(겔 2:9-3:11) 다니엘에는 신비한 손이 벽에 글자를 쓰는 장면도 나타난다(단 5:5-31). 세례요한의 아버지 사가랴는 성소에서 벙어리가 되었는데 서판에 글자를 쓴 후 그의 혀가 풀려 말할 수 있게 되었다(눅 1:63-64).[76)] 글자에 특별한 의미를 부여하고 있는 이러한 현상은 구전적 문화에 의해 주도되고 있는 고대 세계에서 쉽게 발견할 수 있는 것이다.

---

73) Eusebius Hist. eccl. 3.39.4. quoted in Paul J. Achtemeier, "*Omne Verbum Sonat*: The New Testament and the oral environment of late western antiquity," *JBL* 109 (1990) 10, n. 39.

74) William V. Harris, *Ancient Literacy* (Cambridge, MA: Harvard University Press, 1989) quoted in Lawrence Boadt, C.S.P. "The Poetry of Prophetic Persuasion: Preserving the Prophet's Persona," CBQ 59(1997) 10, n. 42.

75) Susan Niditch, *Oral World and Written Word : Ancient Israelite Literature* (Louisville: Westminster John Knox Press, 1996) 79.

76) Paul J. Achtemeier, "*Omne Verbum Sonat*," 15.

문서가 그 기력을 얻고 일어서기 시작한 계기는 역시 금속활자의 발명과 인쇄술의 발전이라 할 수 있다. 요하네스 구텐베르그는 1455년 금속활자를 발명하여 유럽의 문서활동에 크게 기여하였다. 사실 조선에서는 이보다 78년이나 먼저 1377년 이미 금속활자를 발명하여 인쇄술을 크게 발전시킨 바 있었다.[77] 그러나 종이의 가격이라든가 인쇄기의 수동작업 등으로 인해 문서의 대량배포와 대중화는 근대 및 현대에 이르러서야 비로소 실현될 수 있었다. 현재는 문서시대라 해도 과언이 아닐 정도로 문서는 의사소통의 근간으로 자리를 잡고 있다.

그러나 잊지 말아야 할 것은 문서가 대중화되었다 하더라도 구전의 위력이 사라진 것이 아니라는 점이다. 현대에도 구전이 모든 의사소통의 기본이 된다는 것은 쉽게 확인될 수 있다. 글을 읽을 수 있는 현대인이라 하더라도 벙어리가 되고 귀가 멀어 소리를 듣지 못하게 되면 얼마나 불편하게 되는지는 능히 짐작하고도 남는다. 전화가 발명되고 나서부터 편지의 횟수가 줄어지는 모습이라든가, 음성을 들을 수 있고 장면을 볼 수 있는 라디오나 TV를 선호하는 경향을 쉽게 발견할 수 있다.

21세기의 문턱을 넘어 가면서 바라보는 새로운 시대는 지식산업시대이다. 새 시대의 지식은 논리(logic)와 형식(form) 보다 감성(sense)과 내용(contents)을 중시하게 되며, 이러한 시대의 도구로서 감성을 담을 수 있는 구전이 더욱 환영받게 될 것이다. 이제 보고 듣고 말하고 느낄 수 있도록 하는 멀티미디어(multi media)를 넘어서서 컴퓨터와 방송과

77) 세계 최초의 금속활자본은 1377년(고려 우왕3) 6월에 청주목의 밖에 있는 흥덕사에서 금속 활자로 인쇄한 것으로 『백운화상초록불조직지심체요절(白雲和尙抄錄佛組 直指心體要節)』이라는 책자이다. 현재 프랑스 국립 도서관(Bibliotheque nationale) 동양문헌실에 보관되어 있다. "1377년 인쇄된 세계 최고의 금속활자본" http://www.jikji.org/about/jikji/ (2000. 10. 6).

위성통신이 함께 결합되어 있고 상호간에 메시지를 주고받을 수 있는 하이퍼 미디어(hyper media)의 발달로 인해 오히려 구전이 위세를 더욱 떨칠 조짐을 보이고 있다. 즉 인터넷의 보편화로 동영상이 상호 교환되는 의사소통의 비약적인 발전을 보면서, 우리는 구전의 위세가 영상시대에 다시 활개 칠 것을 충분히 예견할 수 있다.

II. 구약성경과 구전

오늘날 우리 앞에는 문자로 기록된 성경이 놓여져 있다. 과연 문자만 분석하면 모든 성경의 의미가 확연하게 드러날까? 하나님의 말씀의 의미가 문자로 완벽하게 기록되었으며 또 그러한 의미가 문자로서 충분히 전달되었다고 보는가? 분명한 것은 하나님 말씀의 의미 전달 과정에는 문자와 더불어 입으로 말하는 구전이 함께 어우러져 있었다는 사실이다. 우선 예언자가 하나님의 말씀을 선포하는 모습을 보면 문자보다 구전이 보편화되어 있었음을 발견할 수 있다. 복음서도 마찬가지다. 언제 예수가 제자들과 따르는 사람들에게 문서로 의사소통을 하였던가? 글자로 의사소통한 경우는 극히 예외적인 경우뿐이었다. 당시 사회는 글자를 사용하기는 하였지만 극히 제한적으로 사용하였고 구전이 일반화되어 있었다. 엉(Walter J. Ong)은 말하기를 "성경 텍스트에서 구술적 경향은, 심지어 서신에서도, 압도적이다"라고 강조하였다.[78]

구약성경이 문서화되기 시작한 것은 고대부터이나 주로 주전 6-5세기

78) Walter J. Ong, *Orality and Literacy: The Technologizing of the Word* (New Accents; New York/London: Methuen, 1982) 75.

부근의 바벨론 포로 시대가 문서화의 전성기였다고 알려져 있다. 얼핏 생각하기에는 이 시대 이후부터는 성경은 문서의 시대이며 문서인 텍스트 안에 모든 것이 담겨 있고, 모든 의미를 텍스트 안에서 이끌어 내어야 할 것으로 생각되기 쉽다. 그러나 이러한 생각은 구전의 위력을 너무 가볍게 보는 시각에서 나온 착각으로 보인다.

앞에서도 지적하였듯이 구전이란 의사소통의 근본이며 그 어느 시대에도 구전의 위력을 무시할 수 있는 시대는 없었다. 특히 구약이 문서화된 시대는 지금으로부터 적어도 2500여 년 전의 고대의 세계이며 그 때의 상황은 구전의 전성시대라 해도 과언이 아닌 시대였다.

우선, 오늘날 우리가 볼 수 있는 구약의 형태가 오랜 세월 동안의 문서형성과정과 편집과정 그리고 전달과정에서의 수정 등이 있었음을 감안할 때, 구약 가운데 처음부터 문서로 작성된 경우는 극히 예외적인 경우였고 대부분이 구전으로 전해지면서 그 다음 단계로 문서가 작성되었다고 말할 수 있다. 구약의 구전에 관한 이러한 연구는 스칸디나비아 학파(Scandinavian School)에 의해 심도 깊게 연구된 바 있다.[79)]

그러나 여기서 한 가지 주의할 점은 "구전시대" 다음에 "문서시대"가 있다는 통시적 개념은 오해를 불러일으킬 수 있다는 점이다.[80)] 비록 문서로 기록되었다고는 하지만 그 문서는 현대인들의 문서 개념과는 다르다. 구전적 요소가 충만한 시대의 문서는 구전적 커뮤니케이션을 위한 문서인 것이다. 문서의 전달작업인 필사작업에서도 구전적 스타일

79) 스칸디나비아 학파로 불리우는 학자들은 H. S. Nyberg, Ivan Engnell, Eduard Nielsen 등이다. 이들의 저서 중 대표적인 저서는 Eduard Nielsen의 저서 *Oral Tradition: A Modern Problem in Old Testament Introduction* (London: SCM Press, 1954)이 있다.

80) Susan Niditch, *Oral World and Written Word*, 3-5.

로 작성하게 된다. 필사할 때는 큰 소리로 읽는 과정 속에서 다시 수정하는 과정을 겪기도 하였다.

구전이 문서로 기록될 때 거기에는 해체(deconstruction)가 일어난다. 구전으로 전하는 모든 것을 문자에 담는다는 것은 불가능한 일이다. 예언자가 청중에게 하나님이 말씀을 전할 때 거기에는 소리의 높낮이가 있고 소리의 강약이 있을 것이고 음성의 빠르고 느림이 있었다. 거기다가 예언자의 감정이 개입되었으며 예언자의 표정과 몸짓이 어우러져 있었을 것이다. 또한 청중의 눈빛과 얼굴 표정에 따라 예언자의 어조도 달라질 수 있었을 것이며, 또한 청중도 예언자의 다양한 어조와 태도 가운데서 자신의 행동을 조절하였을 것이다. 이러한 세세한 상황을 문자에 도저히 담을 수 없다. 문자로 표현하는 것에는 한계가 있다. 분명히 말하는 것과 글로 표현하는 것에는 차이가 있다. 엉(Walter J. Ong)은 말하기를 "문자로 기록된 문서는 말로 이야기할 때 보다 훨씬 더 잘못 이해될 수 있다"고 하였다.[81)]

구약이 문서로 기록된 시대의 상황은 현대의 상황과는 전혀 다르다. 구전적 문화 속에서 글이 기록되었던 것이다. 예를 들어 십계명은 "아쉐레트 하드바림" 즉 "10개의 단어들"이라 표현되어 있다(신 4:13). 사실 십계명은 10개 이상의 문장으로 되어 있는 계명으로 이러한 표현은 현대인들에게 혼란을 주고 있다. 그러나 이 글이 작성될 당시에는 이러한 표현이 하등 문제되지 않았다. 구전적 문화 속에서 "다바르"라는 단어는 아주 다양하게 사용되고 있었기 때문이다.[82)] 현대에서도 유사한 현상을

81) Werner H. Kelber, "Narrative as interpretation and interpretation of narrative: Hermeneutical reflections on the gospels," 117; Walter J. Ong, *The Presence of the Word. Some Prolegomena for Cultural and Religious History* (New Haven, CT and London: Yale University Press, 1967) 115.

발견할 수 있다. 즉 Yes라는 단어를 말로 표현할 때는 50가지 이상의 다른 의미를 전달할 수 있고, No라고 말할 때는 500여 가지가 있다고 한다.[83] 그러나 문자로 적을 때는 일률적으로 한가지로만 표현된다.

구약의 저자가 저술할 때 현대의 저자와 같이 수많은 참고서적을 쌓아놓고 저술하지는 않았다. 서적을 보고 정확히 인용하며 활용하기보다 기억을 더듬어 과거의 구전적 자료를 활용하였다. 그리고 간혹 "책"을 활용했다는 언급이 있는데 예를 들면 "여호와의 전쟁기"(민 21:14), "야살의 책"(수 10:13; 삼하 1:18), "계약/율법의 책"(왕하 22:8, 9, 10, 11, 13, 16; 23:2, 3 , 21, 24) 등을 활용했다고 나타난다. 그러나 이러한 자료들을 저자들은 활용했을지 몰라도 구약의 내용을 듣는 청중들은 볼 수 없는 자료였으며 구약에 그 내용이 정확히 나타나 있지 않다. 그리고 실제 저자들이 그 자료들을 보면서 활용했다기보다 구전에 의한 것을 활용했을 가능성도 높다. 한편 청중 편에서 보면 이러한 기초적 자료가 언급되어 있는 내용을 훨씬 더 권위 있게 받아들이는 경향이 있다. 따라서 콘라드(E. W. Conrad)는 주장하기를 실제 확인할 수 없는 이러한 자료들은 수사학적인 용도로 사용했을 가능성도 있기 때문에 이러한 자료들을 바탕으로 구약의 문헌사를 재구성한다는 것은 오류를 범할 수 있다고 지적하였다.[84]

저자가 어떤 글을 저술할 때는 언제나 독자가 누구인가를 상상하면서

---

82) Raymond F. Person, Jr. "The Ancient Israelite Scribe as Performer," *JBL* 117 (1998) 604.

83) Gilbert L. Bartholomew, "Feed my lambs: John 21:15-19 as oral gospel," Semeia 39(1987) 70.

84) Edgar W. Conrad, "Heard but not seen: The representation of 'Books' in the Old Testament," *JSOT* 54(1992) 59.

글을 쓰게 된다. 구약의 저자들은 그 글이 많은 사람들에게 눈으로 읽혀지며, 그것도 혼자서 조용히 책장을 넘기는 독자에 의해 읽혀지리라고는 상상할 수 없었다. 고대 세계는 책이 대중화된 시대가 아니었다. 오히려 그 글이 많은 사람들 앞에서 큰 소리로 낭독되며, 특히 예배 가운데서 낭독되리라는 것을 상상하면서 글을 기록하였던 것이다. 즉 구약의 저자는 귀로 듣는 청중들을 위해 그 글을 기록하였던 것이다.[85] 비덴그렌(Geo Widengren)은 다음과 같이 말하였다.

> 고대 셈 족 문화에서 구전전승과 문서전승을 과도히 대조하는 것은 잘못된 것이다. … 문서화한다는 것은 구전전승을 고정시키는 것이지만 이것은 큰 소리로 읽기 위한 것이었으며 외우기 위해서였다.[86]

구약의 예를 들어본다면, 요시야 시대에는 성전에서 발견된 문서를 서기관이 왕에게 읽어 주었으며 왕은 그 문서를 백성들에게 읽어 주었다(왕하 23장). 그리고 사무엘의 유명한 구절인 "순종이 제사보다 낫고 듣는 것이 수양의 기름보다 나으니"(삼상 15:22b)를 히브리어 성경(MT)에서 직역하면, "듣는 것이 제사보다 낫고 귀를 기울이는 것이 수양의 기름보다 낫다"로 번역할 수 있다. 왜냐하면 『개역』에서는 שְׁמֹעַ(*샤마아*) 를 '순종'이라 번역하였지만 이 단어의 기본 뜻은 '듣는 것'이다. 그리고 이 부분은 시(詩)로서 시의 평행법이 사용되었음을 알 수 있다. 동일한 의미를 다른 뜻으로 반복 표현하여 의미를 강화시키는 동의평행법이 사용되었으므로 이 부분은 '듣는 것'을 반복 강조하는 문장임을 알 수 있다.

---

85) Edgar W. Conrad, "Heard but not seen," 47.

86) Geo Widengren, "Oral Tradition and Written Literature," *Acta Orientalia* 23(1959) 212.

구약이 구전문화 속에서 기록되었다면 구약이 전달되는 과정에서도 역시 구전적 요소를 감안해야 한다. 본문비평에서 사본의 차이를 점검할 때 우리는 구전적 요소가 바로 그 원인인 경우가 있음을 염두에 두어야 한다. 사본을 필사하는 사람들은 원본 혹은 그 전의 사본을 낭독하는 것을 귀로 들으면서 필사하였고, 경우에 따라서는 필사자가 비슷한 단어로 대체하는 경우도 있었다. 필사자 역시 청중을 의식해서 필사한 것이지 혼자 조용히 읽는 독자를 염두에 두면서 필사한 것이 아니었다.

구전문화에서는, 혼자서 글을 읽는 사람이라도 소리 내어 글을 읽는 것이 보편화되어 있었다. 한국에서도, 얼마 전 까지만 해도 서당에서 글을 읽는 모습이라든가, 선비가 혼자서 사랑방에서 글을 읽을 때 낭랑한 목소리로 글을 읽는 모습은 일반적인 모습이었다. 구약에서는 (귀로) "들어라"라는 단어는 자주 나타나지만 (눈으로) "읽어라"라는 단어는 극히 드물게 나타난다. 구약을 소리 내어 읽는 모습은 초대교회 시대에 명확하게 나타나 있다. 즉 빌립이 이디오피아의 관원에게 다가갈 때 그 관원이 이사야를 "읽는 것을 들었다"(행 8:30)고 되어 있다. 이 광경은 바로 고대의 독서 습관을 보여 주는 광경이다. 혼자서 성경을 읽을 때도 소리 내어 읽는 것이 보편화되어 있었던 것이다.[87)]

복음서를 읽을 때도 마찬가지다. 예수의 감정과 태도도 읽어야 한다. 이를 위해서는 큰 소리로 낭독하는 것이 필요하다. 예수의 기쁨(요

---

87) 소리 내어서 읽는 독서 습관에 관해서는 다음의 논문들을 참조 바람. Paul Saenger, "Silent Reading: Its Impact on Late Medieval Script and Society," *Viator* 13(1982) 370; David E. Aune, "The Apocalypse of John and the Problem of Genre," *Semeia* 36(1986) 77; Thomas E. Boomershine, "Peter's Denial as Polemic or Confession: The Implications of Media Criticism for Biblical Hermeneutics," *Semeia* 39(1987) 47-68.

11:15; 15:11; 17:13), 울음, 실망, 마음의 움직임, 분노 등이 예수의 행동과 말 속에 들어 있다. 조용히 눈으로만 읽을 때는 이러한 감정을 세밀하게 느끼지 못할 때가 많다. 독서는 지성적이며 논리적인 면이 강하지만 소리로 그 내용을 들을 때는 감정까지 전달받을 수 있으며 감성적인 면을 느낄 수 있게 된다. 성경의 의미에는 이러한 감성적인 요소가 있으며 이러한 요소를 배제할 때 의미 자체가 훼손될 수 있다.[88]

시편의 경우를 예로 들어 보자. 원래 찬송가였던 시편은 소리는 간 곳 없고 가사만 남아 문자로 전해지고 있다. 따라서 시편의 진면목을 보려고 하면 그 가사에 음정과 리듬과 곡조를 덧붙여 소리를 낼 때 비로소 시편은 살아 움직이게 된다. 그것도 예배 가운데 시편이 울려 퍼질 때 시편은 생명력을 얻게 되는 것이다. 그리고 단순히 소리를 재생 한다기보다 시편을 재해석하여 새로운 소리를 창안해 내는 것이다. "여호와는 나의 목자시니 내게 부족함이 없으리로다…"라는 시편 23편을 혼자서 눈으로 읽을 때와, 예배 가운데 찬송가로 함께 찬양할 때 그 느낌과 감동은 크게 차이를 보인다.

이러한 현상은 한국의 판소리와 유사한 면이 있다. 판소리는 원래 소리꾼들에 의해 사제간에 구전으로 전해 내려왔다. 그러나 현대에 이르러 소수의 소위 명창들만 판소리를 전수할 뿐 다른 사람들은 판소리를 전수 받기 어려운 상황에 이르렀다. 이에 판소리를 문서화할 필요성이 생겨서 판소리는 문자로 기록되어 현재 전해내려 오고 있다. 그러나 판소리는 결코 문자 속에 갇혀있을 수 없는 '소리'가 있다. 따라서 판소리꾼은 공연을 할 때 문서에 있는 대로 정확히 전하기보다 판소리를

88) Gilbert L. Bartholomew, "Feed my lambs," 84.

재해석하여, 공연 현장의 상황이나 청중을 감안하면서 상당히 유연하게 판소리를 공연하여 청중의 공감을 불러일으킨다.

성경번역에 있어서도 청중을 위해 성경이 기록되었다는 점을 염두에 두어야 한다. 히브리어 문장이 짧고 간결한데 비해 번역본은 문장이 길고 여러 문장을 연결해 놓은 곳이 많다. 번역과정에서 구어체를 문어체로 바꾸어 버린 오류를 범한 셈이 된다.

『MT(히브리어 성경)』 시 148:1

할렐루야!
하늘에서 여호와를 찬양하라.
높은데서 그분을 찬양하라.

『개역』 시 148:1

할렐루야 하늘에서 여호와를 찬양하며 높은 데서 찬양할지어다.

성경이 고대에 이미 문서화되어 있었지만 대중적으로 보편화된 것은 종교개혁의 공헌이 크다. 종교개혁의 슬로건 가운데 하나는 *Sola Scriptura*(오직 성경)이며 이러한 개혁의 영향으로 성경은 자국어로 번역되었다. 인쇄술의 발달과 번역본의 영향으로 성경은 책으로 보급되었으며 개신교 교회의 경전으로 그리고 "하나님의 말씀"으로 절대적인 종교적 권위의 자리를 굳게 잡았다. 반면에 카톨릭에서는 교회의 전승과 경전을 공유하면서 전통적인 흐름을 유지하였다.

종교개혁은 구전보다 문서가 "하나님의 말씀"으로 더 우위를 차지할 수 있도록 강화시키는 역할을 하였으며, 그 여파는 성경해석학에도 강하게 작용하여 성경해석은 곧 문서(text)를 해석하는 것으로 인식되기에 이르렀다.

그러나 앞에서도 지적하였듯이 성경은 문서에 담을 수 없는 소리의 요소를 감안해야 한다. 성경을 해석할 때 예언자가 청중들에게 큰 소리로 하나님의 말씀을 전했다는 점을 중시하면서 수사학적 비평(Rhetorical Criticism) 방법을 사용하여 성경의 의미를 새롭게 조명하려는 노력이 진행되어 왔다. 그러나 이제는 한 걸음 더 나아가 성경이 소리를 듣는 청중을 위해 기록되었다는 점에 주목하면서 청중중심비평(Audience-Oriented Criticism)에 눈을 돌려야 할 때가 왔다. 아브람스(M. H. Abrams)는 말하기를 성경이 문서화된 시대는 청중에게 어떤 영향을 미치는 실제적(pragmatic) 요소가 압도하는 시대였다고 하였다.[89]

III. 청중중심비평(Audience-Oriented Criticism)

청중중심비평을 논하기 전에 먼저 독자반응비평(Reader Response Criticism)을 살펴볼 필요가 있다. 왜냐하면 둘 다 메시지의 수용자를 주목하는 비평방법이기 때문이다. 역사비평학이 저자를 주목하였다면 공시적인 해석방법을 취하는 문학비평은 텍스트에 주목하였다. 최근에 이르러서는, 독서과정 속에서 새로운 의미가 창출된다는 점을 발견하면서 독자에 주목하기 시작하였다. 쉽게 이야기하면, 북두칠성을 바라보

89) M. H. Abrams는 예술작품에는 다음과 같은 네 가지 요소가 있다고 하였다. (1) 우주를 모방하는 모방적(mimetic) 요소, (2) 청중에게 무슨 영향을 미친다는 실제적(pragmatic) 요소, (3) 예술가의 의도가 나타나는 표현적(expressive) 요소, (4) 다른 것들과 격리시켜 놓은 작품 자체를 분석하는 객관적(objective) 요소. M. H. Abrams, *The Mirror and the Lamp: Romantic Theory and the Critical Tradition* (New York: W. W. Norton, 1953) 8, 14, 21, 26.

는 두 사람이 있는데 한 사람(농부)은 그것을 쟁기로 보고 또 한 사람(굶주린 사람)은 그것을 국자로 보는 현상과 비슷하다.[90] 텍스트를 읽는 독자의 반응에 따라 상이한 의미가 나올 수 있다는 것이다.

독자반응비평은 "독자가 본문을 읽는 과정에서 무엇을 생산하고 창조하는가?"에 주목한다. 즉 관심의 추가 저자도 아니요 본문도 아니다. "읽는 과정"에 있는 것이다.

독자반응비평의 기본적인 도식은 체트만(S. Chatman)이 고안한 것으로 다음과 같다.[91]

〈표 1〉 체트만의 표

텍스트

실제저자→ | 내재된 저자 → (말할이) → (들을이)→ 내재된 독자 | → 실제독자

이러한 도표를 다노브(P. L. Danove)는 한 단계 더 발전시켰다. 다노브는 실제독자가 능동적으로 역할을 한다는 것을 주목하여 실제독자와 내재된 독자 사이를 쌍방향 화살표로 표시하였다.[92] 그리고 저자와 독

90) Wolfgang Iser, *The Implied Reader: Patterns of Communication in Prose Fiction from Bunyan to Beckett* (Baltimore: The Johns Hopkins University Press, 1974) 280.

91) Seynour Chatman, *Story and Discourse: Narrative Structure in Fiction and Film* (Ithaca, N. Y., and London: Cornell University Press, 1978)151; Robert Fowler, *Let the Reader Understand - Reader-Response Criticism and the Gospel of Mark*. (Minneapolis: Fortress Press, 1991) 31.

92) P. L. Danove, *The End of Mark's Story: A Methodological Study* (BIS, 3; Leiden: E. J. Brill, 1993) 64.

자는 동일한 해석공동체(interpretive community)에 소속되어 있다는 점도 첨가시켰다.[93]

〈표 2〉 다노브의 표

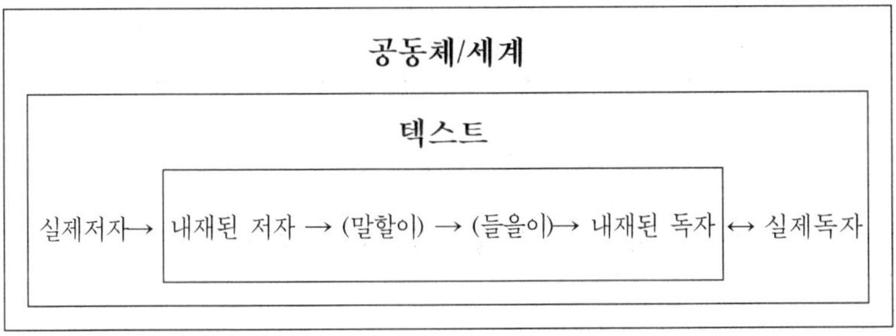

반 이젤(Bas M. F. van Iersel)은 한걸음 더 나아가 독자에 의해 생성되는 또 다른 텍스트의 의미를 표에 표시하였다.[94] 독자는 저자의 모든 것을 알 수 없다. 혹은 독자가 "틈새 메우기(gap filling)"을 통해 또 다른 의미를 확대시킬 수도 있다. 어떤 경우든 독자가 생산하는 의미는 저자의 의도하는 의미와 일치하기 힘든다. 특히 텍스트가 낭독되고 그것을 청중이 들을 때 생성되는 의미는 당연히 다를 수밖에 없다. 이젤은 새롭게 생성된 텍스트를 점으로 표시하였다.

---

93) 'interpretive community'라는 어휘는 S. Fish가 사용한 것으로 독서에 있어서 읽기전략이라든가 전제들을 공유하는 공동체를 가리킨다. 이러한 공동체에 소속되어 있음으로 인해 어느 정도 해석의 혼돈을 방지할 수 있게 되는 것이다. S. Fish, *Is There a Text in This Class? The Authority of Interpretive Communities* (Cambridge, MA: Harvard Ninversity Press, 1980).

94) Bas M. F. van Iersel, *Mark: A Reader-Response Commentary* (JSNTSS 164; Sheffield: Sheffield Academic Press, 1998) 19.

〈표 3〉 이젤의 표

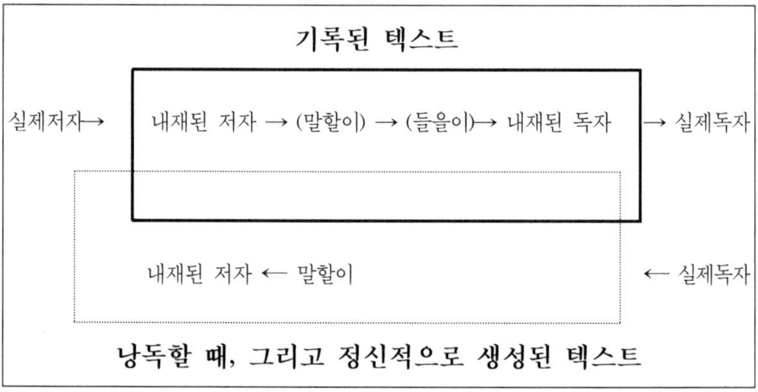

이젤은 주장하기를 독자는 실제저자에게는 영향을 줄 수 없지만 내재적 저자/해설자의 특징적 모습을 형성할 수 있고 그에게 어떤 것을 부여할 수도 있다고 하였다.[95] 그래서 표의 화살표 방향이 달라진 것이다. 그리고 실제로는 실선 부분과 점선 부분이 상당히 많이 겹쳐지는 것이 대부분이다.

여기서 주목할 것은 이젤이 낭독할 때 청중에 의해 생성되는 텍스트를 고려했다는 사실이다. 따라서 이 도표는 청중중심비평의 도표로 사용할 수도 있다. 청중중심비평도 텍스트가 아니라 텍스트에 접근하는 사람에 주목한다는 점에서는 독자반응비평과 유사하다. 다만 눈으로 텍스트를 읽는 독자가 아니라 귀로 텍스트 내용을 듣는 청중이라는 점이 다를 뿐이다. 따라서 청중중심비평은 일부분 독자반응비평의 기법을 활용하는 측면도 있을 수 있다.[96]

---

95) Bas M. F. van Iersel, *Mark: A Reader-Response Commentary*, 20.

96) 청중중심비평의 이론적 발전을 위해 노력하는 학자들은 우선 영어권에서는

술레이만(Susan R. Suleiman)은 주장하기를 청중중심비평의 접근방법으로서는 6가지 방법이 있는데 그들은 다음과 같다고 하였다. 1) 수사학적 방법, 2) 기호학과 구조주의(semiotic and structuralist)적 방법, 3) 현상학적 방법, 4) 주관적이며 심리분석학적 방법, 5) 사회학과 역사학적 방법, 6) 해석학적 방법. 다만 이러한 접근방법들이 독립되어 있는 것이 아니라 청중중심비평의 여러 다른 면을 조명해 주는 역할을 하며 서로 연결되어 있다는 사실을 감안할 필요가 있다.[97] 또한 청중중심비평은 독자반응비평과 이론적으로 공유하는 부분이 있으나 청중중심비평이 글자가 아니라 '소리'를 염두에 두고 있음을 주목해야 한다.

우선 수사학적 방법과 기호학과 구조주의적 방법은 서로 연관지어 논의할 필요가 있다. 이러한 방법들은 설득 기술이나 본문의 구조와 형태 등 전통적으로 본문중심에서 본문을 분석하는 기법을 활용한 것이다.[98] 즉 본문을 해독(decoding)하는 것이다.[99]

현상학(phenomenology)적 방법은 이제르(Wolfgang Iser)와 잉가르덴(Roman Ingarden)에 의해 주창되었다. 이제르는 다음과 같이 독서에 대해서 말하였다.

Jonathan Culler, Norman Holand, Stanley Fish, Wayne C. Booth, E. D. Hirsch, Jr., J. Hillis Miller, Walter J. Ong, Paul de Man 등이 있다. 프랑스와 독일에서는 Roland Barthes, Gerard Genette, Jacqes Derrida, Tzvetan Todorov, H. R. Jauss, Wolfgang Iser 등의 학자들이 있다.

97) Susan R. Suleiman, "Introduction: Varieties of Audience-Oriented Criticism," in Susan R. Suleiman and Inge Crosman ed. *The Reader in the Text: Essays on Audience and Interpretation* (Princeton: Princeton University Press, 1980) 6-7.

98) Susan R. Suleiman, "Introduction: Varieties of Audience-Oriented Criticism," 21-22.

99) Susan R. Suleiman, "Introduction: Varieties of Audience-Oriented Criticism," 8.

(독서)행위는 텍스트 이상이다. 왜냐하면 텍스트를 깨달았을 때 비로소 텍스트는 생명을 얻게 되기 때문이다. 한걸음 더 나아가서 그 깨달음은 독자의 개인적 기질과 결코 무관하지 않다는 사실이다… 텍스트와 독자가 합일점에 이르러서야 비로소 문학작품은 존재하게 되는 것이다.[100]

이제르는 모든 텍스트에는 불확정성이 있다고 했다. 즉 틈(gaps)이 있으며 독자는 창의적으로 그 틈을 메꾸는 활동을 한다는 것이다. 결국 텍스트는 독자에게 열려져 있으며 독자는 자유롭게 해석할 수 있게 되는 것이다.[101]

이제 청중중심비평의 구체적인 기법과 실제적인 특징에 대해 논하기로 한다. 청중중심비평을 할 때 주목해야 할 점들을 살펴보면 다음과 같다.

1. 시간적 경험(temporal experience)

책을 읽는 독자도 순차적(sequential)으로 페이지를 넘기면서 읽을 때는 시간적 경험을 한다. 즉 내용이 전개됨에 따라 새로운 경험을 하게 되고 그 매력에 사로잡혀 밤을 새우며 책을 읽기도 한다. 그런데 책의 경우에는 한 번 읽은 것을 다시 되돌아가 읽을 수도 있다. 때로는 독자가 책 전체를 읽고 다시 해당 본문을 볼 수도 있다. 그러나 누군가 낭독하는 내용을 듣는 청중의 경우에는 분명하게 시간적 경험을 하게 된다. 즉 낭독하는 내용을 순간순간 귀로 들을 수 있을 뿐 다시 되돌아가 앞의 내용을 들을 수는 없다.[102]

---

100) Wolfgang Iser, *The Implied Reader*, 274-275.

101) Wolfgang Iser, *The Implied Rreader*, 44.

특히 특정인물에 대해서 혹은 특정 주제에 대한 것이 시간적으로 순서대로 축적되어 나가게 된다. 요셉 이야기의 경우 요셉의 꿈을 꿈 자체로 일단 해석해야지 이집트 총리대신이 되었을 때의 정황을 바탕으로 처음부터 그 꿈들을 해석하는 것은 순서에 어긋난다. 물론 청중이라 하더라도 그 이야기를 여러 번 들을 경우 나중의 정황을 바탕으로 앞의 부분을 해석하는 경우도 있다. 그러나 그 이야기를 처음으로 듣는 청중이 받는 최초의 감명을 결코 무시해서는 안 된다는 것이다. 이 경우 청중중심비평은 텍스트를 고정된 것이 아니라 역동적으로 보고 비평한다. 따라서 청중중심비평은 역동적이며 청중중심비평을 사용하는 해석자는 텍스트의 소리가 순간순간 청중에 충격을 주는 것을 순차적으로 따라가게 된다. 무어(S. D. Moor)는 이러한 것을 '읽기 이야기'(sotry of reading)라 부른다.[103]

청중의 경우 순차적으로 내용을 순간순간 들을 수밖에 없는 제약이 있기 때문에 상당히 긴 이야기를 할 때는 여러 가지 기법을 동원해서 청중의 흥미와 관심을 이어가려는 노력을 하게 된다. 예를 들어 동일한 구절이나 문장 혹은 문단이 반복해서 나타나는 경우가 바로 이러한 경우다. 성경에는 필요 이상으로 같은 내용이 반복되어 나타나는데 예를 들어 아브라함이 이삭을 위한 배필을 구하기 위해 종을 보내는 이야기에는 동일한 내용이 반복되는 것을 볼 수 있다(창 24:12-14 =24:42-44).

또한 짧은 이야기라도 동일한 단어나 구질 혹은 문장을 반복함으로써

102) Gary Yamasaki, *John the Baptist in Life and Death: Audience-Oriented Criticism of Matthew's Narrative.* (JSNTsup. 167; Sheffield: Sheffield Academic Press, 1998) 40.

103) Stephen D. Moore, *Literary Criticism and the Gospels: The Theoretical Challenge* (New Haven: Yale University Press, 1989) 80-81.

말의 리듬을 만들고 듣는 사람의 상상력을 쉽게 활성화시킬 수 있다. 그리고 반복기법은 청중이 손쉽게 암기할 수 있도록 도와줄 수 있으며 핵심적인 의미와 무드를 강조하는 역할도 한다. 창세기 1장에는 매일 매일 창조되는 내용들이 일정한 패턴에 따라 기술되어 있다.

> 하나님이 가라사대… 라 하시매 그대로 되니라
> 하나님이 …라 칭하시니라.
> 저녁이 되며 아침이 되니 이는 …째 날이니라.

그리고 동일한 단어와 구절들이 반복되기도 한다. 즉 "보시기에 좋았더라(**וירא … כי־טוב**)"는 구절이 계속 반복되고 있으며 이 구절은 창조설화의 대표적인 반복구절로 자리매김 되어 있다(창 1:4, 10, 12, 18, 21, 25, 31). 그런데 이 특징적인 구절이 모세가 태어날 때도 나타난다(출 2:2). 창조설화의 특징적인 구절에 익숙해져 있는 청중이라면 이 구절을 듣는 순간 하나님의 새로운 창조 사건이 움트고 있구나 하는 것을 직감적으로 느낄 수 있는 것이다.

이외에도 순간적인 경험을 하는 청중이 손쉽게 암기하고 기억할 수 있도록 배려하는 다양한 기법들이 있다. 대표적인 것이 소위 "알파벳 문장"이다. **א**, **ב**, **ג**… 등으로 이어지는 것으로 소녀들을 위한 잠언인 잠언 31:10-31이 대표적이라 할 수 있다. 시편에는 이 기법이 자주 사용되고 있다(시 111:1-10; 112:1-10; 119:1-176).

또한 후렴같이 반복해서 사용하는 경우도 있다. 시편 136편에는 "그 인자하심이 영원함이로다"라는 구절이 처음부터 끝까지 26번이나 반복되면서 후렴으로 나타난다.

히브리 시에 특징적으로 나타나는 평행법(parallelism)이 또한 의미를 강화시키고 기억을 증진시키는 효과를 내고 있다. 평행법에는 동의적 평행법, 반의적 평행법, 종합적 평행법(synthetic parallelism), 교차대구적 평행법(chiastic parallelism), 계단적 평행법(staircase parallelism) 등이 중요한 평행법으로 사용되고 있다.

2. 이야기(story) 수준이 아니라 담화(discourse) 수준

파울러(R. M. Fowler)는 성경시대가 이야기의 구조와 전개되는 줄거리(plot)에 관심을 기울이는 시대가 아니라 감성적인 것이 포함되는 담화(discourse)에 관심을 기울이는 시대라 주장하였다.[104] 즉 무엇(what)이 아니라 어떻게(how) 청중에게 영향을 미치는가에 관심을 기울인 시대라는 것이다.

요셉 이야기에서 창세기 38장의 다말과 유다의 이야기는 왜 갑자기 나다나는가? 사실 다말의 이야기는 요셉의 전체 줄거리(plot)외는 이무 상관이 없다. 그러나 줄거리 밑에 흐르고 있는 담화 수준에서는 다말의 이야기가 요셉의 이야기에 큰 영향을 미치고 있음을 발견할 수 있다. 억울한 다말이 자신의 권리와 위상을 쟁취하는 모습 속에서 억울하게 노예로 팔려간 요셉이 나시 일어서는 모습을 예견할 수 있는 것이다. 다말은 바로 요셉의 전수자(前走者 forerunner) 역할을 하고 있는 것이다.

---

104) Robert M. Fowler, *Let the Reader Understand - Reader-Response Criticism and the Gospel of Mark*. Minneapolis: Fortress Press, 1991) 23. story와 discourse를 구분한 것은 S. Chatman을 따른 것이지만 그 뿌리는 A. J. Greimas의 기호학(semiotics)에 두고 있다. S. Chatman, *Story and Discourse: Narrative Structure in Fiction and Film* (Ithaca, NY: Cornell University Press, 1978); A. J. Greimas and J. Courtés, *Sémiotique: Dictionnaire raisonné de la théorie du langage* (paris: Hachette, 1979).

청중은 독자보다 감성적인 면과 직관적인 면에 훨씬 더 민감하다. 다말 이야기는 바로 청중에게 감성적으로 그리고 직관적으로 자극을 주는 부분이다.

유다 또한 요셉 이야기에서 독특한 부분으로 등장한다. 요셉을 죽이지 말고 살려서 노예상인에게 팔자고 제안하는 유다의 모습(창 37:26), 다말이 의롭다고 인정하는 유다(창 38장), 기근에서 살아남기 위해서는 베냐민과 함께 가야한다고 야곱을 설득하는 유다(창 43:3-5, 7-10), 자신이 베냐민 대신 노예가 되겠다고 나서면서 지난날을 반성하고 회개하는 유다(창 44:18-34)의 모습이 등장한다. 요셉 이야기에서 조연으로 등장하는 유다는 그 활약이 창세기 44장에 이르러서는 아주 극적인 결과를 이끌어 낸다. 바로 형들을 용서하는 요셉의 울음을 이끌어 내었다. 다말 앞에서 자신의 잘못을 인정하는 유다는 바로 요셉 앞에서 자신의 잘못을 인정하는 유다의 모습을 예견할 수 있게 하였으며 결국 요셉에게 극적인 영향을 미쳤다. 이야기 수준에서 보면 가끔 나타나기만 하는 유다의 모습은 그리 크게 부각되지 않고 있다. 그러나 담화 수준에서 보면 유다는 요셉 이야기에 큰 영향을 미치는 요소로 등장하고 있는 것을 발견할 수 있다. 독자는 유다를 놓치기 쉽지만, 청중은 담화 수준에서 유다의 이미지를 계속 간직하고 있는 것이다.

욥기는 대화로 가득 차 있다. 처음과 끝 부분에 이야기가 가미되어 있을 뿐 대부분은 희곡 대본의 모습으로 나타나 있다. 드라마는 눈으로 읽는 것이 아니다. 소리가 있고 표정과 동작이 무대 위에 나타나야 한다. 그리고 드라마를 해석하는 방법도 무대에서 공연하는 현장을 보고 듣는 사람들이 해석하게 마련이다. 욥기의 내용을 이야기의 흐름만으로 해석하려 든다면 실패작이 될 수밖에 없다. 드라마를 보고 듣는 사람들이 담화 수준에서 욥기를 해석해야 한다.

3. '무리'의 해석

혼자서 조용히 읽어 가는 독자의 경우 책에 대한 이해는 개인적일 수밖에 없다. 그러나 누군가 낭독을 하고 여러 사람이 함께 듣는 청중의 경우 그 이해와 느낌은 개인적인 범위를 벗어나서 공적이며 공동체적 이해와 느낌을 얻게 된다. 특히 예배 가운데 성경을 듣게 될 경우 청중의 공동체적 강도는 강해질 수밖에 없다.

성경이 처음부터 청중을 위해 기록되었다면 공동체적인 해석에 주목해야 한다. "들어라! 이스라엘아!"(신 6:4)로 시작되는 소위 '쉐마'는 결코 개인적인 이해에 그칠 수 없다. 또한 공동체를 향한 이러한 구체적인 지시어가 없는 부분이라 하더라도 공동체가 함께 공감하며 이해하는 면을 해석 과정에서 주목해야 한다. 시편의 경우 여러 사람이 함께 부르는 노래가 많으며 청중 역시 함께 찬양하도록 초청되고 있다.

> 할렐루야!
> 그 성소에서 하나님을 찬양하라
> 권능의 궁창에서 그분을 찬양하라 (시 149:1)

예언서에서도 청중의 공공적이며 공동체적 면이 있음을 발견할 수 있다. 우선 이사야 5:1-7에 나타난 구전적 요소를 점검해 보도록 하자. 글이 아니라 음성으로 서로 주고 받을 때 더 효과가 있는 단어들이 빈번히 등장하고 있으며 이 단어들은 청중의 관심을 계속 유지시키는 중요한 단어들이다. 히브리어 단어들인 "*나*"(1, 3절), "*아타*"(3, 5절), "*마*"

와 “*마두아*”(4절), “*로…웰로*”(6절), “*알…메*”(6절), “*키*”(7절) 등이다. 이사야 5:1-7에는 “포도원 노래”가 울려 퍼지고 있다. 그런데 이 노래의 특이한 점은 청중을 참여시키고 있으며, 청중이 대답하도록 요청하고 있다는 점이다. 그것도 공동체가 답변하기를 바라는 질문이다.

오 예루살렘 주민들이여, 유다 사람들이여,
이제 나와 내 포도원 사이를 판단해 주오.
나의 포도원을 위하여
내가 무엇을 더 해야 하는가?
내가 하지 않은 일이 있는가?
포도가 열리기를 내가 고대했는데
어찌하여 들포도가 열렸는고? (사 5:3-4)

눈으로 책을 읽는 것은 개인적인 작업이요 개인이 텍스트를 해석하게 된다. 반면 소리로 그 내용을 들을 때는 소리의 속성상 누구에게나 들려지며 “무리”가 그 내용을 해석하게 된다. 그래서 청자(聽者)보다 청중(聽衆)이라는 단어가 흔히 사용되는 것이다. 동일한 내용이라도 개인이 해석할 때와 무리가 함께 해석할 때는 분명히 다른 결과가 나올 수 있다. 어떤 내용을 함께 들을 때에는 서로 반응하는 얼굴 표정을 볼 수도 있고 반응하는 숨소리도 들을 수 있다. 듣는 사람들의 가슴에 부딪혀 나오는 소리가 서로 반향을 일으키며 큰 소리가 만들어지는 것이다. 동일한 내용이라도 소리로 전달되어 듣는 ‘무리’가 해석할 때는 강력한 감동을 일으킬 수 있다. 상승적인 전달효과를 기대할 수 있는 것이다. 특히 신앙 공동체가 함께 듣는 예배현장에서 전달되는 내용은 극적인 감동을 일으킬 수 있다. 고대 이스라엘의 예언자들도 이러한 힘을 알고 있었다. 그래서 그들은 개인에게 호소하기보다 '무리'에게 호소하는 경우가 많았다. 그러므로 성경의 메시지를 다시 살아나게 하는 방법은 개인이 조용히 혼자 책장을 넘기면서 읽는 방법보다 '무리'에게 그 내용을 낭독하는 방법이 효과적이다. 무엇보다 신앙공동체가 함께 듣는 예배현장에서 그 내용을 들려줄 때 하나님의 말씀은 가장 큰 생명력을 발휘하게 될 것이다.

4. 소리가 전달하는 의미

구약은 하나님의 음성이 울려 퍼지면서 시작하여(창세기 1장) 페르시아 왕 고레스의 말로 끝나고 있다(역대하 36:23). 구약에는 수많은 소리가 가득 차 있다. 터져 나오는 웃음과 비통한 울음, 기쁨에 겨워 환호하는 소리와 탄식하는 한숨소리, 보무당당하게 행진하는 군대의 소리와 함락 당하는 성의 아비규환, 해산하는 여인의 신음소리 등 수 많은 소리가 구약에 가득 차 있다. 이 소리들은 각각 특별한 의미를 전해준다. 여러 줄의 문장보다 단 한번의 소리가 혹은 동일한 소리의 반복이 강한 의미를 전달해 주는 경우도 있다.

1) 이사야 5:7

이사야 5장 7절에는 탄식의 소리가 울려 퍼지고 있다.

> 그가 공의(*미쉬파트* משפט)를 바랐더니 보라 폭행(*미쉬파흐* משפח)이요
> 그가 의로움(*츠다카* צדקה)을 바랐더니 보라 울부짖음(*츠아카* צעקה)이로다.

단어 자체도 비슷하지만 소리가 더욱 비슷한 단어를 연이어 배치시키면서 의미를 극명하게 대비시키는 모습이 돋보인다. 더욱이 풀어지는 소리를 뒤에 배치시켜 허탈한 심정을 잘 표현해 주고 있는 것이다. 이러한 기법은 탄식의 강도를 상승시키는 효과를 낼 수 있다.

2) 시편 82:1-8

시편 82편은 다섯 단락으로 나눌 수 있으며 그 구조는 교차대구적 구조를 이루고 있다(A-B-C-B'-A'). 이러한 구조는 의미상으로도 나타나고 소리로도 나타난다.

A(1절) - 회중의 음성 / 하나님의 일어서심
B(2-4절) - 하나님의 음성 / 신들에 대한 책망
C(5절) - 하나님의 음성 / 혼돈 묘사(하나님의 탄식)
B'(6-7절) - 하나님의 음성/ 신들에 대한 심판
A'(8절) - 회중의 음성 / 하나님의 일어서심

각 단락은 특징적인 소리로 구성되어 있다. 단락 A에는 "엘로힘, 엘, 엘로힘, (샤파트)" 등이 나타나면서 "엘" 발음이 반복된다. 신(神)들이 문제의 핵심임을 알려주는 소리인 것이다. 한편 대칭되는 단락인 A'의 경우 "쿰마, 쇼프타, 하아레츠, 아타" 등이 나타나면서 "아" 발음이 반복되는데 그 의미는 하나님을 "당신"으로 계속 부르는 것이다. 그리고 "엘로힘, 샤파트" 등의 단어가 각 단락에 공통으로 나타난다. 즉 하나님의 통치 문제가 거론되면서 결론에서 그 문제를 매듭짓는 것을 볼 수 있다. 즉 "하나님, 당신"이 통치하라는 의미이다.

단락 B와 B'는 하나님의 음성으로 잘못을 저지른 신들에 대한 책망과 심판의 음성이다. 두 단락 모두 모음 가운데 "우" 소리가 자주 반복되고 있다. 즉 신들을 지목하는 대명사 "너희들"을 반복하면서 신들을 책망하는 것이다.

단락 C는 구조상 중앙에 위치하며 하나님의 음성이다. 여기서도 "우" 소리가 반복되는데 그 의미는 삼인칭 복수인 "그들"을 뜻한다. 하나님은 잘못한 신들을 "그들"이라 부르면서 그들이 혼돈을 불러왔다고 탄식하는 독백의 음성이다.

요약하면 세단락 B, C, B' 모두 하나님의 음성이며 잘못한 신들을 가리키는 대명사 "우" 소리가 반복되는 공통점을 보여주고 있다. 엉(Walter J. Ong)은 구전적 문화에서 드럼소리처럼 반복되는 소리가 계속되는 현상이 있다고 지적하고 있다.[105] 즉 핵심적인 의미를 소리로 강조하면서 청중의 관심을 끌고 그들의 이해를 돕는 방법 중 하나로 볼 수 있다.

IV. 요 약

문서로 의사소통을 자유롭게 하는 현대인이라도 여전히 기본적인 의사소통 도구로 말을 활용하고 있다. 그리고 말의 힘이 압도적이라는 것도 알고 있다. 더구나 멀티미디어(multi media)를 넘어서서 컴퓨터와 방송과 위성통신이 함께 결합되어 있고 상호간에 메시지를 주고받을 수 있는 하이퍼미디어(hyper media)의 발달로 인해 오히려 소리와 말이

---

105) Walter J. Ong, *Interfaces of the Word: Studies in the Evolution of Consciousness and Culture* (Ithaca, NY: Cornell University Press, 1977) 92-120.

위세를 더욱 떨칠 조짐을 보이고 있다.

역사적으로 고찰해 볼 때 문자보다 말의 위력이 강하고 보편적이라는 사실을 염두에 두면서 성경에 눈을 돌려보면 아직도 우리 앞에는 소리가 들리지 않는 문서인 성경이 놓여있음을 발견하게 된다. 과연 문자만 분석하면 모든 성경의 의미가 확연하게 드러날까? 하나님의 말씀의 의미가 문자로 완벽하게 기록되었으며 또 그러한 의미가 문자로서 충분히 전달되었다고 보는가? 분명한 것은 하나님 말씀의 의미 전달 과정에는 문자와 더불어 입으로 말하는 구전이 함께 어우러져 있었다는 사실이다.

우선 구약의 저자는 구전적 문화 속에 살고 있었으며 저자는 눈으로 조용히 읽는 독자를 염두에 두고 글을 쓴 것이 아니라 낭독하는 것을 귀로 듣는 청중을 생각하면서 저술하였다. 따라서 청중의 입장에서 성경을 해석하는 청중중심비평의 방법론적 타당성의 근거를 발견할 수 있다.

그리고 말을 글로 옮길 때는 말의 풍성한 면이 사라지고 중요한 내용만 문자로 고정되는 해체 현상이 일어난다. 시편은 노래였으나 모든 소리는 사라지고 가사만 남아 전해지고 있다. 예언자의 다양한 음성은 사라지고 예언의 내용만 기호 속에 담겨 있다. 이러한 과정을 겪어 문서화된 성경은 종교개혁으로 더욱 인정을 받게 되었고 현대에는 책으로 된 성경이 곧 하나님 말씀으로 굳건히 자리 잡게 되었다.

이제 문서화 되면서 잃어버린 소리를 다시 찾아야 할 때가 왔다. 그리고 소리와 함께 살아나는 하나님 말씀의 생명력을 느낄 수 있도록 도와주는 구약해석 방법을 모색해야 한다. 이러한 필요성에 부응하는 적합한 해석방법으로 청중중심비평을 들 수 있다.

청중중심비평은 기본적으로 독자반응비평과 맥을 같이 하면서 부분적으로 공유하는 면이 있다. 예를 들면 두 방법 모두 틈새 메우기(gap filling), 해석공동체(interpretation community) 활용과 같은 방법을 활용한다. 중요한 것은 청중중심비평이 청중이 성경내용을 귀로 들으면서 새로운 의미를 생산해 내는 점에 주목하는 해석방법이라는 점이다.

청중중심비평의 구체적인 방법과 특징을 든다면 다음과 같다.

(1) 청중은 시간적 경험(temporal experience)을 한다. 성경 내용이 귀로 들려질 때 청중은 순간순간 순차적으로 그 내용에 의해 충격을 받고 새로운 경험을 하게 되며 청중중심비평은 이러한 청중의 경험을 추적하는 것이다. 이러한 청중을 돕기 위해 성경저자가 활용한 기법을 또한 주목할 필요가 있다. 즉 반복법, 평행법, 알파벳시 등 다양한 기법으로 청중의 가슴에 그 내용을 각인 시키려고 노력한 흔적을 청중중심비평은 주목하는 것이다.

(2) 청중(聽衆)은 "듣는 무리"이며 해석도 무리 지어하게 되는 특징이 있다. 물론 개인적인 해석도 가능하지만 청중일 경우 공공적이며 공동체적인 해석을 하는 특징을 보여준다. 특히 예배현장에서 성경을 들으며 청중은 극적인 감동을 경험하게 되는 현상을 청중중심비평은 중요시 여긴다.

(3) 청중중심비평은 소리가 전달하는 의미에 주목한다. 성경이 문자적 기호로만 구성되어 있는 것이 아니라 낭독을 위해 소리로 구성되어 있고 소리를 통해 의미를 전달할 수 있도록 저술되어 있다는 사실에 주목한다.

제3장 후각언어 중심의 성경해석

희생제사를 드리는 규정의 마지막 부분에 보면 "향기로운 냄새" 혹은 "기쁨의 향기"로 번역할 수 있는 *레아흐 니호아흐*(ריח ניחוח)라는 단어가 반복된다.[106] 즉 하나님께서 기뻐 받으시는 제사라는 의미의 구절이다. 사람이 하나님에게 드릴 수 있는 최고의 것을 후각언어로 표현하고 있다. 이러한 언어를 사용하게 된 배경에는 태워서 연기를 만들어 드리는 제사형식이 자리 잡고 있다. 따라서 희생제사를 주축으로 하는 예배행위가 있었고 희생제사와 관련된 신앙표현이 있었음을 감안할 때 성경의 신앙적 표현에는 후각언어가 핵심적으로 사용되었다는 것은 능히 짐작할 수 있다.

분명 후각을 자극하는 냄새는 불과 연기와 관련이 있다. 불과 연기는 시각적인 이미지이지만 불타는 현장에는 다양한 냄새가 사방에 퍼지며 연기도 냄새를 동반한다(단 3:27). 따라서 하나님을 불이라고 이야기할

106) 이 구절은 구약에 43회 나타나며 창세기 8:21 외에는 모두 P문서에 나타난다. 자주 등장하는 부분들은 번제, 화목제, 소제, 전제 등의 문맥이다(레 1:9, 13, 17; 2:2, 9, 12; 3:5; 6:15, 21; 23:13, 18). 단 정화제사(속죄제)의 경우에는 한번만 나타난다(레 4:31).

때, 그리고 불기둥과 구름기둥이라 혹은 불수레와 불말을 이야기할 때 후각적인 요소가 동반되고 있다는 사실을 염두에 두어야 한다.[107] 신명기에는 하나님을 불이라고 이야기하고 있다. "네 하나님 야훼는 삼키는 불이시며 질투하는 하나님이시다"(신 4:24).

이러한 상황을 살펴볼 때 제사와 관련된 성경 본문을 해석할 경우 후각언어를 주목하여 분석하는 것은 당연한 일일 것이다. 그리고 성경의 여러 부분에서 후각언어가 중요한 언어로 나타나고 있는 것을 볼 수 있다. 그러나 아직 고대에 활용된 후각언어에 대한 연구는 일천하고 더구나 후각언어를 중심하여 성경본문을 해석하는 예는 희귀한 실정이다. 오히려 성경번역에 있어서 후각언어를 축소 내지 도외시하려는 경향마저 일어나고 있다.

본 장의 목적은 구약에 나타난 후각언어를 분석하고 후각언어가 성경해석의 중요한 단서임을 확인하려는 것이다. 이러한 논의는 성경을 감각적으로 느낄 수 있도록 해석하고 설교하는 방면에도 기여할 수 있으며, 장래 가상현실 기법을 도입하여 성경을 제작하는 소위 가상성경(Virtual Bible) 프로젝터를 위한 준비 작업으로도 크게 공헌할 수 있을 것이다.

I. 후각언어를 도외시하려는 경향

아프리카 성경학자 Modupe Oduyoye는 그의 창세기 주석에서 창세기 3장 19절을 다음과 같이 번역하였다. "네 코에 땀이 흘러야 네가 음식을

107) 불은 신적인 현현의 일반적인 모습이다(출 3:2; 13:21; 19:18). 엘리야가 승천할 때 회리바람을 타고 승천하였으며 이 때 나타난 불수레와 불말은 하나님 현현의 상징으로 볼 수 있다(왕하 2:11).

먹을 것이다(With the sweat of your nose you will eat food)".[108] 그러나 대부분 영어 번역판과 한글 번역판은 '코'(אף, 아프)를 '얼굴'로 번역하고 있다. 물론 אף를 '얼굴'로도 번역할 수는 있지만 이 단어의 기본적인 의미가 '코'이며 코를 강조하려는 저자의 의도를 드러낼 필요가 있는 것이다. 현대의 성경 번역본이 후각언어를 도외시하는 경향이 있음을 엿볼 수 있는 부분이다.

아모스 5장 21절을 『개역』에서는 "(내가) 성회(聖會)들을 기뻐하지 아니하나니"로 번역하고 있다. 이 부분을 MT에서 직역한다면 "(내가) 성회들을 냄새 맡지 않을 것이다"로 번역할 수 있다. 여기에 나타나는 단어 ריח(리아흐)의 기본적인 뜻은 "냄새맡다"이기 때문이다. 물론 "기뻐하지 아니한다"로 의미는 통할 수도 있지만 표현에 있어서 후각언어를 사용하고 있다는 것을 놓치는 것은 큰 손실이 아닐 수 없다.

사사기 16장 9절을 『개역』에서는 "불탄 삼실을 끊음같이 하였고"로 번역하고 있다. 이 구절에도 역시 ריח(리아흐)라는 단어가 나타나며 MT를 직역하면 "불 냄새를 맡은 삼실을 끊음같이 하였고"로 번역할 수 있다. "삼실이 불 냄새를 맡는다"는 표현은 삼실이 불에 타거나 불에 그을렸다는 뜻으로 이해할 수 있지만 후각언어를 사용하여 표현하고 있다는 점은 주목할 필요가 있다. 사무엘상 26장 9절에도 ריח(리아흐)가 나타난다. 즉 직역하면 "(그가) 제물을 냄새맡다"로 번역할 수 있지만 『개역』에서는 "(그가) 제물을 받다"로 번역하여 후각언어적 표현을 피하고 있다.

이사야 11장 3절의 번역사와 해석사를 살펴보면 근대와 현대에 이르

108) Modupe Oduyoye, *The Sons of God and the Daughters of Men: An Afro-Asiatic Interpretation of Genesis 1-11* (Maryknoll: Orbis Books, 1984) 14.

러 후각언어를 도외시하는 경향이 특별히 나타나고 있다는 점을 발견할 수 있다. 히브리어 성경(MT)을 보면 이 절에 ריח(냄새맡다)가 들어있다.

והריחו ביראת יהוה
ולא־למראה עיניו ישפט
ולא־למשמע אזניו יוכיח

그가 야훼를 경외하는 가운데 냄새를 맡을 것이다(And he shall *smell {him}* in the fear of YHWH). 그는 눈에 보이는 대로 재판하지 않으며, 귀에 들리는 대로 판결하지 않는다.

그러나 현대의 번역본에는 다음과 같이 번역되어 있다.

And his *delight* shall be in the fear of the Lord. He shall not judge by what his eyes see, or decide by what his ears hear.(NRSV)

그가 여호와를 경외함으로 즐거움을 삼을 것이며 그 눈에 보이는 대로 심판치 아니하며 귀에 들리는 대로 판단치 아니하며 (개역)

3절은 분명히 후각과 청각과 시각을 비교하면서 시각과 청각에 의존하지 않고 후각에 의해 진실되게 그의 판단력을 행사하고 있음을 강조하는 내용이다. 6세기의 바벨론 탈무드에는 이사야 11장 3절을 인용하는 구절이 나타나는데 거기에는 "그가 사람을 냄새맡아 심판한다"로 기록되어 있다.[109] 11세기 랍비 이븐 에즈라(Ibn Ezra)도 히브리어 ריח(냄

109) J. Neusner trans., *The Talmud of Babylonia: An American Translation* (Chico: Scholars

새 맡다)를 문자 그대로 이해하며 후각언어를 사용하였다.[110] 즉 중세까지도 이 절의 후각언어를 문자 그대로 번역하는 것이 일반적인 경향이었다. 심지어 종교개혁가 칼빈(John Cavin) 까지도 그의 이사야 주석서에서 후각언어를 강조하였다.[111]

그러나 현대에 이르러 후각언어에 대한 언급은 사라지고 심지어 번역할 때 후각언어를 삭제해 버리는 경우도 생겨났다. RSV에서는 delight로 번역하여 3a절의 의미를 변경하였지만NEB에서는 3a절을 완전히 삭제해 버렸다. "He shall not judge by what he sees, nor decide by what he hears"(NEB).

이사야 11장 3절 구절의 MT와 현대 번역본을 비교하면 분명 의미의 차이를 발견할 수 있다. 즉 MT에서는 다른 감각보다 후각 감각이 더 진실되고 정확하다는 의미가 나타나지만 현대 번역본에서는 야훼를 경외한다는 자체가 즐거움이라는 의미로 나타나는 것이다.

성경 시대에는 후각언어를 많이 사용하였고 히브리어 성경에도 이러한 언어를 사용하였지만 현대인들은 의역의 방법을 활용하여 의도적으로 후각언어적 표현을 제외시키려고 하고 있다. 이러한 번역형태가 나타난 배후에는 예배의 형식이 희생제사에서 언어중심의 예배로 변모된 상황이 있고, 후각언어적 표현을 약화시키려는 사회 전반적인 분위기가 자리잡고 있다. 그러나 이제 새로운 시대 즉 감각언어가 중요시되고 실제로 오감을 통해 감각을 느낄 수 있는 시대가 오고 있다. 이 새로운

PRess, 1985) 110-11, *Sanhedrin* 93b.

110) M. Friedänder (ed. and trans), *Ibn Ezra on Isaiah* (Spring Valley, NY: Philipp Feldheim, 1873), 60. Ian D. Ritchie, "The Nose Knows: Bodily Knowing in Isaiah 11.3," *JSOT* 87(2000) 68 재인용.

111) John Calvin, *Isaiah Commentary* (Edinburgh: Calvin Translation Society, 1850) 376.

시대에는 감각언어가 다시 강조되고 있으며 성경에서도 감각언어 특히 후각언어를 다시 주목하여 찾아낼 필요가 있다.

II. 중요한 후각 언어들

1. *리(레)아흐*(ריח)

이 단어의 동사형 리아흐는 "냄새맡다"의 뜻이며 다음과 같은 본문에 나타난다. 욥 39:25; 삼상 26:19; 창 8:21; 27:27; 레 26:31; 시 115:6; 신 4:28; 출 30:38; 삿 16:9; 사 11:3; 암 5:21. 또한 이 단어의 명사형 레아흐는 '냄새'라는 뜻으로 다음과 같은 본문에 나타난다. 아 1:12, 13; 2:2; 4:11; 7:9, 14; 창 8:21; 27:27; 출 5:21; 29: 18, 25, 41; 렘 48:11; 겔 6:13; 16:19; 20:28, 41; 욥 14:9. 그리고 명사형 레아흐는 레위기 1장 9절을 비롯하여 레위기에 16번이나 나타나며, 민수기에는 15장 3절을 비롯하여 17번이나 이 단어가 사용되었다.

2. *루아흐*(רוח)

루아흐의 기본 뜻은 '바람(wind)'이며 '영(spirit)' 혹은 '숨결(breath)'로도 번역된다. '숨결'은 입을 통한 숨결과 코를 통한 숨결로 나누어 볼 수 있다. 중요한 것은 숨결이 생명과 관련되어 있다는 사실이다. 창 6:17; 7:15, 22; 겔 37:5. 또한 코를 통한 소위 '콧김'은 분노와 관련이 있다. 이 가운데 하나님의 분노를 나타내는 구절은 다음과 같다. 욥 4:9; 출 15:8; 삼하 22:16; 시 18:16; 사 30:28; 59:19. 그리고 사람의 분노를 표현한 대목은 이사야 25장 4절에 나타난다.

3. 아프(אנף, אף)

'코(אף)'는 '분노하다(אנף)'는 단어의 명사형으로 연결되어 있다. 따라서 אף의 뜻에도 '분노'의 의미가 들어 있다. אף의 기본적인 의미를 분류해 본다면 숨쉬는 기관으로서의 코를 가리킬 때도 있고, '얼굴'의 대표로서 이 단어를 사용할 때도 있다.[112] 그리고 분노를 나타낼 때가 있다. 창 27:45; 49:6, 7; 출 4:14 등.[113]

코의 후각 기능이 상실하였을 때 그것은 죽음을 의미하는 것이다. 우상을 조롱할 때 코가 있으나 냄새를 맡지 못한다고 조롱하는 경우가 있다(시 115:6). 또한 코에 갈고리를 꿰어 끌고 가는 것은 자유를 빼앗기고 포로로 끌려가는 것을 가리키며(욥 41:2; 사 37:29), 코에 막대기를 대는 행위에는 국제적으로 조약을 체결한다는 의미가 들어 있다(겔 8:17).[114]

112) '얼굴'을 가리키는 경우는 구약에 22회 나타난다.

113) '분노(anger)'를 가리키는 경우는 구약에 172회 나타나며, 심판으로서의 '진노(wrath)'를 표현하는 경우는 42회 나타난다. Ian D. Ritchie, "The Nose Knows: Bodily Knowing in Isaiah 11.3," 61, 각주 3번.

114) A. Parrot, *Archeologie mesopotamienne: les stapes* (Paris: A. Michel, 1946) 238; A. Parrot and J. Nougayrol, "Asrhaddon et Naqi'a sur un Bronze du Louvre (AO 20. 185)," *Syria* 33(1956) 147-160; S. Parpola and K. Watanaabe eds., *Neo-Assyrian Treaties and Loyalty Oaths* (Helsinki: Helsinki University Press, 1988) 16; H. W. F. Saggs, "The Branch to the Nose," *JTS* 11(1960) 318-329; M. Gruber, "Akkadian *laban appi* in the Light of Art and Literature," *JANES* 7(1975) 73-83.

4. *베(보)셈*(בשׂם)

'향기' 혹은 '냄새'로 번역되는 베셈 혹은 보셈은 다음과 같은 특징을 보여주고 있다. 보셈은 부유함의 상징이며 보물 가운데 속한다(왕하 20:13=사 39:2). 즉 솔로몬의 부유함을 나타낼 때 그리고 솔로몬 왕에게 바치는 스바 여왕의 선물도 보셈으로 나타난다(왕상 10:2, 10, 25 = 대하 9:1, 9, 24). 보셈은 예물이며(출 25:6), "(성별하는) 향유"(출 30:23)를 가리킬 때도 사용된다. 그리고 당연히 값비싼 무역상품으로도 등장한다(겔 27:22). 이 외에 이 단어가 나타나는 중요한 본문은 다음과 같다. 출 35:8, 28; 대상 9:29; 대하 16:14; 32:27; 사 3:24; 아 4:10, 14, 16.

5. *키테르*(קטר) *크토레트*(קטרת)

동사의 피엘형 즉 *키테르*는 "분향하다" 혹은 "(희생제물을) 태워 냄새를 내게 하다"는 뜻을 나타낸다. 왕상 22:44; 23:5, 8; 14:4; 15:4, 35; 16:4; 왕하 17:11; 23:5, 8; 대하 28:4 등. 그리고 히필형 즉 *히크티르*는 레위기와 출애굽기, 민수기 등 야훼 제사에서 희생제물을 태우는 것을 표현하는 데 자주 사용된다. 레 1:9, 13, 15, 17; 2:11, 16; 3:11; 4:10, 19, 26, 31, 35; 6:5; 8:16, 20; 9:13; 출 29:13, 18, 25; 30:7, 20; 40:27; 민 17:5; 18:17.

명사형 *크토레트*(קטרת)는 향품 혹은 향기를 가리키며 중요한 구절들은 다음과 같다. 출 25:6; 30:7; 31:11; 40:27; 레16:13; 민 16:35; 17:12 등. 희생제물의 향기 혹은 연기를 가리키는 구절들 가운데 중요한 구절들은 다음과 같다. 출 30:1; 시 141:2; 66:15; 사 1:13; 겔 16:18; 23:41 등. 민수기 7장 14-86 부분에는 13회 이 단어가 나타나는데 반복된 동일한 구절에서 나타난다. "십 세겔 중 금숟가락 하나라. 그것에는 **향**을 채웠고".

아브라함의 후처는 그두라였다(창 25:1). 그런데 이 단어는 קטורה로서 קטר에서 파생된 단어이다. 후처 거두라에서 태어난 아들들의 이름을 보면 아라비아 지역의 명칭이 나타나며 거두라는 향료 생산지와 관련이 있는 것을 발견할 수 있다(창 25:2-4). 따라서 그의 이름이 향품 혹은 분향하는 것과 관련이 있음을 알 수 있다.

III. 신(神)과의 커뮤니케이션 도구

전통적으로 여러 종교에서 향료를 사용하여 독특한 분위기를 만들고 있으며, 종교의식에 향기를 활용하는 경우가 빈번하다. 향기를 활용하여 숭배하는 신과의 연결하려는 의도가 있음을 짐작할 수 있다. 장례식에 향품이 많이 활용되고 있는 것은 시신의 악취를 상쇄시키려는 의도도 있지만 궁극적인 용도는 죽은 자와의 교통을 향기로 표현하고자 하는 데 있다. 인간의 현실 차원을 넘어 선 사후세계와의 교통에 향기가 활용되고 있는 것이다.

1. 신과 연결할 수 있는 도구로서의 향기

1) 고대 중동 지역

고대 이집트에서는 분향함으로 하늘의 신이 신전 안으로 들어오며 신상 안으로 들어가게 된다고 믿었다. 그리고 고대 메소포타미아에서는 분향함으로 마르둑이 용서를 하고, 분향의 연기가 아수르바니팔의 기도를 신에게 상달케 만든다고 믿었다.[115] 즉 신이 향을 흡입하는 것으로

115) Kjeld Nielson, "Incense," in D. N. Freedman ed., *The Anchor Bible Dictionary* 3,

믿었으며 향은 신을 기쁘게 하는 것으로 믿었다. 신년축제 같은 경우 신들을 환영하는 용도로 분향이 이루어졌다. 또한 분향은 정화를 위해서도 사용되었다.[116)]

사후세계(死後世界)를 중요시 여기는 고대 이집트에서는 향료가 죽은 자를 보존하고 수명을 연장하며 죽은 자가 여행하는데 도움이 된다고 믿었다. 이집트에서는 시체를 미이라로 만들어 보존하는 관습이 있었다. 이 때 부패하는 인간의 몸을 부패하지 않는 신적인 몸으로 변화시킨다는 종교적 목적으로 향료를 사용하였던 것이다.

향기는 신을 기쁘게 할 뿐만 아니라 악한 영으로부터 사람들을 보호할 수 있는 능력이 있다고 믿기도 하였다. 향기가 신과의 연결을 가능하게 한다는 종교적 믿음에서 고대 앗시리아-바벨론에서는 향의 연기가 움직이는 모습을 보고 점을 치는 libanomancy가 성행하기도 하였다.[117)]

이러한 예들을 종합해 본다면 향기는 지상세계를 초월하여 천상의 세계를 연결할 수 있는 도구이며 신과의 만남을 가능하게 만드는 도구로서 활용된 것을 알 수 있다.

2) 팔레스타인 지역의 분향

팔레스타인 지역에서 많은 분향단이 고고학 발굴로 출토되었다. 분향단이 많다는 것은 종교생활에 있어서 향기가 차지하는 위치가 아주 중요했다는 것을 알 수 있으며 보편으로 향기가 사용되었다는 것을 알 수 있다. 그러나 성경에서 묘사된 공식종교인 야훼종교의 것이었는지

(New York: Doubleday, 1992) 404-9. (이하 *ABD*로 표기함)

116) LAR 2:385-86, Kjeld Nielson, "Incense," 404-9 재인용.

117) Kjeld Nielson, "Incense," 406.

민간종교의 것이었는지는 불분명하다. 아마도 공식종교에서든 민간종교에서든 분향은 널리 행해졌을 것이라 짐작된다.

분향이 보편적으로 그리고 간단하게 활용될 수 있었기 때문에 성경에서는 분향에 대해서 경고하고 조심스럽게 활용하도록 가르치는 내용이 나타난다. 이러한 기록들은 야훼 종교에서 용인하지 않는 민간종교의 분향 관습이 있었다는 증거이기도 하다. 예를 들어 대제사장인 아론의 아들이며 제사장인 두 아들은 분향할 때 "다른 불"을 사용하다가 죽임을 당하였다(레 10:1-2). 또한 고라자손도 분향 때문에 죽임당한 기록이 있다(민 16:1-35). 한편 민간종교의 분향관습이 야훼종교에서 활용되는 경우도 있었다. 민수기 16장에 보면(16:46-48) 역병으로 사람들이 죽어갈 때 죽은 자와 산 자 사이에 향을 피워 하나님을 기쁘시게 하고 사람을 보호하는 모습이 나타난다. 오경에는 이러한 분향관습에 대한 특별한 규정이 기록되어 있지 않다.

2. 야훼 종교에서의 분향

하나님이 희생제사를 기쁘게 받는다는 것은 후각언어로 표현되어 있다. 예를 들어 번제를 드리는 규정 마지막에는 다음과 같이 표현되어 있다. "… 그 모든 것을 연기로 만들어 번제로 드리니 이는 음식예물이며 야훼께 기쁨을 드리는 향기이다(ריח ניחוח ליהוה)"(레 1:9).[118] 번제는 동물을 제단위에서 태워 드리는 것이며 소제는 곡식을 태워 드리는 것이다. 이러한 경우 사실 그 냄새가 '향기'라고 보기에는 무리가 있다.

---

118) *레아흐 니호아흐*(ריח ניחוח) 즉 "기쁨의 향기"라는 구절은 번제, 화목제, 소제, 전제 등에는 자주 나타나는 구절이지만 배상제사(속건제)에는 전혀 나타나지 않고 정화제사(속죄제)에는 한번 나타날 뿐이다(레 4:31).

단순한 연기 냄새일 뿐이다. 그러나 제사 드리는 사람들의 종교적 열정과 정성이 담겨 있기에, 즉 "귀중하고 정성스러운 제사"이기에 이렇게 향기롭다고 아름다운 단어로 표현하는 것이다.[119] 시편에는 번제를 표현할 때 "수양의 향기와 함께 살진 것으로 주께 번제를 드리며…"(시 66:15)라고 번제를 향기로 표현하고 있다. 그리고 그 제사를 받는 하나님의 기쁨을 "향기를 맡는 하나님"의 모습으로 표현하는 것이다.

이러한 표현 배경에는 향료를 태워 제사드리는 "분향(Incense Offering)"의 제사형태가 자리잡고 있다. 즉 "분향"이 최고의 제사로서 자리잡고 있기에 다른 제사도 후각언어로 표현하고 있는 것이다. "분향"이 최고의 제사가 될 수 있는 것은 향기로운 냄새라는 요인과 더불어 향료가 아주 비싼 물품이라는 요인이 있기 때문이다. 느부갓네살 왕이 다니엘에게 절하고 예물을 전할 때 향품을 전하였다(단 2:46). 히스기야가 바벨론 사자들에게 자신의 부유함을 자랑하기 위해 궁중의 창고를 열어 보였는데 거기에는 향품이 금은과 보배로운 기름과 더불어 보물로 취급되고 있었다(왕하 20:13=사 39:2). 또한 솔로몬 왕을 방문한 스바의 여왕은 왕에게 드릴 귀한 예물로 향품을 가져왔다(왕상 10:2, 10). 예수 탄생 설화에 동방의 박사들이 왕에게 드리는 예를 갖추고 최고의 선물로서 "황금과 유향(frnakincense)과 몰약(myrrh)"을 아기 예수에게 드렸다.

향료는 이스라엘에서 생산되는 것이 아니라 외국에서 생산되며 수입품이다. 향료는 주로 아라비아 남부와 소말리아 북부에서 자라는 나무에서 얻을 수 있는 것으로 고급 무역품목 중 하나이다(사 60:6; 아 3:6; 4:6; 겔 27:22).[120] 또한 향료를 제조하는 사람들도 경제적인 부를 누릴

119) 에베소서에는 "향기로운 제물"이라는 용어를 사용하고 있다(엡 5:2).

120) W. W. Müller, "Frankincense" *ABD* 2, 854

수 있었다. 궁중에서는 향료를 만드는 여인들의 직책이 별도로 있었고(삼상 8:13), 향품을 제조하는 제조업자도 있었다. 향품 제조업자는 당시 성벽을 건축할 수 있을 정도로 재정적 능력을 갖춘 유력한 인물로 묘사되어 있다(느 3:8).

분향이 최고의 제사로 자리잡고 제사장만 드릴 수 있는 제사로 제도화되는 현상의 배경에는 제사장의 향품 독점권이라는 경제적 요인이 또한 들어있다.[121] 즉 향품은 성전에서 보관되고 향품을 구입하려면 성전에서 구입해야 한다는 것이다. 원래는 평신도도 분향할 수 있었는데 후대에 와서 제사장만 분향할 수 있다는 것으로 규정화되어 버린 것이다. 특히 제2성전 시대에는 이러한 특권이 기정사실화되어 있는 것을 발견할 수 있다.

민수기 16장에는 레위인인 고라 자손이 제사장인 아론에 대항하여 반란을 일으켰다. 이 사건의 결말을 보면 고라 자손은 벌을 받았고 형벌의 핵심에는 분향권을 박탈당하는 것이 들어 있다. 제2성전 시대에 이르면 분향은 제사장만 할 수 있고 레위인과 평민들은 분향할 수 없는 모습을 발견할 수 있다.

제사장인 나답과 아비후가 분향할 때 "다른 불"을 사용하다가 회막 내에서 죽임을 당하였다. 물론 나답과 아비후가 술에 취했다든가 혹은 다른 이유로 실수한 것을 지적할 수 있지만 결과적으로 볼 때 이 사건은 제사장 계열 내부의 갈등이 표출된 것으로도 볼 수 있다.[122] 동시에 누가 향로를 들고 성전에 들어갈 수 있는지의 위상이 정리되는 본문이

121) Paul Heger, *The Development of Incense Cult in Israel* (BZAW 245; Berlin. New York: Walter de Gruyter, 1997) 222.

122) Paul Heger, *The Development of Incense Cult in Israel*, 230.

기도 하다. 레위기에서도 나타나듯이 향로를 들고 지성소에 들어갈 수 있는 사람은 대제사장뿐이다. 대제사장에게는 하나님을 만날 수 있는 특권이 주어진 것이다. 다른 제사장들은 분향단에서 분향할 수 있지만(눅 1:10) 향로를 들고 들어갈 수는 없었다.

분향단은 야훼 성전의 성소에, 정확히 말하면 지성소 휘장 앞에 마련되어 있으며 제사장은 아침 저녁으로 분향하였다(출 30:7-8). 분향단의 위치는 앗시리아-바벨론에서도 신상과 제사장 사이에 위치하는 것과 같이 회막이나 성전에서도 하나님이 나타나는 지성소와 제사장 사이에 분향단이 위치해 있다. 분향단은 성전에서도 "지극히 거룩한 것"(출 30:10)으로 구별되며 제사장만 분향할 수 있도록 규정되어 있다.

분향하는 광경은 대속죄일 제사에서 구체적으로 나타난다. 이 때는 대제사장인 아론이 향로를 들고 들어간다(레 16:12). 왜냐하면 피어오르는 향연기가 하나님과 대면한 대제사장이 죽지 않도록 보호하는 역할을 하기 때문이다. 다르게 본다면 향연기 너머로 하나님이 나타나신다고 볼 수 있다(레 16:13).

향의 연기는 기도를 하나님에게 전달하는 역할을 한다. 또한 분향은 하나님의 은혜를 받는 방법으로 가장 효과적인 제사로 알려져 있다.[123) 세례요한의 출생을 예언할 때도 분향하는 그 때였다.

3. 성별하는 향유

향료와 기름을 섞어 만든 향유는 거룩한 것으로 야훼 회막과 언약궤와 분향단 및 번제단과 회막 안의 기구들, 그리고 제사장을 거룩하게

123) Paul Heger, *The Development of Incense Cult in Israel*, 225.

구별하기 위해 사용되었다. 따라서 평민이 함부로 이러한 향유를 제조할 수도 없었고 아무에게나 이 향유를 바르는 일이 없도록 금지명령을 내렸다(출 30:22-33). 또한 향가루를 만들어 지성소의 법궤 앞에 놓기도 하였으며 그것은 거룩한 것이었다(출 30:34-38). 물론 이 향가루도 평민이 만들지 못하도록 엄격하게 금지명령을 내렸다.

IV. 인식과 후각

후각은 인식과 깊은 관련이 있다. 과일이 익었는지 아닌지는 겉으로 보아 알 수 없고 냄새를 맡아서 알 수 있다. 즉 겉모양으로 위장한다 하더라도 냄새는 진실을 밝혀내는 기능을 발휘한다. 바울은 "너희는 그리스도의 향기"라고 지칭하면서 그리스도인이 그리스도인다워야 한다는 것을 후각언어로 표현하고 있다. 위장할 수 없는 진실이 배어있는, 속속들이 변화된 그리스도인이 될 것을 주문하는 것이다.

중세시대 프랑스에 살았던 랍비 이븐 에즈라(Ibn Ezra, 1093-1167년)는 이사야 11장 3절을 해석하는 가운데 후각을 강조하는 말을 하였다. 즉 청각과 시각 그리고 후각을 비교하면서 다음과 같이 주장하였다.

> 귀는 가끔 소리를 듣는 중에 속을 수도 있다. 즉 상상일 뿐인 경우가 있는 것이다. 눈도 움직이는 물체를 보는 경우 진실이 무엇인지 모를 경우가 있다. 그러나 후각만큼은 속지 않는다.[124]

124) M. Friedänder (ed. and trans), *Ibn Ezra on Isaiah*, 60.

그리고 냄새는 주위 모든 방면으로 퍼져나갈 수 있기 때문에 장벽이 있거나 코너에 돌아 있어도 무슨 일이 일어나고 있는지 알 수 있도록 도와준다. 그리고 냄새는 옷이나 물체에 스며들 수 있기 때문에 오랫동안 보존할 수 있는 특징이 있다. 즉 사건이나 상황을 보존하는 기능이 있다. 특정한 냄새는 그 냄새와 관련된 사건과 사항들을 회상시키는 가장 효과적인 도구이다. 즉 후각은 기억력과 깊은 관련이 있다.

후각과 인식의 이러한 상관관계는 하나님과 사람 사이 그리고 사람과 사람 사이의 진실된 인식 즉 진실된 앎이라는 내용에도 자연스럽게 나타난다. 즉 하나님은 사람이 하나님께 드리는 경배에 대해 제사의 "향기로움"을 통해 그 진심을 알 수 있고 사람도 성전에 가득찬 제사의 냄새를 통해 하나님의 기뻐하심을 느낄 수 있는 것이다.

사람과 사람 사이에도 후각은 진실을 알게 해준다는 예를 찾아 볼 수 있는데 이삭과 야곱의 이야기 가운데 한 예를 발견할 수 있다. 늙어서 눈으로 사물을 볼 수 없는 장님인 아버지 이삭을 속여 축복을 받아내는 야곱의 모습이 나타난다. 이 때 이삭이 정말 에서인지 확인하는 과정이 나타난다. 먼저 "네가 누구냐"(창 27:18)고 물으며 청각을 통해 확인하고, 그 다음 촉각을 이용하여 야곱을 만진 후 이삭은 이렇게 말한다. "음성은 야곱의 음성이나 손은 에서의 손이로다"(창 27:22). 분명 이삭은 정말 에서인지 확신이 서지 않는다는 심정을 그대로 표현한 것이다. 그 뒤에 야곱은 한 번 더 "네가 참 내 아들 에서이냐"(창 27:24)고 물었다. 마지막 확인 과정은 후각에 의한 확인 과정이었다. 이삭은 입맞추기를 원했고 야곱은 그에게 입맞추었는데 이 때 이삭은 후각을 통해 정말 에서인지 확인하였다. 이삭이 축복하기 전 에서임을 확인하는 마지막 해설이 있는데 그 해설은 다음과 같다. "…아비가 그 옷의 향취를 맡고 그에게 축복하였더라"(창 27:27). 용의주도한 리브가가 에서의 옷을 야곱에게 입혔기 때문에 이삭은 에서의 냄새를 맡고 의심을 하지 않고 축복한 것이다.

또 다른 예는 연인들 사이에 사랑을 확인하는 과정에서 냄새를 통해 그 아름다움을 느끼는 모습이 있다. 아가서에 나타나는 아름다운 장면에는 후각언어가 많이 나타난다(아 1:12-13; 2:13; 4:10, 11; 7:8, 13). "… 네 유방은 포도송이 같고 네 콧김은 사과 냄새 같고 네 입은 좋은 포도주 같으니라"(아 7:8).

고대 사회에서 가장 신뢰할 수 있는 감각으로 후각을 인정하고 있었다면 성경에 나타나는 진리 혹은 진실 그리고 앎이라는 내용에는 후각언어가 자연스럽게 활용되었으리라는 것을 능히 짐작할 수 있다. 현대인들에게는 후각언어가 생소한 언어로 보여진다 하더라도 이러한 후각언어를 밝혀냄으로서 성경 해석의 단서를 찾을 수 있는 것이다.

V. 생명과 후각 그리고 영(靈)

우상을 조롱할 때 우상이 살아있는 존재가 아니라 생명이 없는 존재라는 사실을 들어 조롱한다. 구체적으로 감각이 없는 존재임을 부각시킨다. 즉 보지도 못하고, 듣지도 못하고, 먹지도 못하고 냄새도 맡지 못한다고 조롱한다(신 4:28). 시편에는 오감(五感)과 더불어 운동감각까지 거론하면서 우상에게는 생명이 없다고 조롱한다(시 115:4-7). 즉 말하지 못하고, 볼 수 없고, 듣지 못하고, 냄새 맡지 못하고, 만지지 못하고, 걷지 못한다고 조롱한다.

후각과 더불어 코는 생명과 관련이 있다. 사람을 창조할 때 코에 생기를 불어넣어 살아있는 생명체가 되게 하였다(창 2:7). 코로 숨을 쉴 수 있으면 생명체요 숨이 끊어지면 죽게 되는 것이다(창 6:17; 7:15, 22; 겔 37:5). 욥기에도 사람이 살아있다는 것을 "하나님이 내 코에 불어넣어신 숨결이 내 코에 남아 있는 한"이라고 표현되어 있다(욥 27:3). 사람의 생명에는 한계가 있다는 말을 "호흡이 코 끝에 있다"(사 2:22)라는 말로 표현하기도 한다.

רוח(*루아흐*) 가 생명과도 관련이 있는 단어이면서, 동시에 이 단어의 또 다른 뜻이 '영(spirit)' 임을 주목할 필요가 있다. 이 단어는 바람(wind), 영(spirit), 숨결(breath) 등으로 번역된다. '영(spirit)'은 현실의 세계와는 다른 차원을 표현하는 단어이며 서로 다른 차원의 세계를 연결하는 단어이기도 하다. 그리고 향기가 신(神)과의 커뮤니케이션 도구라는 사실을 먼저 살펴 본 바 있다. 또한 '향기' 와 '냄새 맡다'를 표현하는 단어 **ריח**가 **רוח**에서 파생된 단어이다. 이러한 사실들을 종합해 본다면 '영(spirit)'은 후각언어로 표현되어 있으며 인간 세계와 영계(靈界)를 넘나드는 것은 바로 후각을 자극하는 향기라는 사실을 알게 된다.

VI. 결 론

본 장의 목적은 구약에 나타난 후각언어를 분석하고 후각언어가 성경해석의 중요한 단서임을 확인하려는 것이다. 후각 언어 분석을 통해 성경해석을 시도하려는 것이다. 전통적으로 여러 종교에서 향료를 사용하여 독특한 분위기를 만들고 있으며, 종교의식에 향기를 활용하는 경우가 빈번하다. 향기를 활용하여 숭배하는 신과의 연결하려는 의도가 있음을 짐작할 수 있다. 장례식에 향품이 많이 활용되고 있는 것은 시신의 악취를 상쇄시키려는 의도도 있지만 궁극적인 용도는 죽은 자와의 교통을 향기로 표현하고자 하는 데 있다. 인간의 현실 차원을 넘어 선 사후세계와의 교통에 향기가 활용되고 있는 것이다.

고대 중동지역에서, 특히 팔레스타인 지역에서 분향하는 종교적 의식은 널리 시행되고 있었다. 야훼 종교에서도 분향은 최고의 제사로 드려지고 있었으며 후대에 이르러 제사장이 분향의 권한을 독점하고 있음도 발견할 수 있다. 분향뿐만 아니라 희생제사 자체가 제물을 연기로 만들어 올려 드리는 제사인 만큼 후각을 자극하는 냄새가 제단 주위에 진동하게 된다. 그리고 제사를 받는 하나님의 모습도 후각언어로 표현되어 있다. 희생제사를 드리는 규정의 마지막 부분에 보면 "향기로운 냄새" 혹은 "기쁨의 향기"로 번역할 수 있는 *레아흐 니호아흐*(ריח ניחוח)라는 단어가 반복된다. 즉 하나님께서 기뻐 받으시는 제사라는 의미의 구절이다.

구약에 나타나는 중요한 후각언어로서는 ריח(냄새, 냄새맡다), רוח(숨결{breath}), אנף(분노하다), אף(코), בשׂם(향기, 냄새), קטר(분향하다), קטרת (향기, 냄새) 등을 들 수 있다. 이들을 살펴보면 희생제사를 드리는 제사 규정에, 특히 분향하는 의식에 집중으로 나타나고 있음을 발견할 수 있다

한편 후각언어는 제사규정의 본문뿐만 아니라 인식과 진실과 관계되는 내용에도 자주 나타난다. 고대 사회에서 가장 신뢰를 받았던 감각은 후각이었으며 후각을 통해서 진실을 알 수 있다는 내용이 성경의 여러 곳에서 발견된다. 또한 특정한 냄새는 그 냄새와 관련된 사건과 사항들을 회상시키는 가장 효과적인 도구이다. 즉 후각은 기억력과 깊은 관련

이 있다.

또한 중요한 후각언어인 *루아흐*(רוח)가 생명과도 관련이 있는 단어이면서, 동시에 이 단어의 또 다른 뜻이 '영(spirit)'임을 주목할 필요가 있다. 즉 '영(spirit)'은 후각언어로 표현되어 있으며 인간 세계와 영계(靈界)를 넘나드는 것은 바로 후각을 자극하는 향기이다. 그리고
코와 콧김이라는 단어는 하나님과 사람의 분노를 표현하는데 자주 활용되고 있는 현상도 발견할 수 있다.

후각언어가 구약에서 중요한 해석단서임을 발견할 수 있으나 실제 구약 번역본은 오히려 후각언어를 도외시하는 경향을 발견할 수 있다(창 3:19; 암 5:21; 삿 16:9; 삼상 26:9; 사 11:3). 이러한 번역형태가 나타난 배후에는 예배의 형식이 희생제사에서 언어중심의 예배로 변모된 상황이 있고, 후각언어적 표현을 약화시키려는 사회 전반적인 분위기가 자리잡고 있다. 그러나 이제 새로운 시대 즉 감각언어가 중요시되고 실제로 오감을 통해 감각을 느낄 수 있는 시대가 오고 있다. 이 새로운 시대에는 감각언어가 다시 강조되고 있으며 성경에서도 감각언어 특히 후각언어를 다시 주목하여 찾아낼 필요가 있다.

후각언어를 재발견하여 해석의 단서로 활용하는 이러한 해석방법은 성경을 감각적으로 느낄 수 있도록 해석하고 설교하는 방면에도 기여할 수 있으며, 장래 가상현실 기법을 도입하여 성경을 제작하는 소위 가상성경(Virtual Bible) 프로젝터를 위한 준비 작업으로도 크게 공헌할 수 있을 것이다.

제4장 촉각언어 중심의 성경해석

미켈란젤로가 그린 시스틴 성당 천장화 천지창조에서 신(神)과 인간이 손가락으로 접촉을 시도하는 장면은, 흙을 사용하여 토기장이같이 촉각으로 인간을 창조한 사건을 예술가의 안목으로 재해석하여 날카롭게 확대시킨 것이라 볼 수 있다.[125] 성경을 살펴보면 구약과 신약에 걸쳐 수 많은 촉각언어들이 사용되었으며 소위 "피부에 와 닿는" 말씀이 전개되고 있다. 특히 예수의 성육신 사건은 만질 수 없는 하나님을 만질 수 있는 존재로 느끼게 해주고 있다. "말씀이 육신이 되어"(요 1:14)라는 구절에서도 촉감을 느낄 수 있고, 생명의 말씀 즉 예수를 "우리가 들은 바요 눈으로 본 바요 주목하고 우리 손으로 만진 바라"(요한1서 1:1)라는 표현에서도 점점 다가오며 촉감을 느낄 수 있는 예수의 존재를 발견할 수 있다.

성육신의 방향은 이미 구약에서도 발견할 수 있다. 높이 계신 하나님

125) Sydney J. Freedberg는 이 그림에 대해 "하나님이 뻗친 손에서 생명력의 불꽃(spark)이 그가 만든 물체에 흘러가서 그 물체가 살기 시작하며 움직이고 느끼기 시작한다"고 표현하였다. Sydney J. Freedberg, *Panining of the High Renaissance in Rome and in Florence,* 2 vols. (Cambridge, Mass.: Harvard University Press, 1961) 1: 104

이 이스라엘 텐트 한 가운데 거주하고 있는 모습이 회막의 모습이요, 마을 한 복판에 있는 성전의 지성소에 좌정하고 계시는 분이 하나님의 모습이다. 그리고 하나님을 묘사할 때 의인화해서 묘사하며 다양한 감각을 느끼는 분으로 그리고 사람의 감각을 충분히 활용해서 그의 마음을 전달하는 분으로 묘사하고 있다.

성전에서 드리는 제사 절차와 정결법에도 촉각언어가 많이 동원되고 있으며 신(神)의 사랑과 고통 그리고 인간의 사랑과 고통을 표현하는 부분에도 촉각언어가 빈번히 나타난다.

또한 미디어의 변화는 멀티미디어를 넘어서서 가상현실을 활용하는 방향으로 나아가고 있으며 감각의 영역이 급속히 확대되는 현상이 일어나고 있다. 멀티미디어의 경우 시각과 청각이 주목을 받는다면 가상현실의 경우 촉각을 비롯한 나머지 감각이 새롭게 조명을 받을 수 있다. 이 가운데 촉각은 가상현실을 생동감 있게 그리고 현실감을 강화시켜주며 근접성을 확인해주는 중요한 감각으로 활용될 수 있다. 참으로 역설적인 것은 전기와 전자의 발명으로 시작되는 디지털 시대에는 탈신체화가 급속히 이루어지며 원격사회화 되어 가고 있으면서도 신체의 감각기관을 적절히 활용할 때 더 신속히 탈신체화와 원격화가 진행된다는 사실이다. 가상현실을 통해 확대되는 현실은 가히 상상조차 힘들 정도인데 가상공간에 몰입될 수 있고 현실의 확대가 가능해지는 가장 중요한 감각은 촉각이다. 이제 성경을 문자로 된 책이 아니라 가상현실에서 구현되는 가상성경으로 전환하기 위해서는 기초연구로서 성경에 나타나는 촉각언어와 촉각과 관련되는 표현을 심도 깊게 분석하고 연구하는 것이 올바른 순서일 것이다. 이와 관련된 또 다른 중요한 측면은 촉각언어와 촉각과 관련된 표현을 중심으로 성경을 재해석하는 작업이다. 본 연구의 목적은 이러한 필요성에 부응하여 성경에 나타나는 촉각언어와 촉각과 관련된 표현을 분석하여 해석의 단서로 활용하는 방안을 연구하려는 것이다.

본 연구와 직접 관련되는 선행연구는 그리 많지 않다. 그 이유는 본 연구 주제가 미개척 분야이기 때문이다. 따라서 간접적으로 도움을 얻을 수 있는 다양한 학문분야에서 선행연구를 찾아야 한다. 우선 신체의 촉각에 대한 의학적 연구는 본 연구의 기본 연구 자료가 될 수 있다. 또한 가상현실 관련 연구는 본 연구의 방향설정에 공헌을 할 수 있으며 가상현실의 몰입감을 촉발시키는 촉각에 관한 연구결과가 도움을 줄 수 있다. 예를 들어 현실감을 강화시켜 몰입을 가능케 하는 data glove, body suits 등에 관한 연구들이다. 간접적이지만 가장 중요한 것은 촉각언어가 포함된 성경 본문을 해석한 연구결과물들이다.[126] 비록 선행연구가 부족한 실정이지만 성경에 나타나는 촉각언어에 대한 연구가 절실한 현실적 필요성에 부응하여, 성경에 나타나는 촉각언어와 촉각과 관련된 표현을 분석하여 해석의 단서로 활용하는 방안에 대해 논의할 것이다.

126) 예를 들어 다음과 같은 연구가 도움이 된다. F. Dean Lueking, "Touch and see : Lk 24:39," *Christian Century* 114 (Ap. 1997) 337; David P. Wright, "The gesture of hand placement in the Hebrew Bible and in Hittite literature," *Journal of the American Oriental Society*. 106 (1986) 433-446; Jacob Milgrom. *Studies in Cultic Theology and Terminology*. SJLA 36. (Leiden: E. J. Brill, 1983).

I. 촉 각

인간의 감각을 전통적으로 다섯 가지 감각(시각, 청각, 촉각, 미각, 후각)으로 나누고 있지만 운동감각과 평형감각은 별도의 감각으로 분류하기도 한다. 이 가운데 촉각은 운동감각과 밀접히 연결되어 있다. 피부와 근육은 별도로 떼어 낼 수 없는 하나의 부위로 볼 수도 있다. 따라서 촉각을 중심으로 살피되 운동감각도 일부 포함시키는 것으로 연구를 진행할 것이다. 촉각을 크게 구분하면 수동적 촉각(passive touch)과 능동적 촉각(active touch)으로 구분할 수 있다. 촉각은 주로 피부에 널리 퍼져 있는데, 압력에 의한 자극, 부드러움과 거침, 온도의 변화에 따라 뜨거움과 차가움, 가려움과 통증 등을 감지한다. 촉각은 외부 피부 뿐만 아니라 신체 내부에도 퍼져 있어 동일한 자극을 감지한다. 또한 사람의 신체 부위 가운데서 손가락 끝(fingertip)과 입술은 촉각이 가장 민감한 부분으로 알려져 있다.

신생아가 태내에 있을 때는 아직 감각기관이 충분히 발달하지 않았기 때문에 다양한 감각으로 반응할 수 없지만 촉각에는 반응한다. 예를 들어 모체의 복벽을 강하게 자극하면 태동이 심해지게 된다. 그리고 갓 태어난 신생아는 주로 촉각을 통해 주위를 감각하는데 차고 더운 것, 눌리는 것, 닿는 것, 허전한 것 등을 느끼게 된다. 이와 같이 촉각은 인간의 감각 가운데 가장 먼저 발달하는 감각이며 동시에 인간이 인지하며 느끼는 가장 기본적인 통로임을 알 수 있다. 심지어 피부에 자극하는 경험이 언어발달과 어떤 상관성이 있다는 연구도 있고 촉각이 의식과 무의식을 넘나들 수 있는 어떤 자극이 될 수 있는지에 대한 연구도 있다.[127)]

헬라 시대의 철학자들인 플라톤과 아리스토텔레스는 촉각을 저급한 것으로 평가절하 하였다. 플라톤은 촉각을 아예 무시해 버렸고 아리스토텔레스는 촉각을 성욕과 연결시켜 가장 낮은 감각기관으로 간주하였다. 이러한 경향은 오늘날에도 영향을 미치고 있으며 촉각은 곧 육체적이고 쾌락적이라는 상식이 되어 버렸다.

교회사를 살펴보면 중세 때 성유물 접촉의 문화가 번창한 것을 발견할 수 있다. 마치 열두 해 동안 혈루증을 앓은 여인이 예수의 옷자락을 만지면서 병이 나았다는 그러한 기적을 소원하는 마음으로 성상에 입맞추고 손으로 만지는 관습이 일어난 것이다. 중세의 교회도 이러한 감각을 무시하지 않았고 오히려 장려한 모습을 볼 수 있다. 특히 르네상스 시대에는 감각적 표현이 크게 각광을 받은 시대였다.[128] 그러나 개신교에서는 성상을 반대하였고 성유물 접촉의 문화를 반대하였다. 형상을 만들지 말라는 십계명의 조항을 철저히 준행하는 모습 가운데 감각에 대한 것도 부정적으로 평가되었다. 즉 감각적인 것은 육체적일 뿐 거룩한 것과는 반대된다는 상식이 신앙의 한 부분으로 자리 잡게 된 것이다. 이러한 추세 속에 촉각에 관한 것과 촉각언어도 경시되는 현상이 일어난 것이다.

---

127) Susan M. Fleming, "The preverval skin-made world: touch and the sensory origins of memory and language," Disertation, Pacifica Graduate Institute, 1997.

128) Marjorie O'rourke Boyle는 그의 저서에서 르네상스 시대 미켈란젤로의 그림과 칼빈의 사상을 검토하면서 "하나님의 모사품(imitation)은 손 안에 있었다"라고 글을 맺었다. Marjorie O'rourke Boyle, *Senses of Touch - Human Dignity and Deformith from Michelangelo to Calvin*, (Leiden: Brill, 1998) 256.

II. 구약에 나타나는 촉각언어

본 장에서는 구약에 나타나는 촉각언어와 촉각과 관련된 표현들을 조사하여 그 빈도와 경향성을 파악하려고 한다. 그런데 문제는 구약에 나타나는 촉각언어와 촉각과 관련된 표현이 너무 많다는 점이다. 본 연구는 그 가운데서 선별하여 특정한 면을 연구하고자 한다. 특별히 주목할 만한 것은 신(神)의 접촉과 신과 관련되는 촉각언어이며, 그다음 의식 규정과 정결법에 나타나는 촉각언어이다. 그 외 인간과 관련된 것, 그리고 다양한 사물에 관련된 촉각언어에 대한 연구가 이어질 것이다. 이러한 작업을 통해 구약에 나타나는 촉각언어의 빈도와 경향성을 파악할 뿐만 아니라 촉각을 어느 정도 중요하게 여기고 있는가를 파악하게 될 것이며, 촉각언어를 중심으로 구약을 해석할 수 있는 가능성을 타진할 수 있을 것이다.

1. 하나님의 접촉

욥기에는 촉각언어를 사용하여 하나님의 행동을 묘사하는데 "하나님은 아프게 하시다가 싸매시며 상하게 하시다가 그 손으로 고치시나니" (욥 5:18)라고 표현하고 있다. 하나님이 사람과 사물에 접촉한다는 표현이 나타날 경우 그 결과는 부정적인 것과 긍정적인 것으로 구분되어 나타난다. 빈도를 보면 오히려 부정적인 경우가 많이 나타나는 것을 발견할 수 있다.

하나님이 사람에 접촉할(**נגע** *나가*) 때 나타나는 부정적인 현상은 특별히 고난과 질병의 형태로 많이 나타난다. 하나님이 손을 펴서 욥의 소유물을 칠 때(욥 1:11) 욥의 모든 소유물이 파괴되고, 욥의 신체를 칠 때(욥

2:5; 19:21) 욥은 질병 중에 신음하게 되었다. 하나님이 이집트 왕 파라오를 칠 때 파라오는 재앙을 만났고(창 12:17), 하나님이 칠 때 웃시야 왕은 악성피부병 환자가 되었다(왕하 15:5; 대하 26:20). 법궤가 블레셋 지역에 있을 때 하나님의 손이 접촉함으로 재앙이 내려졌다(삼상 6:9). 특이한 표현은 "하나님의 손이 엄중하다"는 표현이 이 설화에 등장하는데 이 표현 역시 하나님이 사람에게 접촉할 때 재앙이 내려진다는 상황을 표현한 것이다(삼상 5:6; 6:5).

명사형 נגע(*네가*)는 '접촉'이라는 기본적인 의미의 단어인데 하나님이 보낸 재앙을 가리키는 경우가 있다. 즉 하나님에 의해 접촉된 것이라 볼 수 있다. 하나님이 보낸 "기근이나 온역… 곡식이 시들거나 깜부기가 나거나 메뚜기나 황충이 나거나 적국이 와서 성읍을 에워싸거나…"(왕상 8:37) 등의 재앙을 한 마디로 요약할 때 촉각언어인 נגע(*네가*)가 활용된다. 출애굽 때 하나님이 이집트에 내린 재앙도 *네가*로 표현하고 있다(출 11:1). 또한 사람이 하나님으로부터 받은 재앙이나 질병을 가리킬 때도 이 단어가 사용된다(시 37:11; 39:10; 사 53:8).

נכה(*나카*)는 '치다' 혹은 '때리다'는 의미의 단어인데 구약에서 아주 빈번하게 나타나는 단어이며 대부분 *히필*형으로 나타난다. 특히 하나님이 재앙과 심판을 내릴 때 "하나님이 치신다"는 뜻으로 이 단어를 사용하는 경우가 자주 나타난다. 하나님이 눈을 어둡게 만든다고 할 때도 이 단어가 사용되었다. 하나님이 소돔 성 사람들의 눈을 어둡게 하고(창 19:11), 엘리사가 기도할 때 하나님이 시리아 사람들의 눈을 어둡게 만들었다(왕하 6:18). 이집트에 재앙을 내린다고 했을 때도 이단어가 사용되었다(출 3:28; 7:25; 9:15; 12:13). 하나님께서 질병과 역병으로 치신다고 할 때도 이 단어가 사용되었다(민 14:12; 신 28:22, 27, 28, 35; 삼상 5:6;

삼하 24:17; 욥 2:7; 암 4:9; 학 2:17; 말 3:24). 또한 하나님이 훈계하고 징벌할 때도 이 단어가 사용되었다(왕상 14:15; 사 5:25; 9:12; 27:7; 30:31; 57:17; 60:10; 렘 2:30; 5:3; 14:9; 겔 32:15).

נגף(나가프)는 '치다'는 뜻의 단어인데 치명적으로 타격을 가한다는 의미가 들어있다. 이 동사가 나타날 때는 하나님이 주어가 되어 나타나는 경우가 많다. 하나님이 이집트에 장자 죽음의 재앙을 내릴 때 이 단어가 사용되었으며(출 12:23, 27), 하나님이 이집트를 친다고 했을 때도 이 단어가 사용되었다(사 19:22). 아비가일의 남편 나발이 죽을 때 "야훼께서 나발을 치시매 그가 죽으니라"고 묘사되어 있다(삼상 25:38).

하나님이 사람에 접촉하여 긍정적인 결과가 나타나는 겨우는 다음과 같다. 우선 하나님에 의해 감동된 사람을 가리킬 때 촉각언어가 사용된다. 즉 "하나님이 (사람) 마음에 접촉한다(נגע *나가*)"는 표현이 사용되었다(삼상 10:26). 하나님의 영이 예언자를 감동시킬 때 "야훼의 손이 나의 위에 힘있게 임하신다(יד־יהוה עלי חזקה)"라고 표현한다(겔 3:14). 혹은 "야훼의 손이 그(나)의 위에 임하신다(יד־יהוה … עליו…)"고 표현한다(겔 1:3; 8:1; 37:1; 40:1; 왕하 3:15).[129] 비슷한 표현이 전기 예언서에도 나타난다(왕상 18:46). 이러한 표현을 예언자들이 황홀경 속에서 신비한 체험을 한 것으로 보는 학자도 있으나[130] 굳이 황홀경이라는 상황을 못 박을 필요는 없다. 정상적인 상태에서 강한 감동이 수반되는 현상을 가리킬 수도 있다.

---

129) 참고; J. J. M. Roberts, "Hand of Yahweh," *Vetus Testamentum*. 21 (Ap 1971) 244-251.

130) P. Volz, *Der Geist Gottes* (Tübingen, 1910) 68; W. Zimmerli, *Ezekiel*, BK XIII-1 (Neukirchen, 1959) 49-50; J. Lindblom, *Prophecy in Ancient Israel* (Philiadelphia, Fotress Press, 1963) 58.

혹은 야훼가 손 같은 것을 펴서 머리털을 잡고 예언자를 이동시키는 모습도 보인다(겔 8:3). 그리고 야훼가 누구의 오른 손을 잡는다는 것은 야훼의 인정을 받는다는 뜻이며 야훼의 능력을 얻는다는 뜻이다(겔 45:1). "(야훼가 누구를) 누구의 손에 붙이다"라는 표현은 누구의 통제 아래 들어간다, 혹은 누구에게 승리를 안겨준다는 의미가 담겨있다(수 2:24; 삿 6:13; 9:29; 13:1렘 12:7).

נגע(*나가*) 단어를 사용하여 하나님이 자연과 접촉한다는 것을 표현하는 경우는 세 번 나타나는데 모두 자연이 엄청나게 영향을 받는 모습을 보여주고 있다. 하나님이 접촉할 때 산에서 연기가 나며(시 104:32; 144:5) 땅이 녹아나고 있다(암 9:5). 언뜻 보면 하나님이 접촉할 때 엄청난 힘을 행사하였기 때문에 이러한 결과가 나타난 것으로 볼 수 있다. 그러나 이 때 사용된 단어 נגע(*나가*)는 단순히 접촉하는 정도를 나타낼 때 사용되는 단어이다. 심지어 접촉했는지 조차도 모르는 상황이 될 정도로 미약하게 접촉할 때도 이 단어가 사용된다(레 5:2-3). 그런데 이렇게 엄청난 결과가 나타나는 것은 하나님의 힘이 얼마나 크고 엄청난 것인지 우회적으로 알려주는 것이라 할 수 있다. 심지어 하나님이 보기만 해도 땅이 진동하는 정도다(시 105:32a).

야훼의 접촉을 나타낼 때 자주 등장하는 구절은 "야훼의 손(יד יהוה)"이다. 야훼의 손은 권력을 상징하는 단어이기도 하고 그 손으로 인간을 창조하기도 하며 구원하기도 하고 심판도 내린다. "야훼의 손"은 구약에 40회 나타나며, "하나님의 손(יד אלהים)"은 7회, 그리고 "그(하나님)의 손"은 139번으로 전체 합계 186회가 된다.[131] 특히 오경에서는 족장들의

131) Stig I. Norin, "Die Hand Gottes im Alten Testament," In *Main de Dieu/Die Hand Gottes*, (La. Tübingen : J C B Mohr, 1997) 49-63. 하나님의 손이라는 의미의

이야기나 정착전승에서보다 출애굽 사건에 "야훼의 손"이 집중적으로 등장하며 이 구절이 출애굽 사건의 신학적 의미의 핵심에 위치해 있다.[132] 야훼께서 손을 펴서 백성과 나라와 동물 등을 치는 모습이 출애굽기와 욥기, 그리고 예언서에 자주 나타난다(출 7:5; 9:15; 3:20; 24:11; 욥 1:11; 2:5; 사 31:3; 렘 6:12; 15:6; 51:26; 겔 6:14; 14:9, 13; 16:27; 25:7, 13, 16).

"야훼의 손"은 예언자의 입을 열기도 한다(겔 33:22). 예언자가 예언을 할 수 있도록 하나님이 입을 열어 주는 것이다. 이러한 모습은 고대 메소포타미아와 이집트에서 널리 알려져 있는 의식, 즉 "입을 여는" 의식과 대조되어 흥미롭다. 고대 근동 지역에서는 제사 드리는 사람들이 신에게 예물을 드리기 전에 이 기구로 신의 입을 여는 의식을 거행한다.[133] 즉 신이 음식예물을 먹을 수 있도록 낫과 같이 생긴 기구로 신의 입을 여는 의식을 거행하는 것이다.

진동 혹은 떨림도 촉각언어 중 중요한 부분이다. 하나님에 의해 두려움 가운데 떨림이 일어난 현상은 요나단이 블레셋 군대를 습격한 후에 일어났다.

표현이 나타나는 빈도 수를 보면 다음과 같다. 시편 37, 에스겔 27, 이사야 40-66장 19, 이사야 1-39장 14, 욥기 12, 출애굽기 9, 신명기, 삼무엘상, 에레미야 8, 역대기상 7, 역대기하 5, 열왕기왕상. 느헤미야 4. 아모스, 애가 3, 민수기, 여호수아. 사무엘하, 에스라, 스바냐, 스가랴 2 , 사사기, 룻기, 열왕기하, 호세아, 하박국, 잠언 1,

132) David Rolph Seely, "The image of the hand of God in the Exodus traditions," Dissertation, University of Michigan, 1990. W. Zimmerli, Ezekiel, BK XIII-1 (Neukirchen, 1959) 47.

133) E. A. Wallis Budge, *The Book of the Opening the Mouth* (New York, 1980) 161-2; Pernille Carstens, "Why does the god have a cup in his hand?" SJOT 12(1998) 226-267, 그림 2, 3.

"들에 있는 진과 모든 백성 중에 떨림이 일어났고 부대와 노략군들도 떨었으며 땅도 진동하였으니 이는 하나님에 의한 떨림이었다."(삼상 14:15)[134]

2. 의식규정과 정결법에 나타나는 촉각언어

"접촉하다(touch)"라는 의미로 번역되는 대표적인 촉각언어는 **נגע**(*나가*)이다. 이 단어의 동사형태는 구약성경에서 150회 나타나며 명사형은 78회 나타난다. 주목할 만한 것은 동사 가운데 27회 그리고 명사 가운데 61회, 합하면 88회가 레위기에 나타난다는 사실이다. 또한 명사 가운데 57회가 레위기 13-14장 즉 악성피부병에 관한 장에 집중되어 있다는 사실이 특이하다.[135] 부정한 것과 거룩한 것에 접촉하지 말라는 정결법과 제의규정에 이 단어가 빈번히 나타나는 것이다. 레위기 뿐만 아니라 동사 가운데 절반이 제사장자료(P)의 제의와 정결에 관한 부분에 이 단어가 나타나고 있다. 이 단어의 동사 형태를 다시 자세히 살펴보면 *칼*형태가 가장 많은 107회로 나타나며(레위기 27회, 민수기 10회, 욥기 7회, 창세기 6회, 다니엘 6회, 출애굽기 5회, 예레미야 5회, 열왕기하 5회), *히필*형태는 38회(에스더 8회, 이사야 6회, 역대기하 4회, 시편 3회, 전도서 3회), *피엘*형이 3회, *푸알*형과 *니팔*형이 각각 1회로 나타난다.[136]

제의규정과 정결법에서 접촉이 금지된 경우를 보면 서로 엄격히 구부

---

134) 『개역』에는 마지막 부분을 "이는 큰 떨림이었더라"고 번역을 하였으나 히브리 성경은 **ותהי לחרדת אלהים** 으로 되어 있어 "이는 하나님에 의한 떨림이었다"로 번역한다.

135) 『개역』에는 문둥병으로 번역되어 있지만 이 병은 오늘날 한센스병(Hansen's disease)이라 부르는 문둥병은 아니었다. 건물 벽이나 옷에도 생길 수 있는 것으로 '악성피부병'으로 번역하는 것이 적합하다. J. Milgrom, *Leviticus* 1-16, (New York: Doubleday, 1991) 775.

136) *TDOT*. vol. IX. 203.

되는 영역 사이에 접촉이 금지되고 있음을 알 수 있다. 즉 생명체와 시체 사이, 정결한 것과 부정한 것 사이, 그리고 거룩한 것과 세속적인 것 사이에 접촉이 금지되고 있다.[137] 또한 제사장자료에 나타난 제사의식을 살펴볼 때 모든 제사가 말보다 행동을 통해 진행되며 각종 손동작이 핵심적인 행동임을 알 수 있다.[138] 희생제물 위에 안수하고 나서 희생제물을 도살하고, 제사장은 그 피를 받아 제단과 성소와 지성소에 바르거나 뿌리거나 붓는 동작을 한다.

'접촉'이라는 기본적 의미를 가지 명사형 *네가*는 악성피부병에 관한 부분인 레위기 13-14장에 아주 자주 나타난다. *네가*는 이 부분에서 61회나 나타나고 있으며 일관성 있게 악성피부병인 **צרעת**(*차라아트*)를 가리키고 있다. 이 단어를 '환부'로 번역할 수 있는데 단어의 어원을 생각하면 "접촉된 곳"이라 이해할 수 있다.

안수는 히브리어로 **סמך יד על**(*사마크 야드 알*) 즉 "손을 얹어 놓는 것"을 가리키며 구약에 약 20회 등장한다. 하나님께 드릴 제물에 손을 얹어 안수하는 경우가 있는데 이 때는 그 제물의 소유주가 누구인지 밝히는 동작이다(출 29:10, 15, 19; 레 1:4 외 11회; 민 8:12 대하 29:23). 유사하지만 조금 다른 경우는, 야훼의 이름을 저주한 사람을 돌로 치기 전 안수를 하는데 이 때는 범죄자가 바로 그 사람임을 밝히는 절차이다(레 24:14). 그러나 대속죄일에 아사셀 염소에게 안수할 때는 두 손으로 안수하게 되는데 그 의미는 이스라엘의 모든 죄를 아사셀 염소 위에

---

137) Lenad Ryken, James C. Wilhoit, and Tremper Longman III, *Dictionary of Biblical Imagery* (Downers Grove, InterVarsity Press, 1998) 878-879.

138) 말없이 진행되는 제사의식에 대해서는 I. Knohl의 저서를 참조 바람. Israel Knohl, *The Sanctuary of Silence: The Priestly Torah and the Holiness School* (Philadelphia: Fortress Press, 1994).

전가시킨다는 의미를 담고 있다(레 16:27). 또한 직분을 수여하여 거룩한 임무를 수행하게 할 때도 안수를 한다. 모세가 여호수아를 세울 때 안수하여 세웠다(민 27:18, 23; 신 34:9). *사마크* 단어를 사용하지는 않지만 축복할 때 마치 안수하듯이 "손을 펴서 머리에 얹어"(창 48:14) 축복한다. 야곱이 요셉의 아들들 에브라임과 므낫세를 축복할 때 이렇게 축복하였다.[139]

의식 가운데 하나님과의 계약의 표시로 행하는 할례의식은 신체 가운데 가장 민감한 부분의 피부를 절단하는 것이며 피부에 그 흔적을 남기는 의식이다. 의식 가운데 가장 촉각적인 의식이라 볼 수 있으며 할례를 강조할 때마다 촉각을 자극하는 효과를 얻을 수 있다. 또한 텐트를 치고 낮에는 뜨거운 태양과 밤에는 차가운 기온을 견뎌내는 장막절 의식도 촉각을 통한 신앙교육의 한 면모라 볼 수 있다.

3. 기타 일반적인 접촉

사람의 촉각 가운데 가장 민감한 부분 중 하나는 손이다. 구약에서 '손'으로 번역되는 יד(*야드*)라는 단어는 1,600회 이상 나타난다.[140] 손 혹은 손바닥으로 번역되는 또 다른 단어는 כף(*카프*)인데 구약성경 가운데 거의 200회 정도 나타난다.[141] 손으로 어떤 사람이든 물건이든 접촉할 수 있으며 움켜잡을 수 있다. 또한 안수를 한다거나 축복할 때, 그리고 치유할 때도 손 동작으로 그 의미를 표시한다. '손'이라는 단어가

---

139) J. Derrett and M. Duncan, "Why Jesus blessed the children (Mk 10:13-16)," *Novum Testamentum*. 25 (Ja. 1983) 7-10.

140) *TDOT*. vol. V, 397.

141) *TDOT*. vol. VII, 403.

구약에서 이렇게 빈번하게 나타난다는 것은 촉각언어가 많이 활용되었다는 증거이기도 하다. 기본적으로 손은 힘을 상징하는 단어이며 무엇을 장악하고 통치한다고 할 때 손이라는 단어를 은유적으로 사용한다. 신체를 대표하는 기관으로 손을 인식하고 있는 것이다.

손을 사용하는 예 가운데 손뼉을 치며 박수하는 행동이 있으며 이 행동을 표현하는 여러 단어가 있다. תקע(*타카*)는 하나님을 찬양하며 손뼉을 칠 때(시 47:1), 기뻐서 손뼉을 칠 때 사용된다(나 3:19). 다른 사람과 손뼉을 치며 빚 보증을 서 줄 때도(잠 17:18; 22:26) 이 단어가 사용되며, 이 단어만으로도 빚보증을 서 준다는 의미를 전달하기도 한다(잠 11:15). 손뼉을 칠 때 또 다른 단어가 사용되는데 מחא(*마하*)라는 단어다. 암몬 족속이 이스라엘을 향하여 손뼉을 치며 발을 구르며 멸시할 때(겔 25:6), 군중들이 박수하며 왕 만세를 부를 때 이 단어가 사용되었다(왕하 11:12). 또한 자연 현상을 의인화해서 표현할 때도 이 단어가 사용되었다. "야훼 앞에서 큰 물이 박수하며…"(시 98:8), "들의 모든 나무가 손뼉을 칠 것이다"(사 55:12). 또 다른 단어는 손바닥으로 철석 때리는 동작(ספק 혹은 שׂפק *사파크*)을 표현하는 단어가 있다. 외국인과 마주 손뼉을 치며 행동을 같이하는 모습을 표현할 때 이 단어가 사용되었으며(사 2:6), 분노 가운데 손뼉을 치며(민 24:10), 누구를 조롱할 때(애 2:15; 욥 27:23), 특히 손뼉을 치며 하나님을 거역할 때(욥 34:37) 이 단어가 사용되었다. 또한 이 단어는 후회하며 자신의 다리를 때릴 때도 사용되었다(렘 31:19; 겔 21:17).

시각장애인은 손으로 더듬어 상황을 파악하고 촉감으로 사물을 인식한다. 구약에서 시작장애인같이 손으로 '더듬는다(grope)'는 표현이 나타나는데 גשׁשׁ(*가샤쉬*), מושׁ(*무쉬*) משׁשׁ(*마샤쉬*) 등의 단어들이다. 노인이 되어 앞을 보지 못하는 이삭이 에서로 변장한 야곱을 가까이 하여 더듬는 장면이 나타나며(창 27:12, 21, 22), 눈 먼 삼손이 다곤 신전의 기둥을 더듬는 장면이 나타난다(삿 16:26).[142] 그 외 '더듬다(grope)'는 뜻으로 מושׁ(*무쉬*)와 מששׁ(*마샤쉬*) 등의 단어들이 사용된 곳은 창세기 31:34; 신명기 28:29; 욥기 5:14; 12:25; 시편 115:7 등이며 이사야 59:10에는 גשׁשׁ(*가샤쉬*)가 사용되었다.

서로의 정을 표시하는 입맞춤은 구약에서는 그리 흔하지는 않지만 가족간의 특별한 정을 표시할 때 나타난다. 야곱의 외삼촌 라반이 야곱을 반갑게 만나 안고 입맞추었다(창 29:13). 형제가 다시 상봉하였을 때 야곱과 에서는 서로 안고 입맞추며 울었다(창 33:4). 요셉이 형들을 용서하고 그들과 형제애를 나눌 때 입맞추고 껴안고 울었다(창 45:15). 그리고 이스라엘이 손자인 요셉의 아이들을 안고 입맞추었다(창 48:10). 나오미가 며느리들과 작별하며 입맞추고 함께 울었다(룻 1:9). 연인들이 서로 입맞추는 장면도 있다(아 1:2; 8:1). 이 모든 장면들은 감정이 복받쳐 입맞추는 광경이며 평범하고 일상적인 관습은 아니다. 그 외 압살롬이 정치적으로 이용하는 장면도 있고(삼하 15:5-60), 우상에게 입맞추는 광경도 있으나(호 13:2; 욥 31:26-27) 아주 예외적인 장면으로 등장할 뿐이다.

신체적 고통을 느끼는 것도 촉각언어로 묘사된다. 대표적인 경우가 해산의 고통이다(창 3:16; 38:27; 사 66:7-8; 렘 4:31; 30:6; 호 13:13). 다른 고통도 고통을 실감하도록 하기 위해 해산의 고통에 비유해서 이야기

---

142) 사사기 16:26에 '더듬다'는 동사는 MT의 본문 즉 *크티브*에 והימשׁני 로 되어 있으나 난외주의 *크레*에는 מששׁ(마샤쉬)를 어간으로 하는 והמשׁני 로 제안하고 있다. BHS의 비평장치에도 *크레*를 제안하고 있고 다른 히브리어 사본에도 *크레*를 선택하고 있으며 내용의 흐름에도 적절하여 *크레*를 선택하여 읽기로 한다.

하는 경향이 있다(시 48:6; 사 13:8; 21:3; 42:13; 렘 6:24; 13:21; 22:23; 31:8; 48:41; 49:22-24; 50:43; 미 4:9, 10).

또한 접촉을 통해 무엇을 전달하는 모습을 볼 수 있다. 엘리사가 수넴 여인의 죽은 아이를 살릴 때 몸 전체로 접촉을 하는 모습을 볼 수 있다. "아이의 위에 올라 엎드려 자기 입을 그 입에 자기 눈을 그 눈에 자기 손을 그 손에 대고 그 몸에 엎드리니 아이의 살이 차차 따뜻하더라"(왕하 4:34). 그리고 아이가 다시 살아나는 모습을 몸이 따뜻해진다는 촉각언어로 표현하고 있다. 접촉을 통하여 어떤 생명의 기운을 전달시키는 듯한 동작을 하고 있는 것을 볼 수 있다.[143)]

또한 어떤 근접한 상황을 표현할 때 촉각언어를 사용하여 실재감을 더해주는 경우가 있다. 정화제사 제물을 준비할 때 "그의 손이 닿지 못한다"는 표현이 나타난다(레 5:7). 즉 경제적인 능력이 부족하여 양을 준비할 수 없는 경우를 가리킨다. 이 때도 촉각언어인 נגע가 사용되었다. 또한 살인이 연속되는 상황을 표현할 때 "피가 피를 이어간다(접촉한다)"고 표현할 때도 이 촉각언어가 사용되었다(호 4:2). 무리하게 재산을 과도하게 축적하는 권력 있는 사람들을 "집에 집을 닿게 하는 자"로 비판하는 경우에도 이 촉각언어가 사용되었다(사 5:8). 시편에는 "나의 생명이 셔올에 닿았으니…"(시 88:3), "그들(그들의 영혼)이 사망에 닿았으니…"(시 107:18)로 촉각언어를 사용하여 그 어려움을 표현하고 있다. 또한 교만한 사람을 표현할 때도 이 촉각언어를 사용하여 "그 높기가 하늘에 닿았으니"로 표현하기도 한다(욥 20:6). 그리고 "도착하다"라는

143) 접촉을 통해 무엇인가를 전달한다는 예는 대속죄일에 대제사장이 아사셀 염소에게 두 손으로 안수하는 경우도 해당된다. 이 때 이스라엘의 죄가 대제사장의 팔과 손을 통해 아사셀 염소에게 이동이 되는 것이다.

의미를 표현할 때도 이 촉각언어를 사용한다(삼상 14:9; 삼하 5:8; 사 30:4; 단 9:21).

נכה(*나카*)는 '치다' 혹은 '때리다'는 의미의 단어로서 다양하게 사용된다. 주로 *히필*형으로 많이 나타나는데 단순히 타격을 가하는 정도가 있는가 하면 죽음에 이르도록 때리는 경우도 있다. 발람이 나귀를 때릴 때(민 22:23, 35, 27, 28, 32), 그리고 사람의 뺨을 때릴 때도 이 단어가 사용되었다(욥 16:10; 왕상 22:24=대하 18:23; 미 4:14). 때리는 정도에 따라 죽음에 이를 경우도 있으며 이 때는 대부분 '죽이다'는 다른 단어가 함께 나타나는 것을 볼 수 있다. 사자와 곰을 때려 죽일 때도 이 단어가 사용되었으며(삼상 17:35), 사람을 때려 죽일 때도 이 단어가 사용되었다(출 21:12, 20). 이 단어 자체가 '죽이다'는 뜻은 아니지만 전쟁에서 공격하여 살해할 때 이 단어 만 사용하여 표현하는 경우도 있다(삼상 14:14). 특이한 것은 "(심령이) 통회하다"고 번역되는 경우에도 이 단어가 사용되었다(사 66:2; 삼하 24:10). 즉 심령이 두들겨 맞은 상태를 가리킨다.

נגף(*나가프*)는 '치다'는 뜻의 단어인데 치명적으로 타격을 가한다는 의미가 들어있다. 임산부를 낙태케 할 정도로 타격을 가할 때(출 21:22), 소가 소를 받아 죽이는 경우가 생길 때(출 21:35)도 이 단어가 사용되었다. 이 단어가 *니팔*형으로 사용될 때는 주로 전쟁에서 타격을 받아 패전한다고 할 때 사용된다(삿 20:32, 39; 삼하 10:15, 19; 18:7; 왕상 8:33).

נקב(*나카브*)는 '찌르다'라는 의미의 단어이다. 하나님이 찌를 때(합 3:14), 이집트를 갈대 지팡이라 풍자하면서 갈대 지팡이가 손을 찌른다고 표현할 때(사 36:6=왕하 18:21), 하마의 코를 갈고리로 찔러 꿸 때(욥 40:24) 등으로 사용된다.

"안수하다"는 뜻으로 주로 사용되는 סמך(*사마크*) 단어는 "손을 벽에 대다"(암 5:19)라고 할 때, 그리고 "손을 붙잡아 주다" 혹은 "붙들어주다" 라고 할 때도 사용하였다(시 37:17, 24; 54:4; 119:116; 145:14; 사 59:16; 63:5).

III. 촉각언어 중심 해석의 실제

1. 아가, 아모스, 이사야

아가는 연인들이 사랑을 표시하는 장면으로 이어진다. 당연히 사랑스러운 장면이 연출되면서 각종 감각언어들이 풍부히 동원되고 있음을 발견할 수 있다. 그 중에서도 특히 촉각언어가 두드러지게 나타난다. 대표적인 표현을 보면 다음과 같다. "그가 왼 팔로 내 머리를 고이고 오른 팔로 나를 안는구나"라는 촉각적 표현이 두 번 나타나고 있으며(아 2:6; 8:3), "흔들지 말고 깨우지 말라"라는 촉각언어들이 세 번이나 반복되고 있다(아 2:7; 3:5; 8:4). 물론 입맞춤도 반복되고 있고 처음과 끝을 장식하고 있다(아 1:2; 8:1).

예언자들이 특히 촉각언어를 다양하게 구사하고 있다. "야훼께서 말씀하신즉 누가 예언하지 않겠느냐"라는 말씀을 선포하기 위해 예언자 아모스는 아모스 3장 3-8절에서 다양한 운동감각 언어와 촉각언어를 동원하여 청중의 마음에 진동을 불러일으키고 있다. 처음에는 두 사람이 함께 걸어가는 움직임을 보여주고(3절), 사자가 먹이를 움키고 포효하는 동작을 보여주면서(4절), 새가 덫에 치이는 장면과 덫이 튀어 오르는 움직임을 보여준다(5절), 그리고 백성들이 두려워 떠는 진동을 느끼게 해주고(6절), 마지막으로 사자가 포효할 때 사람들이 두려워 떠는 진동을 느끼게 해주면서 결론적인 선포를 하고 있다(8절). 예언이라는 현상을 촉각을 빌어 설명하는데 하나님으로부터 느낀 진동을 다른 사람들에게 전한다는 것으로 표현하고 있다.

예언자 이사야는 예루살렘의 참상을 표현할 때 촉각언어를 사용하여 피부에 와 닿는 예언을 선포하였다.

> 너희가 어찌하여 매를 더 맞으려고 배신을 계속하느냐?
> 온 머리는 병들었고 온 마음은 휘청거리는구나.
> 발바닥에서 정수리까지 성한 곳이 없으니,
> 멍듦과 부스럼, 새로 맞은 흔적이구나.
> 짜지도 않았고, 싸매지도 않았고, 기름으로 부드럽게 하지도 않았구나.
> (사 1:5-6)[144]

2. 고통과 촉각언어(욥기 16:7-16)

욥기는 신체적 고통 뿐만 아니라 정신적 고통에 대해서도 이야기하고 있다. 당연히 촉각언어가 많이 활용된 모습을 볼 수 있다. 어느 정도 촉각언어가 사용되었는지 확인하기 위해 욥기 가운데 한 부분에서 촉각언어에 해당하는 부분을 굵은 글자체로 표시해본다.

7. 아! 이제 당신(하나님)께서 나를 **곤고케 하시고** 나의 무리를 패괴케 하셨나이다
8. 주께서 나를 **시들게 하셨으니** 이는 나를 향하여 증거를 삼으심이라 나의 파리한 모양이 일어나서 대면하여 나의 죄를 증거하나이다

144) 필자의 사역

9. 그는 진노하사 나를 **찢고 군박하시며** 나를 향하여 **이를 갈고** 대적이 되어 **뾰족한 눈으로** 나를 보시고
10. 무리들은 나를 향하여 입을 벌리며 나를 **천대하여 뺨을 치며** 함께 모여 나를 대적하는 구나
11. 하나님이 나를 경건치 않은 자에게 **붙이시며** 악인의 **손에 던지셨구나**
12. 내가 평안하더니 그가 나를 **꺾으시며** 내 **목을 잡아 던져** 나를 **부수시며** 나를 **세워 과녁을 삼으시고**
13. **그 살로 나를 사방으로 쏘아 인정 없이 내 허릴 뚫고 내 쓸개로 땅에 흘러나오게 하시는 구나**
14. 그가 나를 **꺾고 다시 꺾고 용사같이** 내게 **달려드시니**
15. 내가 **굵은 베를 꿰어 매어** 내 **피부에 덮고** 내 **뿔을 티끌에 더럽혔구나**
16. 내 **얼굴은 울음으로 붉었고**[145] 내 **눈꺼풀에는** 죽음의 그늘이 있구나

욥기의 표현에서 발견할 수 있는 것은 촉각언어가 많이 사용되면 될수록 점점 더 심한 고통이 표현되고 있다는 점이며 점층적으로 감정적인 표현이 격해진다는 것을 알 수 있다. 이러한 본문을 해석할 때는 촉각언어의 특수한 기능을 파헤치지 않고서는 그 메시지의 깊이와 강도를 파악하기 힘들다는 것을 알 수 있다.

3. 칼을 댈 것이냐 말 것이냐 (사사기 13:1-16:31)

누구나 즐겁게 듣는 삼손 이야기. 동시에 가슴을 뭉클하게 만드는 감동이 있는 이야기. 어떻게 이런 이야기가 가능할까? 그 비법은 촉각언

145) '붉다'는 것은 시각언어이지만 고통 가운데 눈물을 흘리며 운다는 것은 촉각언어에 해당된다.

어를 다양하게 효과적으로 구사했기 때문으로 분석할 수 있다. 머리털에 칼을 델 것이냐 말 것이냐 하는 것과 몸에 묶인 줄을 끊을 수 있느냐 없느냐 하는 것이 핵심적인 테마인 것을 발견할 수 있다.

이야기 첫 머리부터 "야훼께서 그들(이스라엘 백성)을 블레셋 손에 붙이시니라"(삿 13:1)는 표현으로 시작되고 있다. "손에 붙인다"라는 표현은 촉각언어를 사용한 은유적 표현이다. 또한 블레셋 사람들을 소개할 때 "할례받지 아니한 블레셋 사람"(삿 14:3)이라 소개하는 것은 촉각을 자극하는 표현이라 볼 수 있다. 우리의 영웅 삼손은 태어날 때부터 비상한 구석이 있었다. 삼손의 어머니는 원래 아이를 낳지 못하는 어려움이 있었다. 그런데 야훼의 사자가 나타나 그가 임신하여 아이를 낳을 것이라는 기쁜 소식을 전해 주었다. 기쁜 소식이기는 하지만 반복해서 나타나는 임신하여 아이를 낳는다는 표현 속에는 임신의 수고와 해산의 고통이 포함되어 있다(삿 13:2, 3, 7, 8, 24).

또한 야훼의 사자가 삼손의 어머니에게 나타나 "그 머리에 칼을 대지 말라"(삿 13:5)라는 나실인의 규정을 지킬 것을 명령하였다. 왜냐하면 그 아기는 장차 "블레셋 사람의 손에서 이스라엘을 구원할" 인물이기 때문이라 하였다(삿 13:5). 머리에 칼을 대지 말라는 것은 나실인의 규정이면서 동시에 삼손의 괴력이 그 머리털에 있다는 암시이기도 하다. 또한 삼손의 머리털 즉 칼로 자르지 않은 긴 머리털은 하나님께 바쳐진 나실인으로서 하나님께서 함께 하신다는 구체적인 표시이기도 하다.

야훼는 나실인 삼손에게 복을 주시고(삿 13:24), 야훼의 신이 그와 함께 하셨다(삿 13:25; 14:6, 19; 15:14; 16:28-30).[146] 야훼의 신이 함께

146) 삿 16:18-20 부분에는 "야훼의 신이 함께 하셨다"라는 구절이 없다. 그러나 머리털이 자란 삼손이 하나님께 부르짖으며 엄청난 힘을 발휘한 것을 보아

하신다는 표현도 정적인 표현이 아니라 촉각언어가 포함된 움직이는 동적인 표현인 것을 발견할 수 있다. "야훼의 신이 비로소 그에게 감동하시니라"(삿 13:25)로 번역된 것을 직역하면 "야훼의 신이 그를 찌르기(פעם) 시작했다"로 번역할 수 있다. 야훼의 신이 함께 한다는 다른 표현을 보면 "야훼의 신이 그에게 쏟아졌다(צלח rush)"(삿 14:6, 19; 15:14)는 표현으로 반복된다.

그러나 삼손의 행동은 나실인다운 거룩한 행동이라기보다 충동적이고 여자관계로 인해 좌충우돌하는 괴력의 영웅으로서 행동하였다. 그의 특이한 행동을 서술할 때 촉각언어가 많이 동원되었으므로 실제감을 충분히 느낄 수 있다. 야훼의 신에 감동된 삼손은 맨 손으로 사자를 찢어 죽였다. 나중에 삼손은 그 사자의 몸에서 꿀을 취해서 먹었다. 이에 대한 수수께끼를 삼손이 내놓으면서 내기를 하게 된다. 결국 삼손은 여자의 꾐에 빠져 해답을 가르쳐 주었으므로 삼손은 내기에 지게 되고 벌칙으로 블레셋 사람 삼십 명을 죽이고 노략하였다(삿 14: 10-19).

촉각언어로서 만들 수 있는 강렬한 이미지는 뜨거운 불이 타오르는 장면과 살해 장면이다. 삼손의 부모에게 나타난 야훼의 사자는 제단의 불꽃이 하늘로 올라갈 때 그 불꽃 가운데로 좇아 올라갔다(삿 13:20). 야훼의 사자가 신적인 존재임을 증명하는 것으로 뜨거운 불 속에서도 활동할 수 있음을 보여준 것이다.[147] 동시에 삼손(שמשון)이라는 이름도 불꽃의 형상을 하고 있는 태양(שמש)이라는 단어와 연관이 있다.[148] 또

하나님이 함께 하셨음을 알 수 있다.

147) 뜨거운 풀무 불 속에서도 죽지 않고 다치지 않는 모습은 다니엘과 그의 친구들에게 하나님의 능력이 함께 하신다는 증거이기도 하다(단 3:19-27). 이 장면에도 신적인 존재가 다니엘과 그의 친구들과 함께 풀무 불 가운데 있었다(단 3:25).

한 삼손은 아내를 다른 사람에게 준 것에 분노하여 여우 삼백 마리를 꼬리에 횃불을 묶어 블레셋 사람들의 곡식밭에 풀어놓아 온 들판을 불 살랐다. 꼬리에 불을 달고 뜨거움에 못 이겨 비명을 지르며 달리는 여우들과 온 들판이 뜨거운 불길 속에 휩싸이는 장면이 나타난 것이다. 또한 분노한 블레셋 사람들이 삼손의 장인과 아내를 불 태워 죽였다. 이에 삼손은 블레셋 사람들을 죽여 복수하였다.

삼손 설화 가운데 중요한 테마는 줄로 삼손을 묶을 때 삼손이 그 줄을 끊을 수 있느냐 하는 것이다. 이러한 경우는 무려 다섯 번이나 반복되고 있다. 처음부터 네 번째 까지는 삼손이 가볍게 자기 몸에 묶인 줄을 끊어버렸다. 피부에 와 닿는 속박감과 해방감이 반복적으로 생생하게 전해지고 있다. 유다 사람들이 블레셋 사람들의 압력에 못이겨 삼손을 넘겨줄 때 새 줄 둘로 묶었다. 그러나 삼손은 "불 탄 삼같이"그 줄을 끊어버렸다(삿 15:9-14). 이에 삼손은 나귀의 턱 뼈로 블레셋 사람 일천 명을 죽였다. 두 번째 경우부터 네 번째 경우는 블레셋 여인 들릴라의 요청, 즉 힘의 근원이 어디 있느냐는 질문에 거짓으로 대답하는 삼손의 모습이 나타나며 묶을 때 마다 가볍게 그 줄을 끊어버리는 모습이 나타난다. 그러나 다섯 번째는 삼손이 그 비밀을 실토하고 결국 삼손의 머리털이 잘리게 된다(삿 16:19). 나실인의 계율을 어긴 삼손에게서 하나님은 떠나시게 되고 삼손의 힘은 사라졌다. 힘을 잃은 삼손은 블레셋 사람들의 손에 묶여 눈이 빼인 채 감옥에서 맷돌을 돌리는 신세가 되었다. 이 때 삼손은 놋줄로 묶인 신세가 되었으며 삼손은 그 줄을 끊을 수 없었다(삿 16:21).

그러나 새로운 희망이 꿈틀대고 있었다. 삼손의 머리털이 감옥에서도

---

148) Robert G. Boling, *Judges*. (Garden City: Doubleday & Company, Inc., 1975) 225.

다시 자라기 시작한 것이다. 그리고 삼손은 하나님께 힘을 달라고 부르짖었다. 그리고 눈 먼 그의 손을 이끄는 사람에게 기둥이 어디 있는지 더듬을 수 있도록 인도해 달라고 요청한다. 삼손이 두 손으로 다곤 신전의 기둥 둘을 꺾을 때 그 신전은 무너졌고 거기 있던 블레셋 사람 삼천여 명과 함께 삼손은 장렬한 최후를 맞이하였다(삿16:28-30). 놋줄을 끊었다는 구체적인 표현은 없지만 이미 그의 힘은 줄을 끊는 것 이상의 힘이 되어 있었다. 무너져 내리는 신전의 건물이 삼손의 온 몸을 강타하고 덮을 때 삼손은 비로소 진정한 해방감을 맛볼 수 있었으며 이로 인해 수많은 이스라엘 동족들의 해방을 선물로 줄 수 있었다.

IV. 요 약

감성을 활용하여 성경에 가까이 가려고 할 때 "피부로 느낄 수 있는" 촉각언어와 촉각과 관련되는 표현을 주목할 필요가 있다. 왜냐하면 촉각은 인간의 감각 가운데 가장 기본적인 감각이기 때문이다. 신생아가 태내에 있을 때는 아직 감각기관이 충분히 발달하지 않았기 때문에 다양한 감각으로 반응할 수 없지만 촉각에는 반응한다. 이처럼 촉각은 인간의 감각 가운데 가장 먼저 발달하는 감각이며 동시에 인지하며 느끼는 가장 기본적인 통로가 바로 촉각임을 알 수 있다.

동시에 성경을 문자로 된 책이 아니라 가상현실에서 구현되는 가상성경으로 전환하기 위해서는 기초연구로서 성경에 나타나는 촉각언어와 촉각과 관련되는 표현을 심도 깊게 분석하고 연구하는 것이 올바른 순서일 것이다. 그리고 촉각언어와 촉각과 관련된 표현을 중심으로 성경을 재해석할 필요가 있다. 본 연구의 목적은 이러한 필요성에 부응하여 성경에 나타나는 촉각언어와 촉각과 관련된 표현을 분석하여 해석의 단서로 활용하는 방안을 연구하는 것이다.

구약에 나타나는 촉각언어와 촉각과 관련된 표현들을 조사하여 그 빈도와 경향성을 파악하려고 할 때 문제는 촉각언어와 촉각과 관련된 표현이 너무 많다는 것이다. 따라서 그 가운데 선별하여 파악할 필요가 있다. 촉각언어 가운데 특별히 주목해야 하는 것은 신(神)의 접촉과 신과 관련되는 촉각언어이며, 그다음 의식 규정과 정결법에 나타나는 촉각언어이다. 그 외 인간과 관련된 것, 그리고 다양한 사물에 관련된 촉각언어에 대해 연구하였다.

욥기에는 촉각언어를 사용하여 하나님의 행동을 묘사하는데 "하나님은 아프게 하시다가 싸매시며 상하게 하시다가 그 손으로 고치시나니"(욥 5:18)라고 표현하고 있다. 하나님이 사람과 사물에 접촉한다는 표현이 나타날 경우 그 결과는 부정적인 것과 긍정적인 것으로 구분되어 나타난다. 빈도를 보면 오히려 부정적인 경우가 많이 나타나는 것을 발견할 수 있다. 중요한 단어로는 '접촉하다'는 의미의 נגע(나가), '치다' 혹은 '때리다'는 의미의 נכה(나카), '치다'는 뜻의 נגף(나가프) 등이 있다. 그리고 구약에는 "야훼의 손(יד יהוה)," "하나님의 손" 등 신의 손을 표현하는 구절들이 186회나 나타난다. 야훼의 손은 권력을 상징하는 단어이기도 하고 그 손으로 인간을 창조하기도 하며 구원하기도 하고 심판도 내린다.

제의규정과 정결법에서 접촉이 금지된 경우를 보면 서로 엄격히 구분되는 영역 사이에 접촉이 금지되고 있음을 알 수 있다. 즉 생명체와 시체 사이, 정결한 것과 부정한 것 사이, 그리고 거룩한 것과 세속적인 것 사이에 접촉이 금지되고 있다. 또한 제사장자료에 나타난 제사의식을 살펴볼 때 모든 제사가 말보다 행동을 통해 진행되며 각종 손동작이 핵심적인 행동임을 알 수 있다. 그리고 의식 가운데 하나님과의 계약의 표시로 행하는 할례의식은 신체 가운데 가장 민감한 부분의 피부를 절단하는 것이며 피부에 그 흔적을 남기는 의식이다. 의식 가운데 가장 촉각적인 의식이라 볼 수 있다.

사람의 촉각 가운데 가장 민감한 부분 중 하나는 손이다. 구약에서 '손'으로 번역되는 יד(*야드*)라는 단어는 1600회 이상 나타난다. 그리고 손 혹은 손바닥으로 번역되는 또 다른 단어는 כף(*카프*)인데 구약 가운데 거의 200회 정도 나타난다. 그러나 입맞춤은 그리 자주 나타나지 않는다. 입맞춤은 가족간에 친밀함을 나타낼 때 나타나는 표현이다.

촉각언어를 중심으로 구약을 해석하는 모델로서 아가 1:1-8:14; 아모스 3:3-8; 이사야 1:5-6; 욥기 16:7-16; 사사기 13:1-16:31 등을 택하여 분석해 보았다. 특히 사사기의 삼손설화의 경우 설화를 이끌어 가는 핵심적인 테마가 촉각언어로 표현된 것을 발견할 수 있다. 즉 나실인으로서 머리털에 칼을 대지 말아야 한다는 것이며 이것이 하나님이 주시는 놀라운 힘과 연관이 되어 있고 사사로서 삼손이 능력을 발휘할 수 있느냐 없느냐는 것과 연결되어 있다. 마지막에 다곤 신전의 기둥을 더듬는 삼손의 손, 기둥을 꺾는 삼손, 그리고 다곤신전이 삼손과 삼 천 명 이상의 블레셋 사람위에 무너져 내려 강타하는 것은 촉각언어로 충만한 삼손설화의 절정이라 하겠다.

제5장 미각언어 중심의 성경해석

탈문자 시대를 바라보는 현 시점에서 성경해석은 당연히 멀티미디어와 가상현실의 미디어를 염두에 두고 해석해야 한다. 따라서 이러한 미디어가 인간의 모든 감각을 활용한다면 이제 성경해석도 감각분석(sense analysis) 기법을 활용하여 성경을 감성적으로 해석할 단계에 이르렀다.[149)]

본 장에서는 여러 감각 가운데서도 미각과 관련된 음식 이미지에 초점을 맞추었다. 구약 가운데 토라에 활용된 특정 이미지인 음식 이미지에 주목하면서 감각분석 기법을 활용하여 토라를 새롭게 해석하고자 한다.

하나님의 가르침인 토라에서 음식 이미지가 많이 활용된 것은 자연스러운 일이다. 왜냐하면 소위 "먹고 마시는 것"은 삶을 영위하기 위해 필수적으로 해야 할 행동이며 모든 사람들이 너무나도 친근하게 잘 알고 있는 이미지이기 때문이다. 그리고 음식은 생명과 연관되어 있기에 생명의 주인으로서의 하나님을 소개하는데 음식 이미지가 유용하게 활용된 것이다.

토라에는 교육적인 목적, 좀 더 구체적으로 말한다면 신앙 교육적인

149) D. J. A. Clines, *I, He, We, and They: A Literary Appreach to Isaiah* 53 (JSOTSup 1; Sheffield: JSOT Sheffield, 1976), 40-43.

목표가 토라의 구절구절마다 배어 있으며, 이러한 교육적 목표를 달성하기 위해 가장 친근한 이미지인 음식 이미지가 토라에는 광범위하게 활용되고 있다. 그리고 교육 방법 가운데는 예로부터 밥상머리 교육이 효과적인 교육으로 알려져 있다. 특히 음식이 부족하고 가난했던 고대 사회에서는 음식을 통한 교육이 가장 기본적인 교육이었다. 토라에서도 음식 이미지의 이러한 힘을 충분히 인식하고 토라의 핵심 메시지를 음식 이미지를 통해 표현하고 전달하고자 하였다. 그러므로 토라의 구조와 핵심적 내용을 파악하기 위해서는 음식 이미지를 중심으로 토라를 새롭게 해석할 필요가 있다.

토라에 나타나는 음식 이미지에 대한 연구동향을 살펴보면 "음식법(Dietary Law, 레위기 11장)"에 대한 연구는 있었지만 아직 토라 전체에서 음식 이미지가 어느 정도 중요하며 어떻게 활용되고 있는가에 관한 체계적인 연구 결과가 나타나지 않았다. 토라를 새롭게 해석하기 위해서는 음식 이미지에 대한 연구가 필수적이다.

본 장의 목적은 이러한 필요성을 염두에 두면서 토라에 나타나는 음식 이미지를 분석하여 음식 이미지가 어떻게 활용되는 가를 밝히는 것이며, 동시에 음식 이미지가 토라의 핵심적인 메시지와 어떻게 관련되어 있는가를 밝혀 토라 해석의 새로운 돌파구를 마련하려는데 있다. 다만 토라에 나타나는 음식 이미지가 너무도 풍부하여 한 편의 논문으로 모두 소화할 수 없어 가장 핵심적인 부분만 선별하여 정리하였고, 마지막에는 음식 이미지를 중심으로 요셉 설화를 새롭게 해석하는 실제 해석 편을 첨가하여 토라 해석의 새로운 가능성을 타진하였다.

I. 하나님의 "음식 제공자(Food Provider)" 이미지

토라에 나타난 음식 이미지 가운데 가장 중요한 이미지는 "음식 제공자"로서의 하나님의 이미지이다. 하나님을 "음식 제공자"라고 할 때 하나님은 음식을 제공할 뿐만 아니라 음식 즉 양식의 소유주임을 가리킨다.[150] 음식 제공자는 권위를 행사할 수 있고 먹을 수 있는 것과 먹지 말아야 할 것을 규정할 수 있다. 하나님은 바로 이 음식에 대한 규정을 통해서 신앙교육을 실시하였다. 즉 하나님은 밥상머리 교육방법을 활용한 것이다. 하나님이 음식 제공자라고 했을 때 가장 중요한 것은 역시 하나님이 생명체를 창조한 생명의 소유자일 뿐만 아니라 생명체를 살아있게 유지하는 생명의 보호자요 양육자임을 강조한 것이다. 성경 곳곳에서 살아있는 신으로 하나님을 말할 때 "음식 제공자"의 이미지를 강조하고 있다. 이제 음식제공자로서의 하나님의 이미지를 통해서 토라가 말하고자 하는 핵심을 살펴볼 것이다.

1. 하나님은 생명의 주인[151]

노아의 홍수 후에 산 동물을 음식으로 추가하면서 그 고기를 먹을 때 "피채 먹지 말라"고 금지명령을 내렸다(창 9:4). 만약 피채 고기를 먹을 때는 살인자의 죄목으로 형벌을 내린다는 것이다. 레위기에도 피

---

150) 참조; Jane S. Webster는 요한복음의 음식 이미지를 분석하여 음식 이미지가 구원론과 예수의 정체성 그리고 성도의 역할을 전달해주는 전달기구의 역할을 하고 있음을 밝혔다. Jane S. Webster, *Ingesting Jesus - Eating and Drinking in the Gospel of John* (Atlnata: Society of Biblical Literature, 2003) 1-3, 147-154

151) 하나님이 생명의 소유주임을 분명히 나타낸 구절은 다음과 같다. "모든 생명은 다 나의 것이다(כל־הנפשות לי)"(겔 18:4)

채 고기를 먹지 말라는 규정이 강조되어 있다(레 3:17; 7:26; 17:11, 12, 14). 그리고 신명기에도 이러한 규정이 있다(신 12:16, 23; 15:23). 이러한 금지명령이 내려진 이유는 피에 생명이 있다는 생각에서 연유된 것이다(레 17:14; 신 12:23; 창 9:4-6).[152] 중요한 것은 생명의 주인이 하나님이기 때문에 생명인 그 피를 먹지 말라는 것이다.[153] 만일 피채 고기를 먹는다면 하나님의 소유권을 침해하는 월권행위를 하게 되는 것이며 "끊어지는" 형벌, 즉 하나님으로부터 형벌을 받게 된다(레 17:10-14). 피를 먹지 말라는 규정은 이스라엘 백성 뿐만 아니라 나그네까지 지켜야하는 규정이며(레 17:10, 12) 신약시대에도 모든 사람이 지키도록 규정되어 있다(행 15:20).

동물을 잡아 희생제사를 드릴 때도 동물의 피는 바르거나 뿌린 후 남은 것을 제단 아래 붓게 되어 있다(레 1:5, 11; 3:2; 4:30). 왜냐하면 피는 생명이기 때문에 생명의 주인이신 하나님께 돌려드려야 하기 때문이다. 그리고 피 즉 생명은 사람의 소유물이 아니기 때문에 제단 위에 올라가지 못한다. 화목제를 드리지 않고 고기를 먹을 때는 피를 땅에 쏟고 그 고기를 먹어야한다(신 12:15-16). 만일 사냥을 해서 동물을 죽였을 때에도 피는 하나님께 돌려드려야 하는데 제단이 사냥터 가까이 없기 때문에 땅에 피를 쏟고 묻어야 한다(레 17:13).

사람이 하나님의 소유인 생명에 손을 덴 불행한 사건은 바로 가인이 아벨을 죽인 사건이다. 이 때 땅은 "입을 벌려"(창 4:11) 아벨의 피를

---

152) H. W. Wolff, *Anthropology of the Old Testament*. (Philadelphia: Fortress Press, 1974), 59-62.

153) J. Milgrom, *Leviticus* 17-22. Anchor Bible. vol. 3A(New York: Doubleday, 1999), 1469-1477.

마실 수밖에 없었다. 왜냐하면 땅도 먹어야 할 것과 먹지 말아야 할 것을 구분할 수 있지만 먹지 말아야 할 것을 거부할 수 있는 힘이 없는 존재이기 때문이다. 땅은 피 즉 하나님의 소유물인 생명을 억지로 먹었으므로 살인자 가인을 저주하여 농사를 지어도 소출을 얻을 수 없도록 하였다(창 4:11-12).[154] 만일 땅이 억지로 무엇을 먹을 수밖에 없을 때는 반드시 그 반응을 보여준다. 땅 위에서 살고 있는 주민이 죄를 저질러 그 땅을 더럽혔을 때는 땅은 그 주민을 토해낸다(레 18:28). 따라서 가인은 그 땅에서 추방되어 유리하여 도피하는 도망자가 되어 버렸다(창 4:14).

2. 하나님은 생명의 보호자요 양육자

첫 번째 창조설화에는 하나님이 사람과 동물에게 음식을 제공하는 모습이 나타난다(창 1:29-30). 이 때 땅이 하나님의 명령에 순종하여 음식을 생산하는 모습을 볼 수 있다(창 1:11-12). 즉 셋째 날에는 땅이 "풀과 각기 종류대로 씨 맺는 채소와 각기 종류대로 씨 가진 열매 맺는 나무를 내었다"(창 1:12). 두 번째 창조설화에도 하나님은 에덴동산을 만드시고 동산의 각종 실과를 먹을 수 있도록 사람에게 음식을 제공하는 것을 볼 수 있다(창 2:16-17).

하나님이 음식 제공자라는 사실을 극명하게 보여준 경우는 이스라엘 백성이 광야를 시날 때였다. 마실 물도 없고 먹을 것도 없는 사막에서 하나님은 반석에서 물이 솟아나게 하고 하늘에서 만나와 메추라기를 내려서 이스라엘 백성이 사막에서 죽지 않고 살 수 있도록 하였다(출 16:21). 이 때 모세는 하나님이 고기와 떡을 배불리 먹이실 것이라고

154) 제사장의 저주할 때 땅은 소출을 내지 않는다(레 26:19-20).

하나님이 음식 제공자임을 강조하였다(출 16:8).

하나님이 광야에서도 식탁을 차릴 수 있는 "음식 제공자"이며 자기 백성을 먹인다는 분명한 증거인 만나는 항아리에 담겨 후일에 야훼 성전의 지성소 법궤 안에 보관되어 대대로 이스라엘 백성으로 하여금 음식 제공자로서의 하나님을 기억하도록 하게 하였다(출 16:32-33). 또한 법궤 안에는 아론의 지팡이도 들어있다. 아론의 지팡이는 성막 안의 야훼 앞에 두었을 때 "움이 돋고 순이 나고 꽃이 피어서 살구 열매가 열린…" 지팡이였다(민 17:8). 마른 막대기에서 생명의 움이 돋았고 생명을 살리는 양식인 열매가 열린 것이다. 아론이 하나님이 세운 지도자임을 증명한 막대기였다. 동시에 마른 막대기에도 열매가 열릴 수 있게 만드는 능력은 하나님의 능력임을 보여주는 사건이다. 즉 하나님이 "음식 제공자"임을 증명해준 사건인 것이다.

회막의 지성소에 있는 법궤는 하나님을 나타내 보여주는 중요한 성상(iconography)이다. 그리고 그 안에 있는 것들이 바로 하나님을 보여주는 것인데 법궤 안에는 십계명이 새겨진 돌판과 아론의 지팡이와 만나 항아리가 들어 있다. 하나님의 말씀이 하나님이 제공하는 음식과 함께 들어 있는 것이다. 이것은 바로 하나님이 음식 제공자임을 강조하면서 동시에 하나님의 말씀으로 사람이 살아간다는 사실을 강조한 것이다.

> 너를 낮추시며 너로 주리게 하시며 또 너도 알지 못하며 네 열조도 알지 못하는 만나를 네게 먹이신 것은 사람이 떡으로만 사는 것이 아니요 여호와의 입에서 나오는 모든 말씀으로 사는 줄을 너로 알게 하려 하심이니라(신 8:3).

하나님이 생명을 유지할 수 있도록 음식을 제공하는 생명 유지자임을 경험할 수 있도록 하는 제도적 장치는 안식일과 안식년 그리고 희년의 제도이다. 안식일과 안식년 그리고 희년에는 사람이 일을 하지 않고 휴식하며 땅도 휴식하게 된다. 그런데 사람이 굶지 않고 살 수 있도록 하나님이 돌보아주는 것이다. 예를 들어 안식년의 경우, 제6년째에는 3년간 먹을 수 있는 양식을 수확할 수 있도록 하나님이 배려하여 안식년인 7년째와 파종하는 8년째 곡식을 수확할 수 있는 9년째까지 굶지 않고 살 수 있도록 배려한다는 것이다(레 25:20-22). 신명기에도 음식은 하나님이 주는 선물임을 분명히 명시하였다. "야훼께서 … 밭의 소산을 먹게 하시며 반석에서 꿀을, 굳은 반석에서 기름을 빨게 하시며 …"(신 32:13-14).

하나님이 음식 제공자이기 때문에 음식에 대한 규정을 두고 있다. 음식법은 다른 목적 즉 이스라엘 백성이 하나님의 선택된 백성이라는 것을 가르치는 소위 밥상머리 신앙교육적인 목적도 있지만 기본적으로 음식에 대한 하나님의 소유권을 천명한 것이다. 일반적으로 "음식법"이라면 레위기 11장에 나타나는 음식법만 이야기하지만 사실 에덴동산에서 선악과를 먹지 말라는 하나님의 명령(창 2:17)에서부터 음식법이 시작되는 것이다. 그리고 노아에게 고기를 먹을 수 있지만 피있는 채 먹지 말라는 규정도 음식에 대한 규정이다. 일반적으로 음식에 대한 규정은 고기에 대한 규정으로 알려져 있지만 사실 에덴동산의 경우처럼 과일 즉 식물(植物) 음식에 대한 규정부터 시작된다.[155)]

---

155) 음식에 대한 규정 가운데는 하나님께 드리는 제물의 규정이 가장 까다로운데 그 가운데는 맹수에 찢긴 짐승은 안 된다는 규정이 있다(레 22:1-16). 즉 폭력을 배제하는 정신이 들어 있는 규정이다. 또한 요리할 때도 지켜야 할 것이 있다. "염소 새끼는 어미젖으로 삶지 말라"(출 34:26)는 규정은 짐승에게도

물도 생명을 유지시키는 중요한 먹거리이다. 토라에는 하나님이 물의 제공자임을 강조하고 있다. 두 번째 창조설화에 보면 "하나님이 비를 내리지 아니하셨다"(창 2:5)고 하며 비를 관장하는 하나님 이미지를 강조하였다. 그리고 하나님이 사람을 에덴동산에 살게 할 때에 풍부한 물을 흐르게 하는 모습을 볼 수 있다. 비손과 기혼과 힛데겔(티그리스) 그리고 유프라테스 강이 에덴에서 발원하여 흐르게 하였다(창 2:10-14).

하나님이 복을 줄 때도 기본적으로 음식에 대한 축복이지만 그 가운데 빼 놓을 수 없는 것이 물에 대한 축복이다. 특히 이스라엘 지역은 물이 귀한 지역이라 물에 대한 축복은 그 어느 것보다 더 중요하였다. 야곱이 요셉에게 축복을 할 때 "원천(源泉)의 복"(창 49:25)으로 축복하였고 요셉지파에 대한 모세의 축복도 "이슬과… 물"(신 33:13-14)로 시작되었다. 제사장의 축복에도 "비를 때에 따라 줄 것이요"(레 26:4)라는 축복이 포함되어 있다.

특히 사막이나 광야에서는 물이 생명수 그자체이다. 광야를 행진하는 이스라엘 백성에게는 바위에서 물이 솟아나도록 하였다(출 17:5-6). 하나님은 광야에서 목말라 사경을 헤매는 하갈과 이스마엘을 위해 샘물을 발견하도록 눈을 밝혀 주었다(창 21:14-19). 또한 하갈이 광야로 도망하다가 야훼의 사자를 만난 장소는 샘물 곁이었다(창 16:8). 그리고 물이 귀한 팔레스타인 땅에서는 우물이 중요하였다. 그래서 우물 파는 노래도 전해 내려왔으며(민 21:16-18) 여러 중요한 사건들이 우물가에서 발생한 것을 볼 수 있다. 우물가에서 리브가를 만나 장래 주인의 며느리를 데려온 아브라함의 하인(창 24-25장)의 이야기가 있고, 야곱은 우물가에서 라헬을 만났으며(창 29장), 모세는 우물가에서 십보라를 만났다(출

어미와 새끼의 정이 있음을 인정하고 존중한다는 의미가 들어 있다.

2:16). 이삭이 블레셋 사람들과 갈등을 일으킨 것도 우물을 차지하는 문제였다. 결국 이삭은 싸움을 피하여 브엘세바까지 가서 우물을 확보하고 정착하게 되었다(창 26:12-25). 브엘세바라는 지명도 우물과 관련이 있다(창 26:32-33). 즉 일곱 개의 우물이라는 뜻의 지명이다.

사람을 비롯하여 모든 생물은 하나님의 축복을 받아 살아가고 있다. 그리고 하나님으로부터 축복을 받는다는 것은 하나님으로부터 음식을 제공받는 것으로 표현되고 있다. "생육하고 번성하라"는 하나님의 기본적인 축복도 하나님으로부터 음식이 제공된다는 것을 전제로 한 것이다(창 1:28). 이삭은 야곱에게 하나님께서 "풍성한 곡식과 포도주"(창 27:28)를 내려주시도록 축복하였다. 야곱의 축복을 볼 때 유다 지파에게는 포도주의 풍성함으로 축복하고(창 49:11), 아셀에게는 왕의 식품으로 사용할 수 있을 정도의 기름진 식물로 축복하고(창 49:20), 요셉에게는 원천의 복과 젖 먹이는 복과 태의 복으로 축복하였다(창 49: 25). 또한 베냐민에게는 사냥감으로 축복하였다(창 49:27). 요셉지파에 대한 모세의 축복은 "이슬과… 물과 태양이 결실케 하는 보물" 등이었다(신 33:13-14). 제사장 축복의 핵심도 하나님이 주시는 음식 이미지로 가득 차 있다.

> 내가 너희에게 비를 때에 따라 줄 것이요, 땅은 산물을 생산할 것이며 밭의 나무는 열매를 맺을 것이다. 너희 타작마당은 포도를 수확할 때까지 지속될 것이요, 포도 수확은 씨를 뿌릴 때까지 지속될 것이다. 너희는 자기의 양식을 배부르게 먹을 것이며, 너희의 땅에 안전하게 살 것이다. (레 26:4).[156]

---

156) 필자의 사역

지극히 높으신 하나님의 제사장으로 불린 살렘왕 멜기세덱이 아브라함이 전쟁에서 승리한 개선장군으로 돌아올 때 영접하기 위해 멜기세덱이 떡과 포도주를 준비하였고 아브라함을 환영하며 축복하였다(창 14:17-20). 제사장이 음식을 제공한다는 것은 하나님을 대신하여 거룩한 음식을 제공하는 의미가 있으며 하나님이 음식 제공자임을 확인시켜주는 사례로 볼 수 있다.

약속의 땅을 "젖과 꿀이 흐르는 땅"이라고 부르는 것도 귀중한 음식이 풍성한, 하나님으로부터 축복받은 땅이라는 의미를 표현하고 있다(출 13:5; 민 13:27; 14:8; 신26:9, 15). 또한 그 땅에서 하나님을 온전히 섬기면 "곡식과 포도주와 기름을 얻을 것이요, 또 육축을 위해 들에 풀이 나게 하시리니 네가 먹고 배부를 것이라"고 하였다(신 11: 14-15). 마찬가지로 약속의 땅을 정탐한 정탐꾼이 에스골 골짜기에서 포도송이를 메고 온 것도 축복받은 땅의 상징물로 가져온 것이었다(민 13:23-24). 신명기에서도 약속의 땅을 음식 이미지로 묘사한 부분이 자주 나타난다. "네가 파지 아니한 우물을 얻게 하시며 네가 심지 아니한 포도원과 감람나무를 얻게 하사 너로 배불리 먹게 하실 때에…"(신 6:11), "… 밀과 보리의 소산지요 포도와 무화과와 석류와 감람들의 나무와 꿀의 소산지라, 너의 먹는 식물의 결핍함이 없고… 네가 먹어서 배불리고…"(신 8:8-10). 또한 하나님의 말씀을 준행할 때 하나님이 주시는 복을 음식 이미지로 표현하고 있다. "네 토지의 소산과 네 짐승의 새끼와 우양의 새끼가 복을 받을 것이며 네 광주리와 떡반죽 그릇이 복을 받을 것이며…"(신 28:4-5)

3. 음식 제공 중단자로서의 하나님

하나님이 음식 제공자이기 때문에 하나님이 형벌을 내리고 심판할 때도 음식을 통해서 심판한다. 하나님은 "음식(양식) 제공자"이지만 동시에 "음식(양식) 파괴자"이기도 하다. 하나님과 더불어 언약한 것을 파기할 때 하나님은 음식(양식)을 파괴하는 형벌을 내린다.

> 내가 너희의 양식을 파괴시키면 열 명의 여자들이 너희의 먹을거리를 한 화덕에서 구울 것이며, 저울에 달아서 너희의 먹을거리를 줄 것이며, 너희가 먹어도 배부르지 않을 것이다 (레 26:26).

가정마다 당연히 화덕이 있는데, 열 명의 여자가 한 화덕에서 음식을 요리한다는 것은 열 가정이 한 냄비만을 사용할 정도로 양식이 부족하다는 것이다. 그리고 저울에 달아서 나눈다는 것은 양식이 부족하여 배급하는 상황이며 이러한 음식을 받아서 먹은들 허기진 배를 채울 수가 없다.

출애굽할 때 내린 열 가지 재앙 가운데 음식(양식)을 파괴하는 재앙들이 나타난다. 물이 피로 변할 때 재앙이 된다(출 7:18). 물은 마실 수 있으나 피는 마실 수 없다. 그리고 개구리가 떡반죽 그릇을 차지하고(출 8:3) 우박과 불이 생축과 채소와 나무를 망칠 때 재앙(출 9:22-26)이 되며, 메뚜기가 식물을 먹어버렸을 때 사람들은 굶을 수밖에 없다(출 10:12-15).

하나님이 음식 제공을 중단하는 극단적인 상황은 바로 기근이다. 기근은 흉년이 들어 음식이 없을 때, 그리고 전쟁으로 피폐해지거나 적군이 성을 에워싸고 장기간 포위작전을 펼 때 굶주려 죽는 경우가 생긴다.

또한 음식이 거의 없는 사막이나 광야에서 굶주려 죽는 경우도 있다.

가나안 땅은 자주 흉년이 드는 척박한 땅이었다. 하나님의 부르심을 받고 축복을 받은 아브라함도 흉년을 만나 이집트로 피난살이를 할 수밖에 없었다(창 12:10). 이삭도 흉년을 만나 이주하여 나그네가 되었다(창 26장).[157] 창세기 가운데 유명한 설화인 요셉 설화도 흉년을 만나 굶주리는 상황을 그 배경으로 하고 있다.

에덴 동산의 반역사건은 바로 하나님의 금지 명령을 어긴 사건이다. "음식 제공자"인 하나님의 권위에 도전한 사건으로 볼 수 있다. 에덴 동산에서 아담과 하와가 금지된 음식을 먹었기 때문에 형벌을 받았다. 그리고 형벌 역시 음식과 관련이 있다. 아담이 받은 형벌은 사형이 아니었지만 먹는 문제와 관련이 있다. "네 코에 땀이 흘러야 네가 음식을 먹을 것이다"(창 3:19)[158]는 형벌을 아담이 받았다. 즉 노동을 해야만 음식을 얻을 수 있다는 형벌을 받았다. 하와를 유혹한 뱀은 저주를 받아

157) 창세기에는 족장들의 아내들이 위기에 처하는 설화가 세 번이나 반복된다. 이 설화들에 관한 중요한 논의는 다음과 같다. Daniel H. Gordis, "Lies, Wives and Sisters: The Wife-Sister Motif Revisited," *Judaism* 34 (1985), 344-359; Harry S. Pappas, "Deception as Patriarchal Self-Defense in a Foreign Land: A Form-critical Study of the Wife-Sister Stories in Genesis (Gen. 12, 20, 26)," *Greek Orthodox Theological Review*, 29 (1984), 35-50; Robert Polzin, "The Ancestress of Israel in Danger in Danger," *Semeia* 3(1975), 81-98.

158) '코'라고 번역한 히브리어 단어는 אף(*아프*)인데 이 단어의 기본적인 뜻은 '코'이며 '얼굴'로도 번역이 가능하다. 굳이 '코'라고 번역한 이유는 이 형벌이 "중노동"의 형벌은 아니라는 점을 강조하기 위한 것이다. 콧잔등에 땀이 송글송글 맺히는 노동이라면 조금 열심히 일하는 모습으로 볼 수 있다. 그리고 현대의 성경 번역본이 후각언어를 도외시하는 경향이 있음을 지적하고 수정하려는 의도에서 이러한 번역을 하였다. Modupe Oduyoye, *The Sons of God and the Daughters of Men: An Afro-Asiatic Interpretation of Genesis* 1-11 (Maryknoll: Orbis Books, 1984), 14.

배로 다니고 죽을 때까지 흙을 먹는 형벌을 받았다(창 3:14).

II. 음식 이미지를 통해 본 만남과 나눔

이 장에서는 하나님으로부터 음식을 제공받은 사람들이 하나님을 향해 걸어가 하나님을 만나는 만남의 사건과, 함께 삶을 살아가는 사람들이 하나님이 제공해 준 것을 서로 나누는 나눔의 사건을 음식 이미지를 통해 살펴보고자 한다.

토라에서 보여주는 하나님을 만나는 방법은 제사를 통해서 만나는 방법이다. 제사드릴 때는 하나님께 드리는 것이고 그 제물은 대부분 "음식 예물"이다.[159] 레위기의 제사 규정에 보면 제물을 '화제(火祭)'라고 이야기하는 경우가 빈번하게 나타난다. 그러나 『개역』에 '화제'로 번역된 אשה(*이쉐*)는 번역상 문제가 있다. 보통 이 단어가 '불'이란 뜻의 단어인 אש(*애쉬*)에서 유래된 것으로 생각해서 '화제'로 번역하는데, 실제 불로 태우지 않는 전제(민 15:10)와 화목제의 제사장 몫(레 7:30, 35-36)과 진설병(레 24:7, 9) 등도 אש(*애쉬*)로 되어 있다. 민수기에는 *애쉬*를 "나의 식물(음식물)"이라고 하였다(민 28:2). 따라서 אש(*애쉬*)는 '화제'가 아니라 하나님이 기뻐하시는 "예물/선물"이라는 뜻으로 그것도 "음식 예물"(레 3:11, 16)로 번역하는 것이 적절하다.

예를 들어 번제의 경우 "음식 예물"을 제단 위에서 태워 드릴 때 낮에는 구름이 기둥과 같이 올라가고 밤에는 불꽃이 올라가는 모습을 볼

---

159) 중요한 5대 제사의 제물 가운데 음식 예물이 아닌 것은 배상제사(속건제)로서 금전이 제물이 될 수 있다(레 5:15).

수 있다. 이러한 모습은 "음식 예물"이 하나님께 올라가는 모습을 눈으로 볼 수 있는 광경이요 하나님의 임재를 체험할 수 있는 순간이기도 하다. 이 광경에서 지적할 수 있는 것은, 광야에서 이스라엘 백성을 인도하던 불기둥과 구름기둥의 모습과 도 흡사하며 그 의미도 유사함을 알 수 있다.

이렇게 하나님께 바쳐진 음식 예물은 거룩한 것이 된다. 즉 그 제물은 하나님의 소유가 된다.[160] 하나님의 소유물인 제물을 나눌 때 엄격한 규정을 정해서 나누게 하는 것도 그 제물이 하나님의 소유임을 고백하는 것이다. 하나님께 드린 "음식 예물" 가운데 일부를 제사장에게 나누어 주고 또 다른 부분을 일반인에게 나누는 것은 하나님의 소유물을 나누는 것이고 하나님이 그 음식을 제공하는 것이다. 제사장의 성직록에 대한 구절은 다음과 같다. "내(야훼)가 나의 음식 예물 중에서 그것을 그들의 몫으로 주노라"(레 7:17).[161] 제사장 가운데는 흠이 있어 제사를 집전하지 못하는 경우가 있다. 이 때도 하나님은 여전히 음식 제공자로서의 역할을 하게 된다. 즉 성직록을 받을 수 있는 것이다(레 21:22-23). 제사를 집전하는 제사장은 하나님으로부터 음식을 제공받을 때 그 음식을 독점하는 소유권을 갖는 것이 아니라 음식을 다른 제사장들과 나누는 권한을 부여받은 것이다.

---

160) 제사 가운데 하나님께 바치는 것을 특별히 강조하는 경우 תנופה(*트누파*) 예식을 거행한다. *트누파* 예식은 『개역』에 '요제' 즉 흔들어 바치는 예식으로 번역되어 있는데 정확히 번역하면 "봉헌예식(a ritual of dedication)"이라 할 수 있다. 즉 이 예식을 통해 제물의 소유권이 제물을 드리는 사람에서 하나님의 손으로 넘어간다는 것이다. 정중호, 『레위기: 만남과 나눔의 장』(서울: 한들, 1999), 137-138.

161) 제사장의 성직록에 관한 다른 구절들은 다음과 같다. 민 18:11, 13, 31; 신 18:3-5.

흥미로운 것은 고대 중동의 제사형태도 신에게 음식예물을 드리는 것이지만 야훼 종교와는 차이가 나는 점이 있다. 예를 들어 비블로스 왕 아히람의 석관(石棺)에 부조된 모습을 보면 신(神)이 잔을 들고 있고 그 앞에는 제사드리는 사람들이 줄을 서 있는 모습이 보인다.[162] 맨 앞에 서 있는 사람이 기구를 오른 손에 들고 있는데 낫과 같이 생긴 기구이다. 이 기구는 소위 "입을 여는" 의식을 거행하기 위한 것인데 이집트어로 *pesekh*라 부른다. "입을 여는" 의식은 메소포타미아와 이집트에서 널리 알려져 있는 의식인데 신에게 다른 예물을 드리기 전에 이 기구로 신의 입을 여는 의식을 거행한다.[163] 즉 문자 그대로 신에게 음식을 제공하는 모습인 것이다. 그러나 야훼 종교에서는 "음식 제공자"가 철저히 야훼로 나타난다. 그리고 제공받은 음식 가운데 소중한 것을 야훼께 제사 형태로 드리게 되는데 철저히 불에 태워 드리게 되며 야훼는 올라가는 연기를 '흠향'하는 것으로 그 제사를 받아들인다. "야훼께서 음식예물을 잡수신다"는 개념이 아니라 야훼께 드린 야훼의 음식을 야훼 앞에서 야훼 공동체가 나누어 먹는 모습이 나타난다. 즉 "음식 제공자"로서의 야훼의 위상을 재확인하는 모습이다.

제사 가운데 하나님이 제공한 음식을 많은 사람들이 함께 나누어 먹는 제사는 바로 화목제(**זבח שׁלמים**, *제바흐 셜라밈*)이다. 하나님이 베푸는 잔치에 함께 참여하는 것이다 화목제는 희생제물 가운데 기름기만 제단에서 불태워 하나님께 드리고 나머지 고기는 제사 드리는 사람과 이

162) Pernille Carstens, "Why does the god have a cup in his hand?" 226-7, 그림 2, 3.

163) E. A. Wallis Budge, *The Book of the Opening the Mouth: The Egytian Texts and English Translation*. (New York: B. Blom, 1980) 161-162.

웃이 함께 나누어 먹는다(레 3:1-17). 오랜만에 고기를 먹는 잔치, 그것도 하나님이 제공한 고기를 함께 나누는 기쁨의 잔치가 벌어지는 것이다(신 27:7). 화목제의 고기는 성전 안에서도 먹을 수 있고 정결한 곳이면 어디에서나 먹을 수가 있다. 따라서 가정에서도 먹을 수도 있다. 이 경우 중요한 것은 화목제물 고기를 하루 혹은 이틀 안에 모두 먹어야 한다는 규정이다(레 7:15-18; 19:5-7). 따라서 소나 양과 같은 많은 양의 고기를 혼자서 혹은 한 가족이 하루 이틀에 모두 먹을 수는 없다. 결국 제단 주위에 있는 여러 이웃들과 함께 고기를 나누게 된다. 가장 중요한 것은 이러한 나눔의 규정을 지키지 않을 때 화목제가 무효가 되고 하나님으로부터 징벌을 받게 되는 것이다(레 7:18; 19:8). 즉 화목제는 하나님과 만나는 만남 뿐만 아니라 공동체의 나눔이 함께 들어있는 제사인 것이다. 화목제는 **זבח שׁלמים**(*제바흐 셜라밈*)인데 **זבח**(*제바흐*)만으로도 화목제로 번역할 수 있다. J. Milgrom의 말과 같이 구약에 **זבח**(*제바흐*)가 나타날 때마다(293회) 음식 이미지가 그 본문에 포함되어 있다고 보아도 무방하다.[164)]

진설병은 성소에 있는 떡상 위에 차려진 떡이며 안식일마다 새로운 떡을 진설하여야 한다(레 24:5-9; 출 25:30; 35:13; 39:36; 삼상 21:6; 왕상 7:48; 대하 4:19). 진설병을 **חלה**(*할라*) 혹은 **לחם פנים**(*레헴 파님*)이라고도 하는데 레헴 파님이란 "(하나님) 앞에 (차려진) 떡"이란 의미이다. 떡상 위에는 12지파를 상징하는 12개의 떡이 차려져 있다. 즉 하나님께 바쳐진 음식 예물로 마련된 하나님의 식탁에서 12지파가 한 공동체임

164) J. Milgrom의 말, Diane M. Sharon, "Literary Functions of Eating and Drinking in Hebrew Bible Narratives. With Reference to the Literature of the Ancient Near East," Dissertation. Anne Arbor, Mich.: University of Michigan Press. 215 재인용.

을 느끼며 함께 식사를 한다는 상징적 의미가 담긴 것이 바로 진설병의 의미이다.

또한 전제(נסך 네세크)는 술을 드리는 제사인데 번제단과 성소에서 드릴 수 있다.[165] 성소에서 전제를 드린다는 것은 떡상(출 25:29; 민 4:7; 28:7) 위에 잔이 있는 것으로 보아 짐작할 수 있다. 비록 잔이 비어있지만 잔이 떡상 위에 놓여있다는 자체가 전제를 드리는 제사의식이 거행된다는 것을 뜻한다.[166] 또한 신이 잔을 들고 있다는 것은 전제의 제사 의식이 거행된다는 뜻이다. 성경에는 하나님이 잔을 들고 있는 모습이 나타난다. 온 세상을 취하게 만드는 금잔이 하나님의 손에 들려 있는 모습이 나타나고(렘 51:7), 시편에도 술거품이 일어나는 잔을 들고 있는 하나님의 모습이 나타난다(시 75:8-9).

십일조는 하나님께 드리는 것으로 드리는 사람과 가족이 야훼 앞에서 그 십일조를 먹고 즐거워하도록 규정하고 있다(신 15:19-20). 즉 하나님이 베푸는 잔치에 참여하는 것이다. 특별히 이 잔치에는 가난한 이웃들과 함께 먹고 마시면서 즐거워하는데 정한 자나 부정한 자가 함께 먹을 수 있도록 하였다(신 15:22). 즉 제한 없이 누구나 십일조 식탁에 초대되는 것이다. 또한 매 삼년 째 십일조는 레위인과 나그네와 고아와 과부에게 나누어 주어 배부르게 먹을 수 있도록 규정하고 있다(신 26:12).

하나님이 베푸는 잔치의 예를 드는데 절기 때 먹고 마시는 잔치를

---

165) Pernille Carstens, "Why does the god have a cup in his hand?" SJOT 12(1998) 216; 민수기 28:7a는 제단에서 전제를 드리는 것을, 그리고 민수기 28:7b는 성소 안에서 전제를 드리는 것임을 알 수 있다(참조; *Jerusalem Bible*, London, 1985); 참조; Pernille Carstens, "Drink-offering and Libation, in Temple and on Altar," Ph.D. Dissertation, the University of Aarhus, 1997.

166) Pernille Carstens, "Why does the god have a cup in his hand?" 222.

빼 놓을 수 없다. 이스라엘 백성이 지키는 중요한 절기는 유월절과 오순절과 장막절이다. 유월절과 오순절은 봄에 곡식을 추수할 때 지키는 절기이며 장막절은 가을의 과일 추수 때 지키는 절기이다. 유월절은 원래 가정에서 가족들이 함께 모여 지키던 절기인데(출 12:1-14) 후대에 중앙 성소로 가는 순례 절기로 변경되었다. 다른 의식에서와 마찬가지로 유월절 만찬 의식에는 세 가지 중요한 요소가 있다. 첫째는 의식을 진행할 때 의식을 위해 차려진 것이 무엇인가 하는 것이다. 즉 눈에 보여 지는 것들을 말한다(things shown). 유월절 식탁에는 양고기와 무교병과 쓴나물이 차려진다. 둘째, 의식이 진행되면서 말없이 진행되는 부분도 있지만 말하는 부분도 있다. 의식에 어떤 말들이 오고가는지 하는 말소리의 요소가 있다(things said). 유월절 만찬에는 성경낭독도 있고 축복의 말도 있다. 특히 중요한 부분은 자녀가 이 예식이 무엇이냐 물었을 때 대답하는 부분이다(출 12:26-27). 셋째, 의식에는 행동의 요소가 있다. 음식을 먹고 마시는 행위, 그리고 의식을 진행하기 위해 움직이는 모든 행동들이 있다(things done).[167] 물론 이러한 요리를 준비하기 위한 절차도 있다. 즉 양고기는 가족의 숫자를 감안해서 준비하여 그 날 저녁에 모두 먹어야 한다. 때로는 가족의 숫자가 적을 때는 이웃과 함께 식탁을 준비할 수도 있다. 만일 아침까지 남은 것이 있으면 태워버려야 한다.[168] 그리고 고기는 삶지 말고 구워야 하고 뼈를 꺽지 말아야 한다(출 12:8, 46). 이상과 같은 유월절 만찬 의식에는 신앙교육적인 측면도

---

167) Jonathan Brumberg-Kraus, "'Not by Bread Alone…': the Ritualization of Food and Table Talk in the Passover *Seder* and in the Last Supper," *Semeia* 86 (1999), 169.

168) 이러한 규정은 화목제와도 동일하다.

있고 신앙고백적인 측면도 있다. 무엇보다 중요한 것은 자유인으로서 하나님께서 베풀어 주신 식탁에 모두 함께 초대되어 기쁨으로 먹고 마신다는 사실이다.[169] 음식을 통해 하나님의 손길과 은혜를 체험한다는 사실이다.

토라의 중요한 주제는 바로 공동체 안에서 서로 나누는 일과 이웃과 나누는 나눔의 주제이다. 마음과 정을 나눌 때 물질도 함께 나누게 되는데 가장 기본적인 물질은 음식(양식)이다.[170] 빈곤한 이웃이 있을 때 그들의 자존심을 상하게 하지 않고 음식을 나누어주는 방법은 바로 추수 때 일부를 남겨두는 방법이다. 밭귀퉁이에 있는 곡식을 베지 않고 남겨두며 이삭을 줍지 않는 방법(신 24:19; 레 19:9)과, 과일 추수를 할 때 나무에 열매를 그냥 남겨두며 떨어진 열매를 줍지 않는 방법(레 19:10) 등이 있다. 또한 배가 고픈 나그네일 경우 특별히 주인으로부터 허락을 받지 않아도 손으로 곡식을 비벼 먹을 수 있도록 허용하고 있다. 그러나 나그네가 낫을 대어 곡식을 가져가는 것은 금한다(신 23:24).

III. 설화에 나타난 음식 이미지의 기능

토라에 나타나는 중요한 설화에는 음식 이미지가 많이 나타난다. 예

169) 출애굽기에는 "허리에 띠를 띠고 발에 신을 신고 손에 지팡이를 잡고 급히 먹어라"(출 12:11)고 되어 있지만 후대 유대교의 유월절 관습은 편안하게 기대어 누운 자세로 만찬을 즐기도록 규정되어 있다. 왜냐하면 종이 아니라 자유인이라는 점을 강조하기 위해서였다.

170) Veronika E. Grimm, *From feasting to fasting, the evolution of a sin: Attitudes to Food in Late Antiquity* (London and New York: Routledge, 1996) 16-20.

를 들어 계약 설화(covenant narrative)나 원인 설화(etiological narrative)들에 음식 이미지가 많이 나타난다. 계약이 음식과 관련이 있는 것은 단어 자체에서도 찾아볼 수 있다. '계약'이라는 뜻의 ברית(*브리트*)는 명사형인데 이 단어의 동사형인 ברה(*바라*)의 기본적인 뜻은 '먹다'라는 뜻이다(삼하 12:17; 13:6, 10). 이러한 설화들을 살펴보면 먼저 이삭이 블레셋 왕 아비멜렉과 평화의 계약을 맺고 잔치를 베풀어 식사를 함께했다는 설화를 들 수 있다. 그리고 그 장소를 브엘세바로 명칭을 정하였다는 원인설화의 요소도 갖추고 있는 것을 볼 수 있다(창 26:26-33; 참조: 창 21:22-34). 야곱과 라반이 계약을 맺고 증거의 무더기를 갈르엣 그리고 그 장소를 미스바로 이름할 때 서로 계약식사를 나누었다(창 31:46-49). 또한 시내산 계약 때에도 모세와 아론과 나답과 아비후와 이스라엘 장로 70인이 하나님의 산 시내산 앞에 가서 하나님을 만날 때 "그들은 하나님을 보고 먹고 마셨다"(출 24:11).[171)]

하나님이 아브라함과 계약을 맺을 때 삼 년 된 암소와 삼 년 된 암염소와 삼 년 된 수양과 산비둘기와 집비둘기를 취하고 비둘기를 제외한 다른 짐승들을 중간에 쪼개어 놓고 계약을 맺었다(창 15:1-21). 이 때 화덕에서는 연기가 나고 하나님을 상징하는 횃불이 쪼갠 고기 사이로 지나갔다(창 15:17).[172)] 이 계약의식은 고대 근동의 계약의식과 유사한

171) 하나님을 본다는 것은 금지되어 있었다. 즉 모세에게도 "하나님의 등을 볼 것이요 얼굴을 보지 못하리라"(출 33:23)하였고, "나(하나님)를 보고 살 자가 없다"(출 33:20)고 하였다. 모세는 하나님의 등을 보고도 얼굴에 광채가 나서 수건으로 얼굴을 가렸을 정도였다(출 34:33). 그러나 이 본문과 같이 대담하게 하나님을 보았다는 전승도 있다. 족장 시대에 아브라함이 하나님을 만났고 야곱은 씨름까지 하였다.

172) 『개역』에는 תנור(*탄누르*)를 '풀무'로 번역했으나 이 단어는 요리기구인 '화덕'으로 번역해야 한다. 내용 면에서 살펴볼 때도 '화덕'이 적합하다. 계약의

점이 있다. 즉 동물을 반 토막 내고 그 사이를 계약 쌍방이 걸어가면서 계약을 위반할 경우 이처럼 처참하게 형벌을 받을 것이라고 서로 약속하는 의식이 고대 근동에는 있었다.[173] 이러한 의식이 끝나면 계약 쌍방이 함께 모여 계약식사를 나누는 것이다. 아브라함과 하나님 사이에 계약의식이 진행될 때 계약식사라는 절차는 없었지만 음식이미지를 동반한 설화임을 확인할 수 있다.

이외에도 원인설화에 음식 이미지가 중요한 역할을 하고 있는 것을 발견할 수 있다. 이스라엘 백성이 광야에서 고기에 대해 탐욕을 부릴 때 메추라기를 내려 주시면서 동시에 그들을 징벌하였다. 그리고 그 지명을 '기브롯핫다아와'로 불렀다(민 11:31-34). 또한 이스라엘 정탐꾼이 가나안 땅에서 무화과와 석류와 더불어 큰 포도송이를 메고 왔을 때 그 골짜기 이름을 '나하르 에스골'이라 불렀다(민 13:21-24). 광야에서 모세가 반석을 쳐서 물이 솟아 나올 때 그 곳 이름을 야훼와 다투었다 하여 '므리바'로 불렀다(민 20:2-13; 참조: 출 17:1-7). 또한 '브엘라헤로이'라는 지명은 하갈이 광야에서 물을 얻었을 때(창 16:6-15), '마라'라는 지명은 광야에서 쓴 물을 달게 만드는 기적이 일어났을 때(출 15:22-26) 얻은 명칭들이다.

또한 Diane M. Sharon은 음식 이미지가 나타나는 설화들 가운데 토대설화(foundation narrative)로 분류할 수 있는 설화들을 분석하여 전형적인

현장에 철을 다루는 '풀무'보다 계약식사와 관련된 요리기구인 '화덕'이 적합하다 볼 수 있다.

173) G. Mendenhall, "Puppy and Lettuce in Northwest Semitic Covenant Making," *BASOR* 133(1954), 26-30; C. F. Fensham, "The Wild Ass in the Aramaic Treaty Between Barga'ayah and Mati'el," *JNES*, 22(1963), 185-186; Moshe Held, "Philological Notes on the Mari Covenant Rituals," *BASOR* 200(1970), 32-40.

구조가 있음을 밝혔다.[174] 예를 들어 아브라함이 야훼를 대접했을 때 아브라함 부부가 아들을 낳을 것이라는 신탁을 얻은 설화(창 18:1-22)에는 전형적인 구조가 있다. 즉 (1) 음식 먹기(feast) - 아브라함이 나그네에게 음식을 제공하고(창 18:5-8), (2) 저항(encounter) - 사라는 임신할 것이라는 나그네의 말에 웃은 대목(창 18:11-12), (3) 신탁(oracle) - 사라가 아들을 낳을 것이라는 약속(창 18:10, 13-14), (4) 떠남(departure) - 나그네의 떠남(창 18:16)과 하갈과 이스마엘의 떠남(창 21:14-14), (4) 확인(affirmation) - 아브라함이 강대한 나라의 조상이 될 것이라는 신탁(창 18:17-19) 등이다. 이 가운데서도 "음식 먹기" 후에 나타나는 "신탁 선포"가 가장 중요한 요소이다. 이러한 전형적인 구조가 나타나는 설립설화로는 이 외에도 노아의 계약 설화(창 9:1-18), 아브라함과 왕들의 설화(창 14;11-24), 이삭이 젖을 뗀 후의 잔치(창 21:1-21), 리브가의 결혼(창 24:1-67), 이삭이 야곱에게 축복함(창 27:1-28:5), 바로의 꿈(창 41장), 미디안의 모세(출 2:15-22) 등이다.[175]

이처럼 중요한 설화에 음식 이미지가 필수적으로 등장하는 이유는 무엇일까? 토대설화에서 살펴보았듯이 특수한 양식으로 분류할 수 있는 설화들에는 구조상 음식 이미지가 반드시 들어가게 되어 있다. 그리고 기타 중요한 설화들에도 음식 이미지가 핵심적인 이미지로 들어있는 것은 음식 혹은 음식 먹기가 전체 설화의 구조나 이미지 면에서 중요한 역할을 하고 있기 때문이다.

174) Diane M. Sharon, "Literary Functions of Eating and Drinking…," 209-250.

175) Diane M. Sharon은 이 외에도 구약에 나타나는 토대설화로 14개의 설화를 더 추가하여 구분하였다. Diane M. Sharon, "Literary Functions of Eating and Drinking…," 306.

IV. 음식 이미지 중심의 요셉 설화 해석

요셉 이야기는 요셉의 꿈(dream) 이야기로부터 시작되며 그 꿈이 어떻게 성취되는가 하는 줄거리가 요셉설화의 핵심으로 자리를 잡고 있다. 그런데 그 꿈 이야기는 먹는 양식인 곡식단에 관한 꿈 이야기에서 출발한다(창 37:7). 바로의 꿈도 마찬가지다. 파리한 이삭이 충실한 이삭을 삼키는 꿈이요 야윈 소가 살찐 소를 잡아먹는 꿈이다(창 41:1-7). 모두 음식 이미지로 가득 차있다. 요셉이 감옥에 갇혔을 때 해몽을 해 준 관리들의 꿈 이야기도 음식 이미지로 충만하다. 술 맡은 관원은 포도로 술을 만들어 왕에게 바치는 꿈을 꾸었고 떡 맡은 관원은 새가 떡을 쪼아 먹는 꿈을 꾸었다(창 40:9-23). 그리고 요셉이 총리대신이 되어 성공하는 모습, 즉 요셉의 꿈이 이루어진 것도 이집트의 음식 문제를 해결하였기 때문에 가능하게 되었다. 즉 이집트의 7년 풍년 동안 곡식을 저장하였다가 그 다음 7년 흉년 때에 많은 사람들을 굶주리지 않고 살 수 있도록 인도할 수 있었기에 요셉은 성공자가 된 것이다. 그리고 흉년이 계속되는 기간에 양식을 팔 때 땅 문서와 교환하여 양식을 팔았다. 즉 곡식 즉 음식을 생산할 수 있는 토지를 바로에게 바침으로 해서 바로의 권위가 더욱 높아지도록 만들었다. 이와 같이 요셉 설화에 나타나는 꿈(dream) 이야기는 음식(양식) 이미지로 채색되어 있다.

형들이 요셉을 노예로 팔고 난 이후 거짓으로 아버지 야곱에게 피 묻은 요셉의 옷을 들고 보고를 할 때 야곱은 "내 아들의 옷이라. **악한(רָעָה *라아*) 짐승이 그를 먹었도다**"(창 37:33)하며 요셉이 형들의 손에 죽지 않았다는 것을 공개적으로 선포하였다.[176] 야곱은 형들에 대해 의심을

176) 요셉이 죽었다는 소식을 야곱은 확인할 길이 없었다. 이러한 사건을 "가해자를

가지고 있었지만 가족 모두가 깨어지는 파멸을 방지하기 위해 이렇게 선포한 것으로 볼 수 있다. 이 때 느낀 야곱의 좌절감은 이집트 왕 바로가 느낀 좌절감과도 비슷하다. "흉악하고 파리한" 소가 살찐 소를 먹듯이 흉년이라는 거대한 재앙이 온 나라를 엄습해오고 있었기 때문이다(창 41:3). 두 경우 모두 "**악한(רעה *라아*) 짐승이 먹는다**"는 이미지가 활용되었다. 야곱의 좌절과 바로의 좌절은 모두 요셉의 식량정책으로 극복이 되었으며 그 이면에는 요셉을 향한 하나님의 축복이 있었다. 요셉을 향한 하나님의 축복은 "양식(음식) 제공자"로서의 하나님의 힘이 실려 있는 축복이었다.

요셉 설화에 있어서 중요한 주제는 깨어진 가족이 어떻게 화해할 수 있는가 하는 주제이다. 야곱의 사랑을 독차지한 요셉을 죽이려고 하다가 노예로 팔아버린 비정한 형들과 버림받은 요셉이 어떻게 화해할 수 있는가 하는 것이다. 구덩이에서 울부짖는 요셉을 못 본 체하고 자기들끼리만 음식을 나누는 장면이 나타난다(창 37:25). 요셉을 제외시키는 장면이요 의도적으로 가족 관계를 깨뜨리는 장면이다. 그러나 요셉이 이집트의 총리대신이 된 후 형들과 함께 한 식탁에 둘러앉아 음식을 먹는 장면은 화해를 위한 장면이다(창 43:31-34). 이집트인들은 외부인과 함께 음식을 먹으면 부정해진다는 생각을 가지고 있었기 때문에(창 39:6; 43:32) 총리대신 요셉이 가나안에서 온 사람들인 형들과 함께 음식

알 수 없는 재난"으로 볼 수 있는데 이러한 사건을 '**אסון**(*아손*)'이라는 특수한 단어를 사용하여 표현한다. 야곱은 후에 베냐민도 동일하게 (형들에 의해) 죽임을 당할까 염려한 흔적이 있다 (창 42:4, 38; 44:29; 참조; 출 21:22, 23); Raymond Westbrook, "Lex Talionis and Exodus 21, 22-25," RB 93(1986) 52-69; D. Daube, *Studies in Biblical Law* (Cambridge; Cambridge University Press, 1947) 9.

을 나눈다는 것은 이례적인 경우기 되며 이집트인의 전통을 깨뜨리는 행위인 것이다. 요셉이 형들과 함께 음식을 나누는 장면은 이미 파격적인 행보를 보여주는 것이며 용서와 화해의 길로 들어 선 것을 암시해 주고 있는 것이다. 그 중에서도 사랑하는 아우인 베냐민에게는 다른 형들보다 다섯 배나 많은 음식을 주었다(창 43:34). 사랑의 깊이를 음식의 양으로 표시한 것이다.

자기들 끼리 음식을 나누는 형들의 모습은 얼마가지 않아 그 땅의 기근으로 인해 나누어 먹을거리가 없는 상황을 만나게 된다. 결국 형들은 먹을 양식을 구하러 요셉 앞에 나타나게 된다. 이 때 요셉은 이집트의 총리대신으로 풍년에 저장한 거대한 양식 창고에 대한 권한을 가지고 있었다. 이제는 요셉이 음식을 나누어 줄 수 있는 처지가 되었다. 그 이유는 요셉이 "음식 제공자"인 하나님의 축복을 받아 풍성한 음식(양식)을 가지고 있었기 때문이다.

V. 요 약

토라는 음식 이미지를 활용하여 메시지를 전달한다. 즉 음식 이미지는 특정 메시지를 전달하는 전달기구(vehicle)의 역할을 한다. 음식 이미지의 중요성은 음식이 생명을 유지하고 성장시킨다는 데서 출발하며 밥상머리 교육의 효율성에서 나온다. 토라는 음식 이미지를 중심으로 해서 하나님이 생명의 주인이요, 생명을 유지하고 성장시키는 "음식 제공자(Food Provider)"라는 사실을 전달한다. 그리고 역으로 말한다면, 하나님이 음식을 제공하지 않을 경우 사람은 생명을 유지할 수 없고 죽음만이 있을 뿐이라는 사실을 강조한 것이다. 하나님이 음식을 제공하지 않을 때는 재앙이 닥치며 심판의 상황으로 변한다.

하나님이 생명의 주인이라는 것은 고기를 먹을 때 "피채 먹지 말라"(창 9:4; 레 3:17; 7:26; 17:11, 12, 14; 신 12:16, 23; 15:23)는 금지 명령에서 찾아 볼 수 있다. 왜냐 하면 피에 생명이 있기 때문이다. 하나님이 "음식 제공자"라는 것은 천지창조 때 음식을 제공하는 것에서부터 시작하여 광야에서 만나와 메추라기와 반석의 물로 식탁을 차리는 하나님의 손길에서도 발견할 수 있다. 또한 십계명 돌판과 더불어 만나 항아리와 열매가 열린 아론의 지팡이가 야훼의 임재를 나타내는 법궤에 함께 들어가 있다는 사실은 하나님이 "음식 제공자"라는 면을 분명하게 강조한 것이라 볼 수 있다.

음식을 먹는다는 것은 영양을 섭취한다는 것 뿐만 아니라 하나님과의 만남과 공동체 구성원 사이의 만남과 나눔을 나타내는 기능이 있다. 제사는 하나님께 "음식예물"을 바치는 것에서 시작하며 특히 화목제는 하나님의 소유물인 음식을 공동체가 함께 나누는 데까지 계속된다. 성소 안 떡상 위에 차려진 진설병은 12개이며 이스라엘 12지파가 야훼 앞에서 한 식탁에서 먹고 마시며 한 공동체임을 느끼는 진설병이다. 십일조 음식을 함께 나누며, 유월절에 가정의 식탁에서 음식을 나누며 의식을 진행하는 모습, 그리고 계약식사를 함께 나누는 모습을 통해서 먹고 마시는 모습 속에 핵심적인 메시지가 담겨있음을 발견할 수 있다.

계약 설화(covenant narrative)나 원인 설화(etiological narrative)들에 음식 이미지가 많이 나타난다. 그리고 중요한 설화들에는 음식 이미지가 대부분 나타난다. "음식 먹기" 후에 "신탁"이 이어지는 이러한 현상은 음식 먹기가 전체 설화의 구조나 이미지 면에서 중요한 역할을 하고 있기 때문으로 분석할 수 있다.

요셉 설화는 기근이라는 음식 결핍의 상황이 전체를 압도하는 가운데 배신과 용서의 구도도 음식 먹는 모습에서 찾아볼 수 있다. 곡식단이 절하는 요셉의 꿈(dream)이 이삭이 이삭을 먹는 바로의 꿈(dream)과 어떻게 상호작용하며 그 꿈이 이루어지는가도 핵심적인 주제이다. 요셉 설화에 나타나는 음식 이미지는 보조적인 이미지가 아니라 전체 설화를 주도하는 이미지이며 구조면에서 핵심적인 위치를 차지하고 있다. 요셉 설화 뿐만 아니라 토라의 다른 부분도 음식 이미지 중심으로 해석할 수 있는 가능성이 있으며 풍성한 결과를 예측할 수 있다. 그리고 이러한 해석의 결과는 감각을 중요시 여기는 가상성경(Virtual Bible)를 개발하는데 크게 기여할 수 있을 것이다.

제6장 감각군(sensory cluster)과 성경해석

우상은 살아있는 신(神)이 아니요 사람이 만든 조각품에 지나지 않는다는 뜻에서 다음과 같이 우상을 조롱하는 시가 시편에 기록되어 있다.

…우상은 은과 금이요 사람의 수공물이라
입이 있어도 말하지 못하며
눈이 있어도 보지 못하며
귀가 있어도 듣지 못하며
코가 있어도 맡지 못하며
손이 있어도 만지지 못하며
발이 있어도 걷지 못하며
목구멍으로 소리도 못하느니라 (시 115:4-7)

시편 기자는 각종 감각을 지각하지 못할 때 그리고 그 감각을 활용하지 못할 때 그것은 생명이 없는 것이요 힘을 행사할 수 없는 것이라 선언하고 있다. 역으로 말하면 이러한 다양한 감각을 효과적으로 활용하고 여러 감각을 지각할 수 있을 때 살아 생명력이 있는 것이라 말할 수 있다.

기독교인은 성경을 "살아있는 하나님의 말씀"이라 고백하며 성경을 읽는다. 그러나 과연 하나님의 말씀의 살아있음을 느끼면서 읽는지 반문할 필요가 있다. 물론 영적인 감동이 가장 중요하겠지만 영육이 어우러져있는 인간으로서는 다양한 감각기관을 통한 느낌과 감동이 또한 중요하다. 성경기자들은 이러한 면을 중요하게 여겨 다양한 감각언어를 정교하게 구사하는 놀라운 모습을 보여주고 있다.

본 장에서는 성경에 나타나는 감각언어들이 성경의 특정 부분에서 감각군(sensory cluster)을 형성하여 극적인 감동을 유도하는 면을 주목하여 논의하고자 한다. 이를 위해 애가 4:1-10절을 중심으로 감각군을 분석할 뿐만 아니라 다양한 감각언어들이 어떻게 서로 상호작용하며 영향을 주고받는지를 분석할것이다.

감각 이미지들이 압축되어 있을 때 그 시는 풍요로워진다. 감각 이미지가 압축되어 있다는 것은 다양한 감각이 농축되어 있을 때 그리고 동일한 감각이라도 그 빈도가 높을 때 나타나는 현상이다. 특히 다양한 감각들이 집적되어 있으면 서로 영향을 주어 감각의 상승효과를 가져온다. 때로는 유사한 감각들이 서로 영향을 줄 수도 있고 때로는 대비되는 감각이 서로 경쟁을 하며 자극을 줄 수도 있다. 이렇게 감각 이미지가 압축되어 있는 시를 접하는 독자(청중)는 보다 더 생생한 이미지를 경험하게 된다. Patrick N. Hunt는 감각 이미지가 압축되어 감각군(sensory cluster)을 형성하게 되며 이러한 감각군이 많은 시가 생생한 이미지를 제공할 뿐만 아니라 기억하기 쉬운 시라는 점을 강조하였다.[177] 또한 그는 감각의 신체적 근접성에 대해서도 언급하였다. 즉 중요한 다섯

177) Patrick N. Hunt, "Sensory images in Song of Songs 1:12-2:16," In *Dort ziehen Schiffe dahin* (Frankfurt am Main : Peter Lang, 1996) 69-70.

가지 감각 가운데 시각이 신체에서 가장 먼 것을 지각할 수 있고 그다음 청각, 후각, 촉각, 미각 순으로 신체 가까이서 느낄 수 있는 감각이라고 하였다.[178)]

감각기관을 통해 사물과 상황을 지각할 때 단연 눈을 통해 지각하는 것이 가장 광범위하며 많은 부분을 차지한다. 따라서 나타나는 감각 이미지의 빈도수를 보면 대부분 시(詩)에서 시각 이미지가 단연 으뜸을 차지하고 있다. 시각기관인 눈은 사물의 크기와 길이 그리고 넓이 등 입체적인 모습을 지각할 수 있게 하며 거리상 원근을 지각할 수 있게 하고 다양한 색채와 디자인의 조화를 경험할 수 있게 한다. 또한 눈을 통해 바라보면 순간적으로도 다양한 사물과 상황을 한꺼번에 종합적으로 느끼며 파악할 수 있어 효과적인 지각방법이라 할 수 있다. 그리고 상상을 통해 자극을 느낄 때 가장 용이하게 마음에 떠오르는 이미지도 역시 시각 이미지이기 때문에 보편적이며 경제적인 지각방법이라 할 수 있다.

시에서 표현되는 빈도수만 보면 분명 청각 이미지는 시각 이미지보다 적게 나타난다. 그러나 표현 가운데 청각을 자극하는 특정한 표현이 있는데 예를 들어 "부르짖다" 혹은 "노래하다" 또는 "신음하다"와 "울다"라는 표현들이 청각적 표현이라 할 수 있다.

주목할 만한 것은 시각과 청각은 다른 감각들을 통제하는 기능도 가지고 있다는 사실이다. 시각의 경우, 문자로 기록된 성경을 읽고 있는 독자는 일차적으로 눈으로 문자를 보게 되는데 문자의 배열과 구조 및 단어 사용 등 문자적 표현에 따라 지각되는 것들이 상당히 많이 달라진다는 사실을 염두에 둘 필요가 있다. 청각의 경우 주목할 사항은 성경이

178) Patrick N. Hunt, "Sensory images in Song of Songs…," 70.

처음부터 문자로 쓰여 진 책으로 독자에게 다가 오지 않았다는 사실이다. 즉 입으로 선포되거나 입으로 전해지는 단계가 먼저 있었고 그 다음 문자로 기록된 것이 대부분이라는 점이다. 비록 문자로 기록되었다 하더라도 전달 될 때는 대부분 귀로 전달되었다.[179] 즉 한 사람이 두루마리 혹은 책으로 된 성경을 낭독하고 회중은 그 말씀을 귀로 듣는 형식이었다. 왜냐하면 불과 수백 년 전만 하더라도 책은 보편화되지 않았고 개인이 소장하기에는 너무 값비싼 물건이었기 때문이다. 따라서 성경은 귀로 듣는 말씀이기 때문에 모든 내용이 청각을 일차적으로 자극한다 해도 과언이 아니다. 그리고 내용을 말로 전달하는 전달자의 기교와 방법에 따라 다른 종류의 감각 언어들이 전달되는 정도가 차이를 보일 수 있다. 또한 말로 전달할 경우 소리의 다양성 뿐만 아니라 다양한 감정을 함께 표현할 수 있는 표정과 제스처도 있기 때문에 표현이 풍부할 수 있다.[180]

후각은 기억력 회상에 도움을 주는 감각이며 인식과 진실성을 파악하는데도 기여하는 감각이다.[181] 그리고 촉각은 직접 피부를 자극하는 감각이며 미각은 입과 혀 그리고 신체 내부의 소화기관을 통해서 느낄 수 있는 감각이기에 가장 가까이서 느끼는 감각이라 할 수 있다.

179) Edgar W. Conrad, "Heard but not seen: The representation of 'Books' in the Old Testament," *JSOT* 54(1992) 59.

180) 제2장 청각언어 중심의 성경해석 참조.

181) 제3장 후각언어 중심의 성경해석 참조.

I. 감각군(sensory cluster)

감각군을 형성하는 다양한 감각언어들이 어떻게 상호작용하는가에 대한 연구를 시작하면서 우선 한 표현 속에 종류가 다른 감각들이 서로 중복되어 다중적인 지각을 하는 경우를 살펴본다면 우선 "불고기"라는 감각언어를 들 수 있다. 맛있는 음식인 "불고기"라는 표현이 나타나는 경우 연한 살코기가 입에서 녹아 맛을 느끼는 미각 뿐만 아니라 그 구수한 냄새는 후각을 자극하며 눈으로 보기에도 침이 돌 정도로 시각을 자극하기도 한다. 따라서 "불고기"라는 표현은 미각과 후각과 시각을 다중적으로 자극하는 표현이라 볼 수 있다.

성경에서 감각군(sensory cluster)이 나타나는 경우 가운데 우선 아가 1:14을 분석하면서 감각군에 가까이 가보자.[182] 아가 1:14의 히브리어 본문과 번역을 보면 다음과 같다.

אשׁכל הכפר דודי לי בכרמי עין גדי

My beloved to me a cluster of henna blossoms in the vineyards of En Gedi (*R.S.V*)

나의 사랑하는 자는 내게 엔게디 포도원의 고벨화 송이로구나(『개역』)

첫 단어 אשׁכל(*에쉬콜*)은 고벨 꽃들이 함께 많이 모여 송이를 이루어 있는 모습을 표현한 단어인데 이 단어는 포도송이를 가리키기도 한다.[183] 따라서 14b절의 '포도원'이라는 단어와 연결될 수 있는 단어이기

182) 아가 1:14 분석은 Patric N. Hunt의 연구를 참고하여 분석한 것이다. Patric N. Hunt, "Sensory images in Song of Songs…," 72-73.

183) *에쉬콜*이라는 단어와 포도송이와의 연관성은 "*에쉬콜* 골짜기"라는 지명에서도 발견할 수 있다. 즉 이스라엘 백성이 출애굽한 후 바란 광야 가데스에서

도 하다. 고벨 꽃을 소개할 때 "포도송이같이 집단으로 서식하며 향기나는 흰 꽃"[184]이라 소개하기도 하고, 고벨 꽃이 "푸르고 노란 꽃으로 너무나도 촘촘하게 자라서 마치 여러 개의 포도송이같다"[185]고 하기도 하며 향기가 있고 힌두교신화에도 등장하는 꽃이라 소개하기도 한다. 따라서 "고벨화 송이"라는 표현은 희고 푸르고 노란 꽃으로 시각을 자극하는 단어이면서 동시에 꽃의 향기가 진동하여 후각을 자극하게 된다. 또한 '포도원'이라는 단어와 연결되면서 포도송이가 연상되어 미각을 자극하기도 한다.

"엔게디의 포도원"이라는 구절은 광야 한가운데 있는 오아시스의 포도원을 가리킨다. 메마른 사막과 바위만 있는 삭막한 광야 가운데 물이 솟아 나오고 푸른 나무들이 그늘을 만들며 과일들이 주렁주렁 열리는 오아시스는 단연 시각을 자극하고 물은 목마름을 해갈하여 미각을 자극할 뿐만 아니라 시원하게 목욕할 수 있어 촉각을 자극할 수 있다. 특히 포도원은 포도의 맛으로 미각을 자극하고 포도의 향기로 후각을 자극한다.

마지막으로 "나의 사랑하는 자는 내게"라는 구절이다. 이 구절은 연인들이 느끼는 뜨겁고도 진한 사랑을 전달하기에 촉각을 자극하며 연인의 모습은 시각을 자극한다. 구체적 느낌은 앞에서 분석한 "엔게디 포도원의 고벨화 송이"에서 밝혀 낸 각종 느낌과 유사하기에 은유법으로 표현

12정탐군을 가나안 땅에 들여보냈는데 그들은 *에쉬콜* 골짜기에서 포도송이를 베어 메고 돌아왔다(민 13:21-24).

184) F. Brown, S. R. Drive, and C. A. Briggs, *Hebrew and English Lexicon*. (Oxford: Clarendon, 1907) 499.

185) M. Pope, *Song of Songs*, Vol. 7c, The Anchor Bible Translation and Commentary (New York: Doubleday, 1977) 352-353.

한 것이다.

한 절의 시 속에도 시각언어 3회, 후각언어 2회, 촉각언어 2회, 미각언어 2회 등이 녹아 있는 것을 발견할 수 있다. 마치 포도송이처럼 "감각송이", 혹은 감각군(sensory cluster)이 형성되어 있는 것을 발견할 수 있으며 이미지들이 압축되어 있는 것을 알 수 있다. 하나의 송이 안에 압축되어 있는 이미지들은 서로 상호작용을 하며 감각의 상승효과를 가져오게 된다. 즉 사랑하는 연인을 진하게 그리고 풍요롭게 느낄 수 있게 만드는 것이다.

II. 애가 4:1-10 분석

애가는 예루살렘 성전이 파괴된 것을 회상하며 탄식하는 압달 9일에 읽혀지는 책이다. 압달은 유다 달력으로 다섯 번째 달이다. 탄식시로 구성된 애가는 표현상 은유적인 표현이 많으며 전형적인 용어를 많이 사용하는데 감각언어도 많이 사용하고 있다.[186]

애가는 대부분 알파벳 시로 작성되어 있는데 5장만은 예외다. 따라서 4장은 알파벳 시로 4장 전체가 하나의 해석단위로 볼 수 있다. 다만 본 논문에서는 감각분석의 목적을 가지고 4장 가운데 한 부분인 1-10절을 구분하여 분석하고자 한다.

---

186) Iain Provan, *Lamentations*. The New Century Bible Commentary (Grand Rapics: William B. Eerdmans, 1991) 5.

1. 번역

(1) 어찌 금이 빛을 잃고 순금이 변하였는가?
어찌 거룩한 돌들이 각 거리 머리에 쏟아졌는가?
(2) 보배롭고 순금과 같은 시온의 아들들이
어찌 토기장이 손에 의해 만들어진 질그릇같이 되었는가?
(3) 들 개는 새끼들에게 젖을 주어 빨게하나
내 백성의 딸은 잔인하여 광야의 타조같구나
(4) 젖먹이가 목말라서 혀가 입천장에 붙음이여
어린 아이가 떡을 애걸하나 아무도 그들에게 떼어주는 사람이 없구나
(5) 좋은 음식을 먹던 사람들이 거리에서 알거지가 되었으며
자주색 옷을 입고 자랐던 사람들이 거름더미를 안고 있구나
(6) 내 백성의 딸의 죄가 소돔의 죄보다 더 큼이여
소돔은 손도 대지 않았는데도 잠깐 사이에 무너져 내렸도다
(7) 그녀의 존귀한 자들은 눈보다 깨끗하고 우유보다 희며,
그들의 몸이 산호보다 붉고
그들의 아름다움은 사파이어같구나.
(8) 그들의 모양은 숯보다 더 검어
거리에서 알 사람이 없게 되었구나
그들의 가죽은 뼈에 붙어
막대기같이 말랐구나
(9) 칼에 찔려 죽은 사람이 굶주림에 찔려 죽은 사람보다 더 행복함이여
밭에 열매가 없어 이들이 굶주림에 찔려 죽게 되는구나
(10) 내 백성의 딸이 무너질 때

모정(母情)이 깊은 여인들의 손이 그들의 아이들을 삶으니
그들의 음식이 되는구나

2. 본문비평 노트

3a절의 תנין(*탄닌*)은 '뱀'이란 뜻의 단어인데 뱀이 새끼에게 젖을 먹인다는 것은 불가능한 이야기다. 또한 다른 히브리어 사본과 쿰란 사본에 תנים(*탄님*)으로 기록되어 있으며 난외주 읽기인 *크레*도 쿰란사본과 동일하게 읽고 있기 때문에 *탄님*으로 읽는다. 그 뜻은 '들 개들(jackals)'이다.

3d절에 두 단어 כי ענים(*카여 에님*) 역시 다른 히브리어 사본과 쿰란 사본에서 한 단어인 כיענים(*카에님*)으로 기록되어 있으며 난외주 읽기인 *크레*도 동일하게 읽고 있기 때문에 한 단어인 *카에님*으로 읽는다. 그 뜻은 "타조들같이"라는 뜻이다.

3. 감각언어 빈도 조사

빈도수를 조사한 결과 시각언어가 압도적으로 많고(46%), 미각언어가 22%, 촉각언어가 19%, 후각언어가 8%, 청각언어가 5% 순이다. 예루살렘 성이 멸망할 때 그 주민들의 불쌍하고 처참한 모습이 클로즈업되는 상황이니 시각언어가 풍성한 것은 당연한 것이다. 그러나 특이한 것은 미각언어와 촉각언어가 41%를 차지하고 있다는 사실이다. 사람 인체에 가장 근접하여 자극을 주는 강한 감각언어가 이토록 많이 나타나고 있다는 것은 "피부에 와 닿는" 메시지를 전달하려는 의도를 발견할 수 있으며 말씀을 듣는 사람들의 감정을 고조시키려는 저자의 의도적인 표현으로 분석할 수 있다.

〈표 1〉 애가 4:1-10에 나타나는 감각언어

시각	청각	후각	촉각	미각
1. 금이 빛을 잃고 순금이 변하다 거룩한 돌들			머리에 쏟아지다	
2. 보배롭고 순금과 같은 질그릇같이			토기장이 손	
3. 들개는 새끼들에게 내 백성의 딸 광야의 타조	(빨게 하다)	(젖)	빨게 하다	젖
4. 젖먹이가 어린 아이가 떼어주는 사람이 없다	혀가 입천장에 애걸하나	(젖)	혀가 입천장에	(젖) 물(목말라서) 떡
5. 알거지가 되다 자주색 옷		(좋은 음식) 거름더미	안고 있구나	좋은 음식
6. 내 백성의 딸 소돔…무너져 내렸다			손도 대지 않았	
7. 존귀한 자들 눈보다 깨끗하고 우유보다 희며 산호보다 붉고 아름다움은 사파이어				우유
8. 숯보다 더 검어 막대기같이 말랐다			가죽은 뼈에 붙어 막대기같이 말랐다	
9. 죽은 사람(2회) 밭에 열매가 없어			찔려 죽은(3회)	굶주려(2회) 열매
10. 여인들 아이들		(삶으니)	모정이 깊은	삶으니 음식 (곡식, שבר)
합계 27회(시각)	3회(청각)	5회(후각)	12회(촉각)	12회(미각)

4. 감각언어 분석

먼저 압도적인 빈도 수를 자랑하는 시각언어를 분석해보자. 서두에 나타나는 이미지가 중요한데 '순금(pure gold)'의 이미지가 1-2절에 나타난다. 1절에서는 순금이 빛을 잃고 변했다는 이미지요, 2절에서는 순금과 질그릇을 대비시키면서 역시 질그릇으로 변화되었다는 이미지이다. 순금은 값비싼 보물이면서도 순수성을 자랑하는 보석이다. 순금은 2절에 나타나는 바와 같이 "시온의 아들들"을 비유한 이미지이다. 특히 순금은 지성소와 성소에 사용되던 것으로 예루살렘 성전을 나타내는 이미지이기도 하다. 사실 순금이 변할 수는 없다. 순금이 흙과 돌더미에 뒤엉켜있을 때 그 빛을 볼 수 없게 되는 것이다. 순금과 같은 시온의 아들들이 변했다기보다 예루살렘이 멸망당하면서 파멸과 파괴의 현장에서 그 빛이 덮여버린 것이다.

평행을 이루고 있는 1b절에는 "거룩한 돌"이 나타난다. "거룩한 돌"을 J. A. Emerton은 단순히 '보석'을 가리킨다고 주장하였다.[187] 물론 가능한 해석이지만 예루살렘 성이 무너지고 예루살렘 성전이 불탄 역사적 사실을 감안할 때 다른 해석이 가능하다. 우선 성전의 보물이나 제사장의 흉패에 있는 보석들을 가리킨다고 볼 수 있다.[188] 이러한 해석은 순금이나 거룩한 돌이 평행을 이루며 "시온의 이들들"을 가리킨다는 논리에서 나온 것이다. 또한 성전의 제단이나 성전 건물에 사용되던 돌이라고 볼 수도 있다. 이 때는 "성전의 돌"이라 번역할 수도 있을

187) J. A. Emerton, "The Meaning of אבני קדש in Lamentations 4, 1," *ZAW* 79(1967) 233-236.

188) Adele Berlin, *Lamentations*. The Old Testament Liberary (Louisville: Westminster John Knox Press, 2002) 104-105

것이다. 성전의 돌들이 거리에 쏟아져 나왔다는 것은 성전이 파괴되어 무너졌다는 메시지를 전해준다. 따라서 1a절과 1b절을 종합해보면 예루살렘 성전의 파괴와 예루살렘 제의가 무너진 것을 표현한 것으로 볼 수 있다.

그리고 2절은 "시온의 아들들" 즉 예루살렘 주민들을 가리키면서 순금과 같은 그들이 질그릇같이 되었다고 표현했다. 즉 예루살렘의 파멸과 더불어 예루살렘 주민들이 귀한 신분에서 천한 신분으로 급격히 전락한 것을 표현한 것이다.

수도인 예루살렘과 사마리아는 여성대명사로 표현되기 때문에[189] "내 백성의 딸"(3, 6, 10절; 7절은 '그녀')은 예루살렘을 가리킨다. 내 백성의 딸 즉 예루살렘은 어머니의 상으로 나타나는데, 들개보다 못한 어머니라고 탄식하고 있다. 왜냐하면 젖먹이에게도 젖을 주지 않았기 때문이다. 타조는 새끼를 낳아도 품지 않고 그냥 모래에 내버리는 동물인데(욥 39:13-17) 마치 예루살렘이 이와 같다고 탄식한다.[190]

4d절의 פרש(*포레스*)는 '펼치다(spread)' 혹은 '펼쳐 덮다'라는 뜻과 '나누다(divide, break in two)' 등의 뜻을 동시에 포함하고 있다. 4절에서는 *포레스*를 "(떡을) 나누어 준다"는 의미로 번역하지만 보호의 의미가 담긴 "펼쳐 덮다"라는 이중적인 의미도 내포하는 단어이다.

예루살렘 사람들에 대한 묘사가 계속된다. "자주색 옷을 입고 자란 사람들"(5절)이란 귀족 혹은 상류층 사람들을 가리킨다. 고대 사회에는

189) 참조; J. Galambush, *Jerusalem in the Book of Ezekiel: The City as Yahweh's Wife*. SBLDS 130 (Atlanta: Scholars, 1992); J. F. A. Sawyer, "Daughter of Zion and Servant of the Lord in Isaiah: A Cpmparison," *JSOT* 44(1989) 89-107.

190) 예루살렘에 대한 축복과 희망을 이야기할 때 제시하는 이미지는 어머니의 젖을 빠는 행복한 젖먹이의 모습이다. (사 66:10-13)

옷의 색채로 신분을 구분하였다. 자주색은 염색하기 힘든 색채로 높은 신분의 사람들만 입을 수 있는 옷의 색채이다.[191] 5절에 나타나는 사람들은 예루살렘에서 경제적으로 부유한 층의 사람들이나 사회적으로 유력한 사람들이다. 그들은 값비싼 옷을 입고 기름진 음식을 먹으며 호화롭게 살고 있었는데 지금은 추방당한 사람처럼 냄새나는 거름더미에 의지해서 살아가고 있다. 급격한 신분의 추락을 볼 수 있다.

7절에는 예루살렘의 존귀한 지도자를 "나실인(נזיר)"이라는 단어로 표시했다. 나실인은 사무엘이나 삼손처럼 머리에 칼을 대지 않고 독주를 금하며 하나님께 바쳐진 거룩하게 구별된 사람을 가리킨다(삿 13:4-5; 삼상 1:11; 암 2:11-12). 따라서 "예루살렘의 존귀한 자" 즉 "예루살렘의 나실인"이란 예루살렘에서 높은 지위에 있는 지도자들을 가리키는 것으로 볼 수 있다.[192]

7-8절은 색채로 내용을 대비시키고 있다. 사실 색채가 나타난 것 1절부터이며 역시 색채로 대비시키고 있다. 순금이나 금의 색채는 노랑이며 눈부신 빛을 발하고 있다. 그런데 그 색채와 빛이 변해버린 것이다. 그리고 5절에서는 부자들을 가리켜 "자주색 옷"을 입은 사람들이라 표현하고 있다. 7절에서는 지도자들을 가리키며 "눈보다 깨끗하고 우유보다 희며… 산호보다 붉고… 사파이어같은"[193] 사람들이라고 묘사하고

---

191) 자주색 옷은 염색비용이 엄청나게 많이 드는 옷으로 제왕이나 부자만이 입을 수 있는 옷이다(단 7:5, 16, 29; 계 17:4; 18:16).

192) Adele Berlin은 נזיריה(*느지레하*) 단어가 나실인을 가리키는 것이 아니라고 하였다. Adele Berlin, 앞의 책. 101. 물론 여기서 이 단어가 나실인을 가리킨다기보다 높은 위치에 있는 지도자들을 가리키는 것이지만 "거룩하게 구별된 지도자"라는 이미지도 포함하고 있다. 또한 단어 자체를 나실인으로 번역해도 잘못된 번역이 아니다. Iain Provan, Lamentations. 114.

193) 랍비 Abraham ibn Ezra(1089-1164년)는 7b절과 7c절이 동의 평행하는 절들이라

있다.[194] 오랜만에 색채언어가 한꺼번에 동원된 것을 볼 수 있다. 7절의 색채들은 건강하고 아름답다는 것을 표현하는 색채이기도 하지만(아 5:10-15), 희고 붉고 푸른 색은 전통적으로 성막(성전)이나 성전 기물에 활용되던 색채이다.[195] 따라서 예루살렘의 지도자들이 거룩하게 구별된 사람들임을 강조한 것이라 볼 수 있다.

그런데 이렇게 거룩한 색채로 장식된 그들이 숯과 같이 검게 되었다고 탄식한다. 그 모든 색채들이 일시에 검은 색으로 변해 버렸다. 아니 모든 색채들이 사라졌다고 볼 수도 있다. 물론 그들의 모습이 피골이 상접하여 뼈만 남은 막대기같이 되어 버렸으므로 피부색조차 검은 색깔로 변해버린 상황이라 볼 수도 있다.[196] 그러나 '검다(black)'라고 번역한 단어가 חֹשֶׁךְ(*호쉐크*)임을 주목할 필요가 있다. 이 단어의 기본적인 의미는 '어둡다'이다. 따라서 이 단어는 '검다'라는 색채를 강조하는 단어라기보다 굶주리고 두려워 떨면서 그들의 모습이 어두운 그림자 속에 파묻혀 있다는 사실을 표현한 것이다. 죽음과 절망 가운데 헤매는 모습이

보면서 사파이어가 붉은색이라고 해석하기도 하였지만 이 절들을 동의 평행하는 절들이라 보기는 어렵다. J. L. Kugel, *The Idea of Biblical Poetry*. (New Haven: Yale University Press, 1981) 175.

194) "그들의 아름다움"이라 번역한 גזרם(기즈라탐)은 '자르다(cut)'라는 뜻의 גזר의 명사형이다. 이 단어는 윤기나는 '광택'이라 번역할 수도 있다. 즉 이 단어는 사피르의 색채 뿐만 아니라 보석의 형체와 광택도 염두에 두며 선택한 단어라 볼 수 있다. Johan Renkema, *Lametations*, (Leuven: Peeters, 1998) 513-515.

195) 제1장 제2절 색채 이미지 중심 해석 참조.

196) 앗수르 왕 에살하돈의 왕위계승 계약의 저주문에는 다음과 같은 내용이 포함되어 있다. "그들이 너의 살과 너의 형제들의 살, 그리고 너의 아들들과 너의 딸들의 살을 역청과 같이…검게 만들 것이다." Simo Papola and Kazuko Watanabe, *Neo-Assyrian Treaties and Loyalty Oaths*. (State Archives of Assyria 2. Helsinki: Helsinki University Press, 1988) 64.

며 어둠 속을 헤매는 모습이다. 죽음 직전의 몰골을 표현한 것으로 볼 수 있다. 그리고 죽음의 이미지는 9절과 10절에 한층 더 강조 되어 있다.

감각언어 활용에 있어서 가장 특징적인 점은 미각언어 활용이다. 비록 전체 표현빈도에서 22%밖에 차지하지 않았지만 미각언어가 전체 감각언어를 주도하는 언어로 등장한다는 점이다. 즉 예루살렘 성이 포위되어 주민이 먹을 것이 없어 굶주리고 있다는 절박한 상황이 전체의 핵심적인 이미지로 등장하고 있는데 전체 10절 가운데 이러한 이미지가 압도하고 있는 절이 7절이나 된다(3, 4, 5a, 7b, 8, 9, 10절). 8절의 "막대기 같이 말랐다"는 것은 굶주림의 결과이기 때문에 미각언어로도 분류하였다. 전체 내용 중 60%가 미각 이미지를 주도적 이미지로 채택하고 있다는 것이다.[197] 특히 어린 아이의 굶주림을 부각시켰고(3-4절), 마지막에는 포위된 성 안에서 사람 고기를 먹는 처참한 일이 벌어지는데, 어린 아이들이 삶겨져 어머니의 '음식'이 되는 참담한 상황을 표현하여 내용의 절정을 장식하였다(10절). 마지막 부분인 8-10절 모두 미각언어가 주도하고 있어 절정인 10절에 이르는 길을 마련하고 점층적인 표현을 만들어 내었다.

3-4절에서는 어머니가 젖먹이에게 젖을 주지 않는 모습이 나타난다. 3절에서는 그러한 어머니를 "잔인하다"라는 단어로 표현하였지만 사실 젖이 풍부한 어머니가 어떻게 젖먹이에게 젖을 주지 않고 있을 수 있겠는가? 젖먹이가 젖을 먹을 수 없다는 것은 어머니가 너무나 굶어 젖이 나오지 않는 상태임을 말해 주는 것이다. 그리고 젖먹이가 목이 마르다는 것은 예루살렘 성의 식수가 고갈되어 가는 상황을 이야기해주고 있는 것이다. 예루살렘을 비롯한 이스라엘의 여러 성들은 보통 언덕 위에

197) 5a절과 7b절은 각각 절반으로 계산하였다.

위치해 있고 식수원은 성 밖에 있었다. 적군이 성을 포위할 때 전략적으로 가장 먼저 준비해야 할 것이 바로 식수원 확보였다.[198] 이러한 상태였기에 포위된 성에서 가장 견디기 힘든 것이 굶주림이기도 하지만 목마름을 빼 놓을 수 없다.

언어유희의 일종이기도 하지만 미각과 관련이 있는 용어는 10b절의 בשבר(*브쉐베르*)라는 단어이다. 이 단어는 (내 백성의 딸이)"무너질 때"로 번역된 단어인데 שבר(*쉐베르*)의 의미 가운데는 '곡식'이라는 의미도 있다. 자식이 어머니의 '음식'이 되는 10a절과 유사한 내용이 될 수 있게 "내 백성의 딸의 '음식'"이라는 이중적 의미를 가진 구절을 10b절에 배치한 것이다. 따라서 이 단어를 직접적인 미각언어로 분류하기는 곤란하지만 간접적으로 미각언어의 영향력을 발휘한다고 볼 수 있다.

촉각언어 또한 많이 활용되었다. 단순히 '질그릇'이라 표현해도 되지만 "토기장이 손"에 의해 만들어졌음을 밝혀 촉각을 자극하고 있다(2절). 소돔의 경우도 "손도 대지 않았다"는 표현을 통해 촉각을 자극하고 있다(6b절). 새끼에게 젖을 먹이는 모습을 "젖을 빨게 한다"(3절)로 표현하고 목마른 젖먹이의 모습을 "혀가 입천장에 붙는다"(4절)로 표현하여 촉각을 자극하고 있다.

또한 거름더미를 "안고 있다"는 표현(5b절)은 부자들이 호화로운 삶을 살다가 추방당해 쓰레기 더미 속에 살고 있는 모습을 표현한 것이지만 여기서 사용된 단어 חבק(*하박크*)를 살펴보면 옷이 없어 헐벗은 상태를 표현한 것으로도 볼 수 있다. 욥기 24:7-8에는 가난하여 입을 옷이 없을 때 "산중 소나기에 젖으며 가리울 것이 없어 바위를 안고 있다"고

198) 이사야가 유다 왕 아하스와 더불어 결사항전의 결의를 다짐한 곳이 바로 식수원이 있는 곳이었다. (사 7:3)

묘사하고 있다. 이러한 해석은 "자주색 옷을 입고…"라는 구절과 대비된다는 점에서 설득력을 얻고 있다. 그리고 굶주려 야윈 모습을 "가죽이 뼈에 붙어 있다"(8절)로 표현하여 촉각을 자극하고 있음을 알 수 있다.

여기서 한 가지 주목할 감각은 "뜨거움(heat)"과 "메마름"이다. 이 단어로 직접 표현을 하고 있지는 않지만 "뜨거움"과 "메마름"은 촉각의 배경이라 할 수 있을 것이다. 예루살렘이 있는 지역은 산지이지만 일년 중 절반은 비가 오지 않는 건기이다. 또한 바벨론 군사들이 예루살렘을 포위하고 있을 때는 식수공급도 어려울 때가 있다. '광야'(3절)라는 단어에도 메마르고 뜨거운 열기를 느낄 수 있지만 목말라하는 젖먹이의 모습에서도 동일하게 느낄 수 있다(4절). 또한 어른들이 굶주림에 허덕이며 막대기 같이 말라가는 모습에도 열기와 건조함의 감각을 느낄 수 있다.

9절에 『개역』에는 '죽은 사람'이라 번역한 세 단어를 "찔려 죽은 사람"으로 번역하였다. 왜냐하면 처음 두 단어는 חלל(*할랄*)인데 이 단어의 기본적인 뜻이 동사일 경우 '찌르다(pierce)'이고 명사형일 경우 '찔려진 것'이기 때문이다. 그리고 세 번째 단어는 דקר(*다카르*)인데 역시 기본적인 의미가 '찌르다(pierce)'이다. 따라서 이 단어들은 촉각언어로 분류할 수 있다. "살해당한 사람"이라는 의미의 다른 단어가 있음에도 불구하고 굳이 촉각언어를 선택해서 사용한 것은 의도적으로 "피부에 와 닿는 말씀"을 만들기 위해서임을 알 수 있다.

『개역』에 "자비한"이라 번역한 단어 רחמניות(*라하마니요트*)의 어간은 רחם(*라함*)인데 명사형은 רחם(*레헴*) 즉 '자궁'이다. 자궁은 태아를 열달동안 키우는 곳으로 어머니의 사랑의 근원이라 할 수 있다. 이 단어에서 파생된 *라하마니요트* 는 어머니의 지극한 정이 담긴 사랑을 표현하는 단어이다. 따라서 "모정(母情)이 깊은"이라고 번역하는 것이 적합하다.

자녀에 대한 사랑이 유달리 깊은 어머니들이 자기 자녀를 삶아 먹는 참혹한 상황이 벌어진 것이다. 이 단어를 감각언어로 분류하기에는 어려움이 있지만 자궁이 신체의 일부이며 태아의 움직임을 어머니가 촉각으로 느끼고 태아도 촉각으로 어머니의 움직임과 감정을 느낀다는 의미에서 이 단어를 촉각언어로 분류하였다.

청각언어의 경우 4절의 표현을 주목할 필요가 있다. 4절에 "혀가 입천장에 붙음이여"라는 표현은 에스겔 3:26; 욥기 29:10; 시편 137:6 등에 나타나는데 이 표현은 말을 할 수 없다는 것을 묘사한 것이다. "내가 네 혀로 네 입천장에 붙게 하여 너로 벙어리되어…"(겔 3:26). 젖먹이는 말을 잘 할 수 없는 나이다. 주로 울음으로 의사를 표시하는데 젖먹이가 배가 고프고 목이 말라 울지도 못하는 상황이 된 것이다. 이러한 장면은 3절에 들 개(jackal)의 새끼들이 소리를 지르며 소란스럽게 어미의 젖을 빠는 모습과 정면으로 대조된다. 들 개는 들판이나 황야에서 특이하게 소리질러 분위기를 을씨년스럽게 만드는 동물이다.

또한 4c절 끝에 לחם(*레헴*)을 배치하고 4d절 끝에 להם(*라헴*)을 배치하여 구절의 마지막에는 비슷한 음으로 끝을 내도록 하였다. 또한 탄식을 주도하며 대표하는 단어인 איכה(*애카*)라는 단어를 1a절과 2b절에 배치하여 탄식의 강도를 높였다.

무엇보다 애가 4장의 특징은 알파벳 시라는 점이다. 알파벳 순서대로 각 절의 첫 단어가 시작되기 때문에 외우기 쉽고 듣는 사람이나 낭독하는 사람이 탄식시의 리듬을 느낄 수 있다. 한 가지 언급할 것은, 고대에는 말씀 전체가 음성으로 전달되었다는 사실을 상기할 필요가 있다. 즉 내용을 낭독할 때 혹은 외워서 전달할 때 다양한 감정이 음성으로 표현되었다는 사실이다. 말할 필요도 없이 눈으로 문자를 읽는 것보다 소리로 내용이 전달될 때 훨씬 더 다양하며 강도 높은 감정을 불러일으킬 수 있다. 젖이 나오지 않는 어머니의 젖을 붙들고 젖먹이가 목말라하는 모습을, 그리고 아이를 삶아 먹는 어머니들의 참담한 내용을 전달할 때 전달하는 사람이나 듣는 사람들이 어찌 눈물 없이 말하고 들을 수 있겠는가!

후각언어는 6%밖에 되지 않는다. 미미한 표현이라 볼 수 있다. 그러나 성경 전체에서 후각언어 활용의 빈도가 낮다는 것을 감안할 때 무시할 만한 표현은 아니다. 특히 미각언어가 강조되는 내용이기 때문에 상대적으로 후각언어도 다소 강조되었다고 말할 수 있다.

5. 감각군(sensory cluster) 분석

굶주림과 죽음이라는 분위기는 3절부터 나타나기 시작하면서 젖먹이의 굶주림과 죽음의 모습으로 나타난다. 그리고 결국에는 어린이들이 어머니의 '음식'이 되는 참혹한 광경으로 치닫는다(10절). 3절부터 달라지기 시작한 점은 시각 뿐만 아니라 청각, 후각, 촉각, 미각 등의 다양한 감각언어들이 집단으로 나타나 감각군(sensory cluster)을 형성하고 있음을 발견할 수 있다. 특히 감각적 자극이 절정에 달하는 10절에 가까운 8-10절의 감각군은 빈도가 잦아지면서 촉각과 미각을 자극하는 언어들이 많이 등장하고 있음을 발견할 수 있다. 감각언어 가운데 가장 근접성이 강한 자극이 바로 촉각언어와 미각언어인데 이들이 풍부하다는 것은 자극이 상대적으로 강렬하다는 의미이다. 또한 감각언어들은 서로 상호작용을 하며 자극의 상승효과를 가져오게 되는데 밀도가 높은 감각군을 형성하는 8-10절은 이러한 효과를 극대화시킨 예로 볼 수 있다.

또 다른 부분에 감각군(sensory cluster)이 밀도 있게 형성된 곳이 있는데 3-4절이다. 젖먹이와 어린아이들의 참상 곧 배고프고 목마른 갓난아기들의 모습이 그려진 부분이다. "내 백성의 딸"은 어머니를 가리키면서 동시에 예루살렘 성을 가리키는 단어다. 예루살렘 성이 파괴되고 멸망당하니 그 백성들을 보호하고 돌볼 수 없게 된 상황을 비유하여 탄식하고 있다. 3-4절에서는 예루살렘 성의 백성들을 젖먹이와 어린아이로 비유하고 있다. 갓난아기의 어머니는 젖도 주지 않는다. 부정하고 사나운 짐승인 들개를 들면서 들개도 새끼들에게는 젖을 먹이는데 어머니 예루살렘은 들개만도 못하다고 탄식한다. 그러나 사실 아기의 어머니는 너무도 굶었기 때문에 그의 유방에서는 이미 젖이 나오지 않고 있는 상황이다.

3-4절의 시각적인 배경은 '광야'이다. 타조도 광야에서 살지만 들개도 광야나 황무지에 주로 다니는 짐승이다. 어린아이들에게 떡 한조각도 주지 않는 메마르고 삭막한 인정은 광야나 황무지같은 마음상태를 대변하고 있다고 볼 수 있다. 메마른 광야의 이미지는 목이 말라 혀가 입천장에 붙는 젖먹이의 이미지와도 유사하다.

3-4절의 감각군에서 특이한 것은 청각언어, 후각언어, 촉각언어, 미각언어들이 각각의 감각을 느낄 수 없다는 내용이 나열되어 있으며 이것이 역설적이게도 각 감각을 극도로 자극하고 있다는 점이다.

청각언어는 들개의 새끼들이 젖을 빠는 소란스러운 소리, 광야의 바람 부는 소리, 젖먹이가 울지도 못하고 풀어진 눈으로 멍하니 있는 모습, 어린 아이가 지나가는 사람을 붙잡고 먹을 것을 애걸하는 소리 등이 들려온다. 이 가운데 가장 청각을 자극하는 소리는 역설적이게도 울지도 못하고 들리지도 않는 갓난아기의 소리이다.

후각을 자극하는 단어는 젖이다. 짐승들이 어미젖을 빨 때 맡을 수 있는 젖냄새와 젖먹이의 젖냄새이다. 여기서도 대조되면서 역설적인 것은 짐승들은 젖냄새를 피우면서 젖을 빨지만 인간인 젖먹이는 젖을 구경도 할 수 없다. 오히려 젖먹이가 젖냄새를 풍기지 않는 것이 더욱 참혹스러운 느낌을 준다.

촉각언어 면에 있어서 주목할 점은 들 개의 새끼들이 젖을 빨 때 느끼는 촉감과 대비되는 인간의 촉감이다. 인간인 젖먹이가 젖을 빨지도 못하고 혀가 입천장에 붙어버린 "촉감없음"이 더욱 처절하게 촉각을 자극한다.

미각언어는 젖과 물과 떡이다. 그러나 맛볼 수 없는 것들이다. 들개들의 새끼들은 어미의 젖을 먹고 행복해 하지만 사람에게는 이러한 행복이 주어지지 않는다. 젖먹이에게 젖이 주어지지 않고 물도 주어지지 않는다. 어린아이들이 배고파 애걸하지만 아무도 떡을 주지 않는다.

III. 요 약

본 장의 목적은 성경에 나타나는 감각언어들이 성경의 특정 부분에서 감각군(sensory cluster)을 형성하여 극적인 감동을 유도하는 면을 연구하는 것이다. 이를 위해 애가 4:1-10을 선택하여 감각군을 분석할 뿐만 아니라 다양한 감각언어들이 어떻게 서로 상호작용하며 영향을 주고받는지를 분석하였다.

감각군(sensory cluster)은 다양한 감각언어들이 활용되어 감각 이미지가 압축되어 있는 부분을 일컫는 용어인데 감각군이 많은 시가 생생한 이미지를 제공할 뿐만 아니라 기억하기 쉬운 시가 된다. 감각군이 형성될 때는 일반적으로 많이 활용되지 않는 감각언어들 즉 촉각언어와 미각언어와 후각언어들이 등장하여 감각을 풍요롭게 하고 서로 상호작용하여 감각을 상승시키는 효과를 발휘하고 있다. 감각군의 예로서 아가 1:14을 들 수 있는데 짧은 한 절의 시 속에 시각언어 3회, 후각언어 2회, 촉각언어 2회, 미각언어 2회 등이 녹아 있어 감각들이 서로 상호작용하여 상승효과를 내고 있고 사랑하는 연인을 진하게 그리고 풍요롭게 느끼도록 표현되어 있다.

애가 4:1-10은 전형적인 탄식시이며 알파벳 시로 작성되어 있다. 이 시는 처음부터 강렬한 이미지와 감각언어들로 표현되어 있으며 특히 3-4절과 9-10절이 감각군으로 구성되어 있다. 전체 감각언어들이 사용된 빈도는 59회인데 그 가운데 시각언어가 46%, 미각언어가 22%, 촉각언어가 19%, 후각언어가 8%, 청각언어가 5% 순으로 사용되었다. 주목할 만한 것은 신체에 가장 근접하여 감각되는 미각언어와 촉각언어가 41%나 차지한다는 점으로 애가 4장에 표현된 감각의 강도가 강렬하다는 것을 발견할 수 있다.

애가 4장의 배경은 예루살렘의 멸망이며 굶주림과 죽음으로 가득차 있다. 특별히 4장은 굶주려있는 어머니와 갓난아기의 이미지를 중심으로 예루살렘의 참상을 탄식하고 있다. 감각군 가운데 3-4절을 분석한 결과 시각적인 배경은 광야와 같은 메마름과 갈증과 굶주림이다. 이 가운데 주목할 만한 점은 4절에 핵심적인 미각언어인 물과 젖과 떡이 모두 나타나고 있다는 사실이다. 3-4절 감각군의 특이한 점은 청각언어, 후각언어, 촉각언어, 미각언어들이 각각의 감각을 느낄 수 없다는 내용으로 표현되어 있으며 이것이 역설적이게도 각 감각을 극도로 자극하고 있다는 점이다.

9-10절의 감각군에는 독특한 언어를 사용하여 촉각언어와 미각언어가 이중적인 의미로 내포되어 있도록 표현되어 있다. 무엇보다 핵심적인 것은 포위된 성에서 굶주림에 견디지 못한 어머니들이 자기의 아이들을 삶아먹는 참혹한 이미지를 중심으로 감각군이 형성되어 있다는 것이다.

다양한 감각언어의 상호작용을 주목하며 감각군을 중심으로 성경을 해석하는 감각분석 기법은 성경의 메시지를 명료하게 돌출시키며 성경을 생생하게 느낄 수 있게 만드는 효과적인 기법이다. 또한 이 해석방법은 성경해석전문가가 아니라도 쉽게 활용할 수 있는 방법이기에 대중적으로 널리 활용될 가능성이 있다.

결 론

가상현실 시대는 이미 시작되고 있다. 비록 초기 단계이기는 하지만 주위에서 그 열기를 충분히 느낄 수 있다. 상업적으로 가상현실을 활용되는 분야가 단연 선두에 서겠지만 총체적인 문화 현상으로 발돋움을 하고 있는 것이다. 문화의 핵심임을 자처하는 종교가 이러한 흐름을 도외시할 수 없으며 오히려 선두에 서서 새로운 문화를 이끌어 가야 할 것이다.

기독교계에서도 이러한 흐름에 대한 대책이 있어야 할 것이다. 왜냐하면 가상현실에 익숙한 세대가 등장하는데 이러한 현실을 이끌어갈 능력이 없다면 큰 문제가 발생할 수 있기 때문이다. 기독교의 다양한 분야에서 대책을 마련하겠지만 특별히 기독교의 경전인 성경에 대한 준비가 필요하다.

그러면 지금의 현실은 어떠한가? 이미지와 영상의 시대라 해도 과언이 아닌 시대에 살고 있으면서도 영상 성경을 개발하는 데에도 기독교는 충분한 노력을 기울이지 못하고 있다. 이로 인해 영상에 익숙한 세대를 선도할 수 있는 힘을 기르지 못하고 있는 것이다.

그런데 이제는 가상현실 시대가 시작되고 있다. 더 이상 머뭇거릴 시간적 여유가 없다. 시대의 흐름을 직감하고 결단하여 과감하게 전진할 수 있어야 한다. 즉 가상현실 기법을 활용한 성경을 개발해야 할 것이다. 이러한 프로젝트는 시대의 흐름에 밀려서 하는 것이 아니라 새로운 기술이 제공해주는 새로운 기회로 보아야 할 것이다.

가상현실 기법을 활용하여 성경을 만들 수 있다면 성경 안으로 들어가서 걸어 다니며 대화하고 만져보고 냄새 맡을 수 있을 것이다. 또한 다양한 감각을 활용하여 감성적으로 그리고 이성적으로 성경을 흡수할 수 있기에 개인적이고 직접적인 체험을 할 수 있을 것이다. 동시에 성경 안에서 서로 만나 대화하는 열린 공간이 마련되기에 새로운 해석이 창출될 수 있을 것이다.

이러한 소위 가상성경(Virtual Bible)을 만들기 위해 본 저서에서는 기초적인 작업으로 감성적 성경 해석 기법을 제시하였다. 감성적 성경 해석이란 성경에 나타난 감각언어를 중심으로 성경을 해석하는 방법이다. 먼저 감각언어를 주목하여 분석하고 분류하며 감각언어 간의 상호작용을 또한 면밀히 검토한다.

감성적 성경 해석 방법의 내용을 구체적으로 살펴보면 성경에 나타나는 시각언어, 청각언어, 촉각언어, 후각언어, 미각언어 등을 중심으로 성경을 새롭게 해석하는 것이 핵심이다. 그리고 마지막에는 이러한 감각언어들이 서로 연결되어 상호작용을 하면서 창출해내는 감각군의 효과를 또한 주목하면서 감각군을 중심한 총체적 해석을 하는 것이다.

본 저서에서 제시한 감성적 성경 해석의 핵심적인 내용을 정리하면 다음과 같다. 우선 감각언어 가운데 가장 자주 등장하는 시각언어는 색채와 이미지 그리고 이미지의 움직임까지 묘사하는 감각 언어이다.

본 저서에서는 후기 예언자의 이미지를 중점적으로 보았다. 예언자를 "선견자(先見者)"(חזה seer)로 부르기도 하는데 이 이름을 감안한다면 예언서는 "보는 자"가 펼쳐 보이는 "볼거리"인 "환상" 즉 이미지들이라고 볼 수 있다.

후기예언서의 대표적 이미지로는 자녀 이미지와 여성 이미지 그리고 예언자들의 상징적 행동을 들 수 있다. 자녀 이미지는 희망과 절망의 상징으로 등장하기도 하며, 연약하며 능력이 부족한 자녀로 혹은 반역하는 자녀로 나타난다. 통상 자녀 이미지는 부모의 이미지와 중복되어 나타나는 모습을 볼 수 있다.

여성 이미지로는 산모와 산파의 이미지 결혼 이미지에서 배우자로 등장하는데 특이한 것은 도시나 국가가 야훼의 배우자로 묘사된다는 점이다. 또한 부정한 여성배우자의 이미지가 강력하게 등장하고 있다. 상징적 행동은 예언의 가장 강력한 도구로 활용되었으며 예언자들의 총체적인 행동과 삶으로 예언이 표현되었다.

예언자들이 활용한 이미지와 그 활용 방식을 살펴보면 우선 다양한 이미지를 활용하여 상징적 세계(symbolic world)를 형성시키는 예언자의 모습을 볼 수 있고, 실제적인 이미지와 더불어 가상적 이미지를 활용하는 경우도 있었음을 발견할 수 있다. 특히 하나님의 여성적 이미지와 상징적 환상(symbolic vision)을 시대적으로 고찰한 결과 시대적으로 이미지가 변천되어 왔음을 발견할 수 있었다. 동시에 문화적 차이에 의해서도 이미지가 변화되고 있음을 발견할 수 있었다.

색채 이미지 가운데는 붉은 색을 중심한 해석의 가능성을 타진하였다. 붉은 색은 피의 색이며 포도즙의 색상이다. 따라서 붉은 색은 희생제사와 밀접히 연관된 색이다. 또한 붉은 색은 타오르는 불꽃의 색채이기도 하다. 불꽃 이미지는 움직이는 붉은 색으로 강력한 이미지이다. 따라서 성경에는 불꽃 이미지가 빈번하게 나타나고 있다.

붉은 색 이미지가 주도적 이미지인 본문은 우선 킨 본문을 들 수 있다 이사야 본문(사 63:1-6)은 포도즙의 색채 이미지와 피의 색채 이미지를 중첩시키면서 점층적으로 붉은 색 이미지를 고조시켰다. 이렇게 색채 이미지를 부각시켜 하나님의 심판과 구원의 능력에 대한 메시지를 전달하였다.

레위기에는 악성피부병자가 완쾌되어 공동체에 다시 복귀하는 절차가 나타나는데(레 14:4-7) 날아가는 붉은 새를 절정으로 하여 정결에 대한 이미지를 강화시킨 내용이다.

붉은 암소를 태워 하타아트 재를 만드는 의식이 민수기에 나타나는데(민 19:1-10) 의식 전체에 붉은 색에 물들어 있음을 알 수 있고 점층적으로 확대되어 가고 있다는 사실을 발견할 수 있다. 여기에 나타나는 붉은 색은 시체로 인해 부정하게 된 것을 정화시키는 하타아트 재의 기능을 붉은 색 이미지로 강화시킨 것이라 볼 수 있다.

또한 붉은 색 이미지는 타오르는 불꽃의 색채이기도 하다. 이 불꽃은 하나님의 상징적인 이미지로 활용되는데, 하나님은 불기둥으로 혹은 불수레의 형상으로 나타나기도 한다(왕하 2:11; 출 13:21). 하나님은 불 가운데 강림하셔서 말씀하시며(신 4:12, 15, 33, 36; 5:4, 22-26; 10:4) 불로서 심판하시기도 하신다.

청각언어를 중요시하는 이유는 구약의 저자가 구전적 문화 속에 살고 있었으며 저자는 눈으로 조용히 읽는 독자를 염두에 두고 글을 쓴 것이 아니라 낭독하는 것을 귀로 듣는 청중을 생각하면서 저술하였다는 사실에서 발견할 수 있다.

청중의 특성을 살펴보면, (1) 청중은 시간적 경험(temporal experience)을 한다. 성경 내용이 귀로 들려질 때 청중은 순간순간 순차적으로 그 내용에 의해 충격을 받고 새로운 경험을 하게 된다는 것이다. 이러한 청중을 돕기 위해 성경저자가 활용한 기법은 반복법, 평행법, 알파벳시 등 다양한 기법이며 이러한 기법을 활용하여 청중의 가슴에 그 내용을 각인 시켰다.

(2) 청중(聽衆)은 "듣는 무리"이며 해석도 무리 지어하게 되는 특징이 있다. 물론 개인적인 해석도 가능하지만 청중일 경우 공공적이며 공동체적인 해석을 하는 특징을 보여준다. 특히 예배현장에서 성경을 들으며 청중은 극적인 감동을 경험하게 된다.

성경을 번역할 때 의도적으로 후각언어를 도외시하려는 경향이 있지만 후각언어는 고대로부터 인간의 세계와 신의 세계를 연결시키는 언어로 알려져 있다. 구약에서도 향기를 뿜어내는 분향제사가 가장 중요한 제사였고 희생제사를 드리는 규정의 마지막 부분에 보면 "향기로운 냄새" 혹은 "기쁨의 향기"로 번역할 수 있는 *레아흐 니호아흐*(**ריח ניחוח**)라는 단어가 반복됨을 볼 수 있다. 즉 하나님께서 기뻐 받으시는 제사라는 의미의 구절이다.

한편 후각언어는 제사규정의 본문 뿐만 아니라 인식과 진실과 관계되는 내용에도 자주 나타난다. 고대 사회에서 가장 신뢰를 받았던 감각은 후각이었으며 후각을 통해서 진실을 알 수 있다는 내용이 성경의 여러 곳에서 발견된다. 또한 특정한 냄새는 그 냄새와 관련된 사건과 사항들을 회상시키는 가장 효과적인 도구이다. 즉 후각은 기억력과 깊은 관련이 있다.

또한 중요한 후각언어인 *루아흐*(רוח)가 생명과도 관련이 있는 단어이면서, 동시에 이 단어의 또 다른 뜻이 '영(spirit)' 임을 주목할 필요가 있다. 즉 '영(spirit)'은 후각언어로 표현되어 있으며 인간 세계와 영계(靈界)를 넘나드는 것은 바로 후각을 자극하는 향기이다.

"피부로 느낄 수 있는 언어" 그것이 바로 촉각언어이다. 촉각은 신생아가 태내에 있을 때 맨 먼저 느끼는 감각이며 인지하며 느끼는 기본적인 통로이다.

구약에 나타나는 촉각언어 가운데 특별히 주목해야 하는 것은 신(神)의 접촉과 신과 관련되는 촉각언어이며, 그다음 의식 규정과 정결법에 나타나는 촉각언어이다. 그 외 인간과 관련된 것, 그리고 다양한 사물에 관련된 촉각언어가 나타난다.

욥기에는 촉각언어를 사용하여 하나님의 행동을 묘사하는데 "하나님은 아프게 하시다가 싸매시며 상하게 하시다가 그 손으로 고치시나니"(욥 5:18)라고 표현하고 있다. 하나님이 사람과 사물에 접촉한다는 표현이 나타날 경우 그 결과는 부정적인 것과 긍정적인 것으로 구분되어 나타난다.

제의규정과 정결법에서 접촉이 금지된 경우를 보면 서로 엄격히 구분되는 영역 사이에 접촉이 금지되고 있음을 알 수 있다. 즉 생명체와 시체 사이, 정결한 것과 부정한 것 사이, 그리고 거룩한 것과 세속적인 것 사이에 접촉이 금지되고 있다. 또한 제사장자료에 나타난 제사의식을 살펴볼 때 모든 제사가 말보다 행동을 통해 진행되며 각종 손동작이 핵심적인 행동임을 알 수 있다. 그리고 의식 가운데 하나님과의 계약의 표시로 행하는 할례의식은 신체 가운데 가장 민감한 부분의 피부를 절단하는 것이며 피부에 그 흔적을 남기는 의식이다. 의식 가운데 가장 촉각적인 의식이라 볼 수 있다.

촉각언어를 중심으로 구약을 해석하는 모델로서 삼손설화를 분석하였다. 나실인으로서 머리털에 칼을 대지(touch) 말아야 한다는 것이며 이것이 하나님이 주시는 놀라운 힘과 연관이 되어 있고 사사로서 삼손이 능력을 발휘할 수 있느냐 없느냐는 것과 연결되어 있다. 마지막에 다곤 신전의 기둥을 더듬는 삼손의 손, 기둥을 꺾는 삼손, 그리고 다곤 신전이 삼손과 삼 천 명 이상의 블레셋 사람위에 무너져 내려 강타하는 것은 촉각언어로 충만한 삼손설화의 절정이라 하겠다.

미각언어에 관한 것은 토라를 중심으로 살펴보았다. 하나님을 소개할 때도 하나님을 양식제공자(Food Provider)로 소개하고 있으며 양식은 곧 생명의 유지와 관련시켰다.

하나님이 생명의 주인이라는 것은 고기를 먹을 때 "피채 먹지 말라"(창 9:4; 레 3:17; 7:26; 17:11, 12, 14; 신 12:16, 23; 15:23)는 금지 명령에서 찾아 볼 수 있다. 왜냐 하면 피에 생명이 있기 때문이다. 또한 십계명 돌판과 더불어 만나 항아리와 열매가 열린 아론의 지팡이가 야훼의 임재를 나타내는 법궤에 함께 들어가 있다는 사실은 하나님이 "양식 제공자"라는 면을 분명하게 강조한 것이라 볼 수 있다.

음식을 먹는다는 것은 영양을 섭취한다는 것 뿐만 아니라 하나님과의 만남과 공동체 구성원 사이의 만남과 나눔을 나타내는 기능이 있다. 제사는 하나님께 "음식예물"을 바치는 것에서 시작하며 특히 화목제는 하나님의 소유물인 음식을 공동체가 함께 나누는 데까지 계속된다. 성소 안 떡상 위에 차려진 진설병은 12개이며 이스라엘 12지파가 야훼 앞에서 한 식탁에서 먹고 마시며 한 공동체임을 느끼는 진설병이다. 십일조 음식을 함께 나누며, 유월절에 가정의 식탁에서 음식을 나누며 의식을 진행하는 모습, 그리고 계약식사를 함께 나누는 모습을 통해서 먹고 마시는 모습 속에 핵심적인 메시지가 담겨있음을 발견할 수 있다.

이러한 다양한 감각언어들이 함께 연결되어 나타날 때 그것을 감각군(sensory cluster)이라 부르며 이러한 감각군을 통해 극적인 감동을 유도한다. 또한 감각군이 많은 시가 생생한 이미지를 제공할 뿐만 아니라 기억하기 쉬운 시가 된다.

감각군이 많이 나타나는 본문으로 아가 1:14을 들 수 있는데 짧은 한 절의 시 속에 시각언어 3회, 후각언어 2회, 촉각언어 2회, 미각언어 2회 등이 녹아 있어 감각들이 서로 상호작용하여 상승효과를 내고 있고 사랑하는 연인을 진하게 그리고 풍요롭게 느끼도록 표현되어 있다.

애가 4:1-10은 전형적인 탄식시이며 알파벳 시로 작성되어 있다. 애가 4장의 배경은 예루살렘의 멸망이며 굶주림과 죽음으로 가득차 있다. 특별히 4장은 굶주려있는 어머니와 갓난아기의 이미지를 중심으로 예루살렘의 참상을 탄식하고 있다. 감각군 가운데 3-4절을 분석한 결과 시각적인 배경은 광야와 같은 메마름과 갈증과 굶주림이다. 이 가운데 주목할 만한 점은 4절에 핵심적인 미각언어인 물과 젖과 떡이 모두 나타나고 있다는 사실이다. 3-4절 감각군의 특이한 점은 청각언어, 후각언어, 촉각언어, 미각언어들이 각각의 감각을 느낄 수 없다는 내용으로 표현되어 있으며 이것이 역설적이게도 각 감각을 극도로 자극하고 있다는 점이다.

9-10절의 감각군에는 독특한 언어를 사용하여 촉각언어와 미각언어가 이중적인 의미로 내포되어 있도록 표현되어 있다. 무엇보다 핵심적인 것은 포위된 성에서 굶주림에 견디지 못한 어머니들이 자기의 아이들을 삶아먹는 참혹한 이미지를 중심으로 감각군이 형성되어 있다는 것이다.

다양한 감각언어의 상호작용을 주목하며 감각군을 중심으로 성경을 해석하는 감각분석 기법은 성경의 메시지를 명료하게 돌출시키며 성경을 생생하게 느낄 수 있게 만드는 효과적인 기법이다. 또한 이 해석방법은 성경해석전문가가 아니라도 쉽게 활용할 수 있는 방법이기에 대중적으로 널리 활용될 가능성이 있다.

이제까지 가상현실 시대를 대비하는 성경해석의 방법으로 감성적 해석 방법을 제시하였다. 성경의 감각언어들을 중심으로 성경의 핵심적인 메시지를 발굴하고자 하는 감성적 성경 해석 방법은 오감이 전부 활용되는 가상성경 제작에 기초적인 연구가 될 수 있다. 동시에 전문인 성경해석가가 아니더라도 손쉽게 성경의 핵심적 메시지를 간파할 수 있는 길을 열고자 하는 의도로 노력해왔다. 이러한 노력이 열매를 맺어 풍성한 추수를 할 수 있기를 바라는 마음 간절하다.

참고문헌

Abrams, M. H. *The Mirror and the Lamp: Romantic Theory and the Critical Tradition*, New York: W. W. Norton, 1953.

Alter, R.(1982), *The Art of Biblical Poetry*. Edingurgh: T. & T. Clark.

Bangert, Byron C. "Second Thoughts, Second Touch : 2 Kgs 5:1-14, Mk 8:22-26," *Christian-Ministry* 26 (Ja-F 1995) 34-37.

Becking, Bob. "Touch for Health: Magic in II Reg 4, 31-37 with a remark on the History of Yahwism," *ZAW*. 108(1996) 34-54.

Bender, Gretchen and Druckrey, Timothy ed. *Culture on the brink : ideologies of technology*, Seattle: Bay Press, 1994.

Berlin, Adele, *Lamentations*. The Old Testament Liberary. Louisville: Westminster John Knox Press. 2002.

Biocca, Frank and Levy, Mark R. *Communication in the age of virtual reality*, Hillsdale, N.J.: L. Erlbaum Associates, 1995.

Bokser, Baruch M. "*Ritualizing the Seder*," JAAR 56:443-71.

_______, "*Ma'al* and Blessings over Food: Rabbinic Transformation of Cultic Terminology and Alternative Modes of Piety." *JBL* 100(1981) 557-74.

Brichto, H. C. "On Slaughter and Sacrifice, Blood and Atonement," *HUCA* 47(1976) 19-56.

Brothwell, D. R., and P. Brothwell, *Food in Antiquity: A Survey of the Diet of Early People*. Baltimore: Johns Hopkins University Press, 1998(Expanded from the original 1969 edition).

Boter, J. "The Cusine of Ancient Mesopotamia," *BA* 48(1985) 36-47.

Brown, F., S. R. Drive, and C. A. Briggs, *Hebrew and English Lexicon*. Oxford: Clarendon. 1907.

Brumberg-Kraus, Jonathan, "Meat-Eating and Jewish Identity: Ritualization of the Priestly 'Torah of Beast and Fowl'(Lev. 11:46) in *Rabbinic Judaism and Medieval Kabbalah,*" *AJSR* 24(1999) 227-62.

Brusilovsky, Peter. et al., *Multimedia, hypermedia, and virtual reality: models, systems, and applications: first International Conference, MHVR '94*, Moscow, September 14-16, 1994. Berlin: Springer, 1996.

Cadoz, Claude, *Les Realites Virtuelles*, 심윤옥 역 『가상현실』 도미노 총서; 서울: 영림카디널, 1997.

Carstens, Pernille. "Why Does the God Have a Cup in His Hand? An Examination of the Ahiram Sarcophagus and the Drinking Vessels at the Table of Display in he Hebrew Bible from a Ritualistic Point of View," *SJOT*. 12(1998) 214-232.

Chan, K.-K. "You shall not Eat These Abominable Things: An Examination of ifferent Interpretations on Deuteronomy 14.3-20," *East Asian Journal of Theology* 3(1985) 88-106.

Childs, B. S. *The Book of Exodus: A Critical Theological Commentary*. OTL. Philadelphia: Westminster Press, 1974.

Clines, David J. A. *I, He, We, and They: A Literary Approach to Isaiah 53*. JSOTS; Sheffield: JSOT Sheffield, 1990.

______, *He, We, and They: A Literary Appreach to Isaiah 53*. JSOTS 1; Sheffield: JSOT Sheffield, 1976.

______, *What Does Eve Do to Help? And Other Readerly Questions to the Old Testament*, JSOT Sup. 94; Sheffield: JSOT PRess, 1990.

Coats, G. W., *Genesis with an Introduction to Narrative Literature*. FOTL vol. 1; Grand Rapids: Eerdmans, 1983.

______, *Exodus 1-18*, FOTL vol. 11a; Grand Rapids: Eerdmans, 1999

Conrad, Edgar W., "Heard but not seen: The representation of 'Books' in the Old Testament," *JSOT* 54(1992) 45-59.

Coyne, Richard, *Designing Information Technology in the Postmodern Age. From Method to Metaphor*, The MIT Press, 1995.

Cross, F. M. *The Ancient Library of Qumran and Modern Biblical Studies* 2d. ed. Garden City, 1961.

Davies, Philip R. ed. *First Person: Essays in Biblical Autobiography*, Sheffield: Sheffield Academic Press, 2001.

Davis, Ellen F. *Swallowing the scroll : textuality and the dynamics of discourse in Ezekiel's prophecy*, Sheffield, England: Almond Press, 1989.

Derrett, J. and Duncan, M. "Why Jesus blessed the children (Mk 10:13-16)," *Novum Testamentum*. 25 (Ja 1983)1-18.

Duck, Ruth C. and Tirabassi, Maren C. ed. *Touch Holiness* New York : Pilgrim Pr, 1990.

Earnshaw, R. A., Vince, J. A., Jones, H. ed. *Virtual reality applications*, London: Academic, 1995.

Eaton, J. H. *Vision in Worship: The Relation of Prophecy and Liturgy in the Old Testament*. London: SPCK, 1981.

Exum, J. Cheryl, "Of Broken Pots, Fluttering Birds and Visions in the Night: Extended Simile and Poetic Technique in Isaiah," *CBQ* 43(1981) 331-52.

______, *Plotted, Shot, and Painted: Cultural Representations of Biblical Woman* JSOTsup. 215; Sheffield: Sheffield Academic Press, 1996.

Fee, Gordon D. "1 Corinthians 7:1 in the NIV," *Journal of the Evangelical Theological Society*. 23 (1980) 307-314.

Fewell, Dana Nolan, ed. *Reading Between Texts: Intertextuality and the Hebrew Bible*. Louisville: Westminster/John Knox, 1992.

Fisher, Scott and Tazelaar, J. "Living in a Virtual World," *Byte* July(1990) 215-21.

Fowler, David C. "Meaning of 'Touch me not' in John 20:17," *Evangelical Quarterly* 47 (Ja-Mr 1975) 16-25.

Fowler, Robert. *Let the Reader Understand - Reader-Response Criticism and the Gospel of Mark*. Minneapolis: Fortress Press, 1991.

______, "Post-Modern Biblical Criticism: The Criticism of Pre-Modern Texts in a Post-Critical, Post-Modern, Post-Literate Era," *Forum* 5(1989) 3-30.

Fox, Michael V. "The Rhetoric of Ezekiel's Vision of the Valley of the Bones," *HUCA* 51(1980) 1-15.

Friebel, Kelvin G., *A hermeneutical paradigm for interpreting Ezekiel's sign-actions* [microform] 1994.

Gadow, Sally. "Touchand technology : two paradigms of patient care," *Journal of Religion and Health*. 23 (Spr 1984) 63-69.

Galambush, J.(1992), *Jerusalem in the Book of Ezekiel: The City as Yahweh's Wife*. SBLDS 130. Atlanta: Scholars.

Gibson, William, *Neuromancer*, New York: Ace Books, 1984.

Gorman, F. H. *The Ideology of Ritual: Space, Time, and Status in the Priestly Theology*. JSOTSS 91; Sheffield: Sheffield Academic Press, 1990.

Grimm, Veronika, *From Feasting to Fasting, The Evolution of a Sin: Attitudes to Food in Late Antiquity*. New York, N. Y.: Roputledge.

Grintz, J. M. "'Do not eat on the blood': Reconsiderations in Setting and Dating of the Priestly Code," ASTI 8(1972) 78-105.

Haran, M. *Temples and Temple Service in Ancient Israel*. Oxford: Clarendon, 1978.

Harris, Marvin. *Good to Eat: Riddles of Food and Culture*. London: Allen & Unwin, 1985.

Havazelet, Meir. "Place Your Hand Under my Thigh: Ancient custom and cryptic explanations of Maimonides and Yemenite Targums," *Beit-Mikra*. 44(Ja-Mar 1999) 186-187.

Heim, Michael, *The Metaphysics of Virtual Reality*, Oxford University Press, 1993.

Helsel, Sandra K. and Roth, Judith ed., *Virtual Reality: Theory. Practice and Promise*, Westport Conn: Meckler, 1991.

Heltzer, Mitchell and Eitan, David, *Olive Oil in Antiquity*, Haifa: University of Haifa Press, 1987.

Hengel, Martin. "Der Finger und die Herrschaft Gottes in Lk 11,20," In *Main de Dieu/Die Hand Gottes*, La. Tübingen : J C B Mohr, 1997. p. 87-106.

_______, "Gottes Hand und die Propheten,". In *Main de Dieu/Die Hand Gottes*, La. Tübingen : JCB Mohr, 1997. 65-85.

Hohensee, Donald, "To eat or not to eat: Christians and food laws," *Evangelical Missions Quarterly* 25/1(1989) 74-81.

Houtman, Cornelis. "YHWH is my banner" - "A 'hand' on the 'throne' of YH : Exodus xvii 15b, 16a and their interpretation," In *New avenues in the study of the Old Testament*. Leiden : Brill, 1989. 110-120.

Hunt, Patrick N. "Sensory images in Song of Songs 1:12-2:16," In *Dort ziehen Schiffe dahin* Frankfurt am Main : Peter Lang, 1996, 69-78.

Iser, Wolfgang, *The Implied Reader: Patterns of Communication in Prose Fiction from Bunyan to Beckett*, Baltimore: The Johns Hopkins University Press, 1974.

Jean-Claude and Heudin ed. *Virtual worlds : Second International Conference, VW 2000 proceedings, Paris, France, July 5-7, 2000*. Berlin; New York: Springer, 2000.

Jenks, Alan, "Eating and Drinking in the Hebrew Bible," *Anchor Bible Dictionary*. vol. 2: 250.

Josipovici, Gabriel. *Touch: the Johannine sayings in historical perspective*. New Haven : Yale Univ Pr, 1996.

Keel, Othmar and Christoph Uehlinger, *Gods Goddesses and Images of God in Ancient Israel* Minneapolis: Fortress Press, 1998.

Knierim, R. P. "The composition of the Pentateuch," *SBLSP* 24(1985) 393-415.

Knohl, I. "The Conception of God and Cult in the Priestly Torah and in the Holiness School," Ph. D. diss.; Hebrew University, 1988.

Kreitzer, Larry J. *The New Testament in Fiction and Film*. BSS 17; Sheffield: Sheffield Academic Press, 1993

______, *The Old Testament in Fiction and Film. On Reversing the Hermeneutical*

Flow. Sheffield: Sheffield Academic Press, 1994.

Krey, Philip D. and Smith, Lesley ed. *Nicholas of Lyra: the senses of Scripture*. Leiden; Boston: Brill, 2000.

Kruger, H.A. "A sword over his head or in his hand : Luke 22,35-38," In: *Scriptures in he Gospels*, Louvain : Leuven Univ. Pr, 1997, 597-604.

Kugel, J. L. *The Idea of Biblical Poetry*. New Haven: Yale University Press, 1981

Lalleman, Pieter. "Healing by a Mere Touch as a Christian Concept." *Tyndale-Bulletin*. 48 (N 1997), 355-361.

Langan, Thomas. *Surviving the age of virtual reality*, Columbia: University of Missouri Press, 2000.

Lavroff, Nicholas, 이상헌 역, 『가상현실』 서울: 김영사, 1995.

Levine, Baruch. A. *In the Presence of the Lord: A Study of Cult and Some Cultic Terms in Ancient Israel*. SJLA 5. Leiden: E. J. Brill, 1974.

______, *Leviticus*, Philadelphia: Jewish Publication Society, 1989.

______, *Numbers* 1-20. Anchor Bible. vol. 4; New York: Doubleday, 1993.

Levin, Schneir. "Let My Right Hand Wither : Ps 137:5," *Judaism*. 45 (Sum 1996) 285-286.

Lewis, Prter, "Put on Your Data Glove and Goggles and Step Inside," *The New York Times*, Sunday May 20, 1990, p. 8.

Lueking, F. Dean. "Touch and see : Lk 24:39," *Christian Century* 114 (Ap 2. 1997) 337.

Malul, Meir. "Kappy (Ex 33,22) and Bechapnay (Prov 30,4) : Hand or Skirt?" *ZAW* 109, no 3 (1997) 356-368.

McKinlay, Judith E. *Gendering Wisdom the Host, Biblical Invitations to Eat and Drink*. Sheffield: Sheffield Academic Press, 1996.

McLuhan, M. 『미디어의 이해: 인간의 확장』 박정규 역, 서울: 커뮤니케이션북스, 2001.

Mennell, Stephen, Anne Murcott, and Anneke H. van Otterloo, *The Sociology of Food, Eating, Diet, and Culture*. London: Sage, 1992.

Milano, Lucio ed., *Drinking in Ancient Societies: History and Culture of Drinks in the Ancient Near East*. Hane Studies 6. Padua: Sargon, 1994

Mitchell, William J., *City of bits : space, place, and the inforbarn*, Cambridge: MIT, 1995.

Milano, Lucio ed., *Drinking in Ancient Societies: History and Culture of Drinks in the Ancient Near East*. HANE Studies 6. Padua: Sargon, 1994

Milgrom, J., *Leviticus 1-16* Anchor Bible. vol. 3; New York: Doubleday, 1991.

______, *Leviticus 17-22* Anchor Bible. vol. 3A; New York: Doubleday, 1999.

______, *Leviticus 23-27* Anchor Bible. vol. 3B; New York: Doubleday, 1999.

______, *Numbers 21-36*. Anchor Bible. vol. 4A; New York: Doubleday, 2000.

______, "Profane Slaughter and a Formulaic Key to the Composition of Deuteronomy," *HUCA* 47(1976) 1-17.

______, "Sin-offering or Purification-offering," *VT* 21 (1971) 237-39.

______, *Studies in Cultic Theology and Terminology*. SJLA 36. Leiden: E. J. Brill, 1983.

______, "Two Biblical Hebrew Priestly Terms: *SEQES* and *TAME*," *MAARAV* 8.(1992) 107-16.

______, "Two Kinds of *hatta't*," *VT* 26 (1976) 333-37.

Mitchell, William J., *City of bits : space, place, and the inforbarn*, Cambridge: MIT, 1995.

Mowery, Robert L. "The divine hand and the divine plan in the Lukan Passion," In *Society of Biblical Literature*. Atlanta : Scholars Pr, 1991. 558-575.

Nathan, Joan, "The Bible Cookbook: lore of Food in Biblical Times Plus Modern Adaptations of Ancient Recipes," *Bible Review* 3(1987) 10-11.

Niditch, Susan. Oral World and Written Word : Ancient Israelite Literature, Louisville: Westminster John Knox Press, 1996.

Norin, Stig I. "Die Hand Gottes im Alten Testament," In *Main de Dieu/Die Hand Gottes*, La. Tübingen : J C B Mohr, 1997. 49-63.

Papola Simo and Kazuko Watanabe, *Neo-Assyrian Treaties and Loyalty Oaths*.

State Archives of Assyria 2. Helsinki: Helsinki University Press, 1988

Piligian, Karen. "Therapeutic touch : using your hands for help or heal" In *Health and faith*. Lanham, Md : Univ Pr of America, 1991. 135-142.

Poorthuis, Marcel and Schwartz, Joshua ed. *Purity and holiness: the heritage of Leviticus*. Leiden; Boston: Brill, 2000.

Pope, M., *Song of Songs*, Vol. 7c, The Anchor Bible Translation and Commentary. New York: Doubleday, 1977.

Poster, Mark, *The Second Media Age*, Polity Press, 1995.

Propp, William H. C. "Milk and Honey: Biblical Comfort Food," *Bible Review* 15(1999) 16, 54.

Provan, Iain, *Lamentations*. The New Century Bible Commentary. Grand Rapics: William B. Eerdmans, 1991.

Renkema, Johan, *Lametations*, Leuven: Peeters, 1998.

Rheingold, Howard, *The Virtual Community: Homesteading on the Electronic Frontier* Revised Edition; Cambridge: MIT Press, 2000.

Roberts, J. J. M. "Hand of Yahweh," *Vetus Testamentum*. 21 (Ap 1971) 244-251.

Sawyer, J. F. A., "Daughter of Zion and Servant of the Lord in Isaiah: A Comparison," *JSOT* 44 (1989) 89-107.

Schwantes, Milton and Vaage, Lief E. ed. "'Do not extend your hand against the child': observations on Genesis 21 and 22," In: *Subversive Scriptures* Valley Forge, Pa: Trinity Pr Int'l, 1997.

Smith, C. R. "The literary structure of Leviticus," *JSOT* 70 (1996) 20-31.

Smith, D. E. "Table Fellowship as a Literary Motif in the Gospel of Luke," *JBL* 106 (1987) 613-38.

Soler, J. "The Semiotics of Food in the Bible," in *Food and Drink in History*, R. Forster and O. Ranum ed. Baltimore, 1979.

Stuart, R. and Thomas J. C., "The implications of education in cyberspace," *Multimedia Review* 2/2 (1991) 17-27.

Suhl, Alfred, "Überlegungen zur Hermeneutik an Hand von Mk 1:21-28.,"

Kairos. 26 No 1-2 (1984) 28-38.

Sullivan, L. E. "Sound and Senses: Toward a Hermeneutics of Performance," *HR* 26(1986) 1-33.

Tabory, Joseph, "The Passover eve ceremony: an historical outline," *Immanuel* 12(1981) 32-43.

Thomas, Zach. *Healing Touch : The Church's Forgotten Language*. Louisville, Ky: Westminster/John Knox Pr, 1994.

van Dijk-Hemmes, F. "The Imagination of Power and the Power of Imagination. An Intertextual Analysis of Two Biblical Love Songs: The Song of Songs and Hosea 2," *JSOT* 44(1989). 75-88.

Veenker, R. "Gilgamesh and the Magical Plant," *BA* 44(199-205) 1981.

Watts, John D. W. *Isaiah 34-66*, WBC; Waco: Word Books, 1987

Watts, J. W. "Rhetorical Strategy in the Composition of the Pentateuch," *JSOT* 68(1995) 3-22.

Weinfeld, Moshe, *Deuteronomy 1-11*, AB; New York: Doubleday, 1991.

Westermann, Claus, *Genesis 1-11*, A Continental Commentary J. J. Scullion, translator. London: SPCK, 1984.

______, *Genesis 12-36, A Continental Commentary* J. J. Scullion, translator. London: SPCK, 1985.

______, *Genesis 37-50, A Continental Commentary* J. J. Scullion, translator. London: SPCK, 1986.

Wolff, H. W. *Anthropology of the Old Testament*. Philadelphia, 1974.

Wright, David P. "The gesture of hand placement in the Hebrew Bible and in Hittite literature," *Journal of the American Oriental Society*. 106 (1986) 433-446.

Yee, Gale A. "By the Hand of a Woman : The Metaphor of the Woman Warrior in Judges 4," *Semeia* 61 (1993) 99-132.

Zugibe, Frederick T. "Two questions about crucifixion : does the victim die of asphyxiation; Would nails in the hand hold the weight of the body?" *Bible Review*. 5 (Ap 1989) 35-43.

정중호, "감각분석 중심 해석 - 독사의 알과 거미줄 옷 (이사야 59장)," 『대학과 복음』 7(2003) 211-238.

______, 『레위기: 만남과 나눔의 장』 서울: 한들출판사, 1999.

______, "사이버 시대의 새로운 성서해석에 관한 연구," 『구약논단』 9(2000) 337-58.

______, 『새로운 성경해석과 설교를 위한 제사장신학』 대원기획출판, 2006.

______, 『설교자를 위한 호세아 해석』 크리스천헤럴드, 2006.

______, "소리 없는 야훼의 종의 노래에 관한 연구," 『동서문화』 35(2002) 157-69.

______, 『열왕기하』 성서주석 11; 서울: 대한기독교서회, 1995.

______, "이미지 중심 해석: 이사야 33장," 『동서문화』 37 (2004) 93-106

______, 『이사야(II)』 성서주석; 서울: 대한기독교서회, 2003.

______, 『이스라엘 종교와 성전』 계명대학교출판부, 2005.

______, 『이스라엘의 국제관계와 예언자』 계명대학교출판부, 2005.

______, "호세아 4장의 '음행'과 '제사장' 문제," 『신학과 교회』, 23집(2005) 115-134.

______, "호세아 5:8-6:11 감성적 해석," 『신학논단』 43(2006) 131-150.

______, "회막전승의 역동성과 법궤," 『구약논단』 18(2005) 14-29.

라도삼, 『비트의 문명 네트의 사회』 커뮤니케이션, 1999.

지은이 정중호

계명대학교 기독교 학과 구약학 교수
계명대학교 연합신학대학원장
한국구약학회 부회장
대한예수교장로회 대구남노회 목사
Emory University (Ph.D.)

주요 저서

『이스라엘 역사』 대한기독교서회, 1994.
『열왕기하』 성서주석 11. 대한기독교서회, 1995.
『레위기: 만남과 나눔의 장』 한들출판사, 1999.
『이사야(II)』 대한기독교서회, 2003.
『구약성경해설: 시가서』 한국장로교출판사, 2004.
『이스라엘 종교와 성전』 계명대학교출판부, 2005.
『이스라엘의 국제관계와 예언자』 계명대학교출판부, 2005.
Images of Prophecy and Gospel, 계명대학교출판부, 2005.
『설교자를 위한 호세아 해석』 크리스천헤럴드, 2006.
『새로운 성경해석과 설교를 위한 제사장신학』 대원기획출판, 2006.

가상현실 시대를 대비한 새로운 성경해석

2007년 6월 20일 초판1쇄 인쇄
2007년 6월 25일 초판1쇄 발행

지은이 | 정중호
펴낸이 | 이진우
펴낸곳 | 계명대학교출판부
704-701 대구시 달서구 달구벌대로 2800
전화 053-580-6233 팩스 053-583-5213
등록 | 1970. 9. 1. (신고번호 제347-1998-1호)

값 12,000원

ISBN 978-89-7585-399-9 93230